脱-底
ハイデガーにおける被投的企投

中川萌子
Nakagawa Hoko

昭和堂

脱-底　ハイデガーにおける被投的企投

目次

【凡　例】

・引用文において訳者が必要と考えて補った部分を［　］、（　）で示す。

・引用文内の傍点強調は基本的にハイデガー自身による強調であり、筆者による強調の場合は（筆者による強調）と付す。

・以下に挙げている出典は以下の略号で示す。その他の『ハイデッガー全集』からの引用に関してはBd.～という形で全集の巻数を示す。

SZ: *Sein und Zeit*, 19. Aufl., Max Niemeyer

Hw: *Holzwege*, Gesamtausgabe（GA）. Bd. 5

Ni: *Nietzsche I, II*, GA. Bd. 6-1, 2

VA: *Vorträge und Aufsätze*, GA. Bd. 7

WhD: *Was heißt Denken?*, GA. Bd. 8

Wm: *Wegmarken*, GA. Bd. 9

　WG: „Vom Wesen des Grundes“

　WM: „Was ist Metaphysik?“

　WW: „Vom Wesen der Wahrheit“

　BH: „Brief über den „Humanismus““

SG: *Der Satz vom Grund*, GA. Bd. 10

US: *Unterwegs zur Sprache*, GA. Bd. 12

ZSD: *Zur Sache des Denkens*, GA. Bd. 14

Se: *Seminare*, GA. Bd. 15

GP: *Die Grundprobleme der Phänomenologie*, GA. Bd. 24

ML: *Metaphysische Anfangsgründe der Logik im Ausgang von Leibniz*, GA. Bd. 26

EP: *Einfuerung in die Philosophie*, GA. Bd. 27

BP: *Beiträge zur Philosophie* (*Vom Ereignis*), GA. Bd. 65

BF: *Bremer und Freiburger Vorträge*, GA. Bd. 79

Ge: *Gelassenheit*, Klett-Cotta

序論

本書の課題と構成

1　本書の課題

a　プロローグ――ハイデガーによる「汝がそれであるところのものに成れ！」の批判的伝承[1]について

マルティン・ハイデガー（Martin Heidegger, 1889-1976）は、現存在の存在／存在了解の構造契機である「企投（Entwurf）」を規定する際、ニーチェ、古くはピンダロスに遡るところの「汝がそれであるところのものに成れ！（werde, was du bist!）」(vgl. SZ 145) という言を用いた[2]。だが、後に「その「汝」とは誰か」と自らに問いかけつつ、「汝」とは「汝が汝をその者として投げ-放つ（*los-werfen*）ところの誰か――汝がそれに成る（*werden*）ところの誰かである」（SZ 443）という謎めいた注釈を付け加えた。この自己注釈が意味するところは何か。何故ハイデガーはこのような自己言及を加える必要があったのだろうか。

筆者の見るところ、この自己言及には『存在と時間』（一九二七）における企投概念が企投基盤の確実化という側面を持つものであったことに対するハイデガーの自己批判が含まれている[3]。そして注目すべきは、この自己批判が「「企投」が「投げ-放つ（*los-werfen*）」ということとの連関から捉えられていない」という点に向けられているということである。筆者の考えでは「投げ-放つ」ということに関しては、『存在と時間』への自己批判が多々含まれるところのハイデガー第二の主著『哲学への寄与論稿』（一九三六―一九三八）（以下『寄与論稿』）において「投げ放ち（Loswurf）」、「投げ放つこと（loswerfen）」についてまとまった分析がなされていること（BP 452-455, 491, 492）、そしてそれが「被投的企投（der geworfener Entwurf）」（BP 304）と言い換えられていることが考察の手がかりになる。そして同時に「企投」が『存在と時間』から『寄与論稿』、さらに『道標』（一九一九―一九六一）収録の「ヒューマニズム書簡」（一九四六）に至るまで一貫して「〔徹底的ないし本質的に〕被投的な企投」であると述べられている（vgl. SZ 144, BP 452, Wm 337）こと、ただしその際の被投性と企投の意味は徐々に変化していることに着目されたい。被投性の深化とそれに伴う企投の変様が理解されて初めて、ハイデガーがいかなる意味で「汝がそれであるところのものに成れ！」という言を批判的に反復しているのかが判然とするだろう。

概観するなら、[4] 上記の言はまず自己存在が「被投的企投」という構造を持つがゆえに脱自的で脱底的であるということであり、そこには、自らがその内へと投げられているところの、自らに同一化できない他性、把握し難いものの尊重と、同一性／自同性への一貫した批判が現れている。つまり「被投的企投」とは、現存在が「自らが自らをそのつど同じものとしうること（「自同性」）」に対する、「自らが自らをそのつど異なるものとしうること（「自異性」（筆者の造語）[5]）」である。被投的企投がそれに基づくところの「脱(-)底[6]（Ab(-)grund/Ab-Grund）」が、自らの存在を揺らぎのあるもの、それゆえに「問うに値するもの」にする。

そして、「脱-底」は、自己存在だけでなく存在者全体を成立させている存在そのものを特徴づけるのであり、この二重の「脱-底」が「存在を問いうる」という状況を構成している。加えて、「脱-底」は現存在の存在、存在そのものだけでなく、存在了解の仕方、ひいては存在の思索の仕方も規定しており、実存において「脱-底」であることは、思索において学的に「脱-底」であることを通して初めて完遂される。それは、ハイデガーの思索において――上述の注釈もこの一つであるが――「諸々の道」という性格、すなわちたえざる「試み」と「自己批判」という試行錯誤の形で現れる。

以上から「汝がそれであるところのものに成れ！」という言は、ハイデガーによる伝承において、「脱-底」の内への被投性に基づいた「存在の問い」の不断性として、自らの予め定められた本質の顕現を目指すのではなく、自らの本質を定めず問い直すこと、「たえず見知らぬ自己へと誘われながらも、既に見知らぬ自己として、存在を問い直すことへと自らを誘い続けよ!」として読み替えられなければならない。

本書を通して筆者が試みるのは、ハイデガーの「存在の問い」を、「存在を問うこと」として動的に、①現存在の存在構造である被投的企投を軸に、②そして被投的企投の学的な徹底であると考えられるハイデガーの思索の道性格=自己批判を軸に、真正面から捉え直すことである。それゆえ、第一の課題は、被投的企投の洞察を徹底し、「脱-底」への「投げ放ち」/「投げ」に至るまで深めることにより、被投的企投という軸においてハイデガーの思索全体を見通すことである。そして第二の課題は、現存在の被投的企投の洞察の徹底に資するハイデガーによる自己批判が、形而上学批判、存在の歴史の思索と重なりつつ、それ自体もまた被投的企投として徹底されていくということを明らかにすることである。

b　第一の課題――被投的企投という「謎めいたもの」の解明

ハイデガーの存在問題の再設定という問題意識に沿って注目されるべきは、「存在の問い」がそれに基づいているところの「自らの存在において自らの存在自体が問題となるところの存在」(SZ 12)という現存在の実存/存在了解であり、その構造である「被投的企投(der geworfene Entwurf)」である。

「被投的企投(der geworfene Entwurf)」は、『存在と時間』においてハイデガー自身によって初めて規定され、前期[7]から後期に至るまで要所要所で論じられつつ、幾度も修正が加えられて深められていった、現存在の存在/存在了解の根本構造であり[8]、「〔現事実性の内への〕被投性(Geworfenheit)」と「〔可能性の〕企投(Entwurf)」から構成されている。

ハイデガーは、「被投性」と「企投」の両契機の分析の後、さしたる説明もなく人間存在を「被投的企投」であると述べてしまう一方で、「被投的企投」を「謎めいた(rätselhaftig)もの」(SZ 148)であるとしている。以下、

『存在と時間』第三一節「了解としての現-存在」の一段落を引用する。

> 現の存在の実存論的体制を被投的企投という意味において究明することにより、現存在の存在はより謎めいた（rätselhaftig）ものになるのではないだろうか。実際その通りである。我々はまずこの存在が完全に謎めいたものだということを明らかにさせねばならない。例え、その結果「解決」において真に挫折しうるだけであり、被投的に-企投する世界-内-存在の存在の問いを改めて設定するだけになるとしても（SZ 148）。（傍点：筆者による強調）

すなわち、現存在の存在構造である被投的企投は、『存在と時間』の分析において「問いうること」であると同時にそれ自体が「謎めいたもの」＝「問われるべきもの」として捉えられていると言えよう。では、「被投的企投」のいかなる点が「謎」なのだろうか。残念ながら、ハイデガー自身はこの疑問に直接的には答えておらず、また先行研究も解明していない[9]。筆者の考えでは、その手がかりはこの叙述の直前にある。「最も固有な存在可能の企投は現の内への被投性の現事実（Faktum）に委ねられている」（ebd.）。すなわち、現存在はつねに情状性において了解しており、その企投はつねにそれと正反対の方向性を持つ被投性によって規定されている。そして、最も固有な存在可能性の選択的企投さえも、他者や世界との切っても切れない連関をつねに既に孕んでいる被投性において為されている。すなわち、この「謎」とは、相反する方向性を持つ「現事実性（Faktizität）の内への被投性（Geworfenheit）」と「可能性の企投（Entwurf）」という二つの契機が、そもそもいかなる仕方で連関し、現存在の実存／存在了解を統一的に構成しうるのか、そして「存在を問いうること」へ導くのか、という疑問である。それは言い換えれば、「自らの意志にかかわらず存在することへと投げ込まれていること」と「自らの意志において自らの存在を投げること」という受動と能動（非意志と意志）[10]、「存在してしまっていること」と「存在しうること」という現事実性と可能性、存在の把握し難さ／把握不可能性と把握可能性といった、一見矛盾しているがゆえに統一的に連関しえないようにみえる両契機が、「被投的企投」という自己存在において不可分に連関している不可思議さである。

別言すれば、『存在と時間』において「存在」と「時間」を繋ぐ「と」のあり方――すなわち、一方が他方の基盤となるのか、あるいは相互規定的であるのかなど――が最も重要な論点の一つであるように、「被投的企投」あるいは「被投性と企投」と言う場合に、もっとも重要であるのは、その連関を表す「的」や「と」の意味合いである。その意味合いによって、伝統的でありながら画期的である「存在を問う」という課題の内実――すなわち、存在をいかなる意味でどこまで「問われるべきもの」として扱いうるか――も変化する。「現事実性」（被投性）だけでも「可能性」（企投）だけでも問いは生じず、可能性と現事実性のこうした謎めいた連関においてこそ「問うこと」は成立する。「AでありえたにもかかわらずBであった」という可能性と現事実性のはざまで初めてわれわれは「何故AではなくBであったのか」と問いうる（vgl. WG, WM）。「何故私は存在しないのではなく、むしろ存在するのか」。「何故そもそも何も無いのではなく、何かが存在するのか」。「被投性」と「企投」の意味及び連関と、「問うこと」が成立しうるか否かは密接に関わる。被投的企投が謎であり曖昧であったがゆえに、加えてハイデガーがそのことに或る程度自覚的でありながらもそうした現存在分析に基づいて存在問題の再設定へと突き進んだがゆえに、『存在と時間』当時の上述の予言どおり、存在の解明は「真に挫折」（SZ 148）しえたと言える。そして、この挫折こそがその後の試行錯誤に繋がる。

そこで本書は、「企投」と「被投性」という相反する二つの契機が、いかにして相互補助的に人間存在＝「問いうるもの」かつ「問われるべきもの」を構成し、ひいては存在そのものを「問われるべきもの」として明らかにするかを探究する。それは別言すれば、ハイデガーが存在問題に対峙するに当たり、いかにして「問う」という態度を追求し続けたかを解明することである。結論から言えば、「問う」という態度は、被投性の洞察の徹底に応じた徹底的な企投、「徹底的に被投的な企投」において為されると筆者は考える。

そして、被投的企投は、ハイデガーの思索の前期から後期への移行においてその意味内実を変化させながらも、「いかなる企投も被投的な企投である」と主張されるという点では一貫している。その概略は以下のとおりである。まず、『存在と時間』において「現存在は徹頭徹尾被投的な可能性（die durch und durch geworfene Möglichkeit）である」（SZ 144）と述べられ、被投性と企投の多義性と連関が語られる。そして、先述の「謎めいたもの」という記述のとおり、ハイデガーは当時から被投的企投に関する不明瞭さや迷いを隠してはいなかった。すなわち、現存在の存在である被投的企投は『存在と時間』の分析において「問いうること／問うこと」であると同時に「問われるべきもの」として明らかになる。

次に、ハイデガー第二の主著と目されている『寄与論稿』において、『存在と時間』の「挫折」[11]の原因となった「転回《ケーレ》の思索」は被投的企投の変様と結び付けられて書かれている。「被投的企投としての了解の内には転回が必然的に潜んでいる。企投の投者は被投的なものであるが、しかしまず投げの内で投げによってある」（BP 259）。『寄与』において「存在の企投という伝来のもの」と「企投としての存在という別のもの」（BP 452）との違いについて述べられつつ、「いかなる企投も被投的企投である」（ebd.）ということが再度主張される。

一九三〇―四〇年代の思索的変様を経て書かれた「ヒューマニズム書簡」（一九四六）において、主観と現存在の存在を対比しつつ、現存在の存在において「企投は、本質的に、被投的な企投である。企投の中で投げる働きを行なっているものは、人間ではなくむしろ存在そのものである」（Wm 337）ということ、「現-存在の被投性は「存在の」投げに由来する」（ebd.）ということが自己批判を交えながら述べられている。[12]

このように、後期との比較においては、『存在と時間』において被投性と企投の意味と連関が既に汲み尽くされており、「存在の問い」が十全に開始されているとは言い難い。そして、被投性の深化は、現存在の実存不可能性としての「死（Tod）」や被投性の「実在論的意味」である「非-性格（Nicht-Charakter）」、「非性（Nichtigkeit）」、現存在の存在も含めた全体における存在者の存在であるところの「無（das Nichts）」、真理（アーレーテイア＝脱-覆蔵）の本質の運動における「覆蔵（Verbergung）」及び「覆蔵性（Verborgenheit）」、そして「脱（-）底（Ab（-）grund）」といった、それが属している、あるいはそれに基づいてがゆえに存在が完全には把握不可能であり「問うに-値する（frag-würdig）」ものになるところの、存在／存在了解の否定的契機の深化と不可分である。

ゆえに筆者の考えでは、ハイデガー哲学の前期から後期への変様、ハイデガーによる存在の問いの追究の全貌は、「被投的企投」の深化に集約される。「被投的企投」、「投げ込まれつつ投げること」、「意志しないことを意志すること」という、存在と人間の不可思議で両義的な関わりは、『存在と時間』にて既に論じられていながら後期に至るまでその意味を徐々に先鋭化させていくのだが、その変化は「存在をいかにして「問うに-値する（frag-würdig）もの」として確保するか」という「存在の問い」の深化と直結している。そして被投的企投を軸として前期から後期までを解釈する意義の一つは、ハイデガー哲学の用語の特殊さと豊富さ（過分さ）による難点、すなわち前期から後期への存在の思索の深化が語彙の豊富さゆえに曖昧になりがちであるという難点を克服することである。着眼点を同一のものに定めることによって初めて変様の内実と必要性も浮き彫りになる。

被投的企投の謎について、ハイデガー自身はさまざまな手がかりを残し、折に触れて論じ直しながらも、残念ながら断片的指摘が多く、全体的な詳細な連関や見通しを示すには至らなかった。先行研究も同様であり、被投性と企投のそれぞれの意味に関する簡単な指摘は先行研究において或る程度見受けられる。しかしまず被投的企投を前期思想特有の思索対象として捉えることが一般的であること、そして被投的企投を中期、後期においても議論されていると捉えている先行研究においても、意外なことに、上述の筆者の疑問、つまり被投的企投において被投性と企投がどれほど豊かな意味を持ち、いかなる仕方で連関しているのか、そうしていかなる意味において「存在の問い」が準備されているのか、また「存在の問い」の徹底に応じてどのように変様していくのか、という基本的かつ根本的な事柄を主題としているものはそれほど多くはない。しかしわずかではあれ、筆者と一定程度問題意識を共有している先行研究は管見の及ぶ限りでもいくつかある。

まず、「被投的企投」は「現(das Da)」の構成契機であるため、筆者は安部浩『現／そのロゴスとエートス』(二〇〇二)の「ハイデガーの存在への問いは畢竟「現」への問いであった」との卓越した主張及び論証に基本的に賛同する立場である[13]。ただし、安部氏の主張と異なる本書の独自性は、被投的企投に内在する「窮迫(Not)」に基づいて、ハイデガーがいかに苦闘しながらその思索を前期から後期へと変様させていったのか、また何故変様させていかざるをえなかったのかということ、つまりハイデガーの思索の真髄である「問い」＝試み＝道性格を鮮明に汲み取っていることにあるだろう。

次に、被投性と企投それぞれの意味に関して注目すべき指摘をしている先行研究については、フォン・ヘルマン氏、ジャン・グレーシュ氏、九鬼周造氏、森一郎氏、岡田紀子氏、轟孝夫氏等が挙げられるが、被投性と企投の連関の如何、存在の問いがいかに成立するかについてはあまり論じられていない[14]。

またそれと連関して、渡邊二郎氏に代表される[15]「前期から後期への変化は「人間から存在へ」の変化である」という単純な捉え方、あるいは従来の解釈で通説となっている「「企投優位から被投性優位へ」の変化である」との捉え方では、「被投的企投」における被投性と企投の連関に潜む「転回《ケーレ》への窮迫」、そして存在の問いの試行錯誤の理由と深化の如何は決して捉えられない。まず前者については、前期から後期への変遷はあくまでも実存の深まりとして捉えられねばならないのであり、別言すれば、前期の実存に含まれる「転回《ケーレ》」[16]の萌芽、後期へと接続しうる存在への関わりの豊かさが見て取られるべきである。というのも「十分には言い述べられなかった」ということは、「不十分な仕方では言い述べることができた」ということを含んでいるからである。また後者については、「企投優位[17]」においても――「企投はつねに被投的企投である」ために――被投性は何らかの重要な役割を果たしているはずである。それにもかかわらず、いかなる意味において企投が「優位」になっているのか、被投性は何故本来の役割を果たせなかったのか、あるいは「企投優位」もやはり何らか意義を持つのではないか、こうしたことが問われねばなるまい。また反対に、後期の「被投性優位」においても企投が何らか機能しているはずだが、いかなる意味の被投性が「優位」となっているのか、それは前期の被投性と同じ次元で捉えられてよいのかといったことが熟考されてしかるべきである。しかし被投的企投が「謎めいたもの」であるということの等閑視に応じて、こうした点について考察しているものはほとんど見受けられない。

そうした中で、ハイデガー哲学の前期から後期への移行を特に企投領域の変遷に基づいて論じつつ、企投の被投性の深化（死の内への被投性→存在の只中への被投性→性起化）を指摘している細川亮一『意味・真理・場所』（一九九二）[18]、あるいは分析者としてのハイデガーと分析対象者である現存在のズレを指摘し、「ハイデガー自身の被投性の圧力の軽視」を問題視している嶺秀樹『存在と無のはざまで』（一九九一）[19]の卓見は特筆に値する。筆者は両者と被投的企投における両契機の連関という着眼点を共有しており、両者の議論をかなりの程度評価するものである。しかし、まず細川氏は企投や被投性の多義性、それらの構造的な連関、その中期・後期における深化の内実を不明瞭なままにしている点で不十分である。また、嶺氏は結局のところ被投的企投を主観性との連関において考察し、ハイデガーの思索を形而上学的ディスクールに囚われているとして一蹴するという点で、自身の形而上学性に対するハイデガーの絶えざる自己批判と問い続ける態度を評価する筆者の立場とは大きく異なる。また、そもそも両者とも「存在の問い」と被投的企投の連関を不明瞭なままにしている点で不十分である。

総括すれば、先行研究において被投性と企投のそれぞれ意味の変遷に関する簡単な指摘は多々見られるものの、その連関と変遷を詳細に分析し、それが「存在を問うこと」にどれほどの影響を及ぼすかを明確に示しているものは、やはりほとんど見当たらない。しかし、ハイデガー哲学を研究するに当たってこれ以上に重要な論点はないのではないだろうか。本書では、第一の課題としてまさにこの点を明らかにしていく。

そして、こうした筆者の第一の課題は、以下のハイデガー自身の被投的企投の変様、とりわけハイデガーの自己批判の検証という筆者の第二の課題と密接に連関する。というのも、筆者の考えでは、「存在を問うこと」はハイデガーの自己批判によるハイデガー自身の被投性についての洞察の徹底、ハイデガーが標榜するところの積極的な意味における「解釈学的循環の内へ入り込むこと」の徹底を通して遂行される。それは、『存在と時間』当初知らず知らずに分離してしまっていた「分析対象」としての現存在と「分析者」としての現存在であるハイデガー自身が統合されていく過程であり、ハイデガーがその思索において自らの歴史的実存へと根ざしていく過程、単なる問う者から問いつつ問われる者へ（単なる研究者から研究対象者かつ研究者へ）と思索者としての自覚を深めていく過程である。つまり、ハイデガーは自己言及や捉え返しを自らの思索の仕方としていたのであり、『存在と時間』のいわゆる「挫折」もその試行錯誤、「自ら挫折しつつ思索すること」（Wm 343）の一つに過ぎない。執筆途中で「未完」とすること、完成した著作も「内在的批判に曝すこと」（WhD 61）が「諸々の道」としてのハイデガーの思索の仕方である。『存在と時間』は以後の著作によって、とりわけその自己批判を通して「改訂」[20]され続けるとも言えよう。別言すれば、後期までのあらゆる著作が『存在と時間』の「改訂版」、あるいは「続編」[21]であり、『存在と時間』は、以後の著作においてその諸契機の意味が徐々にずらされつつ、過剰な企てが放棄され、不十分な箇所が補足されていくことで、四〇年以上の時間をかけて「改訂」されていったのである。そうした意味において、『存在と時間』も他の全ての著作も、それぞれが一個一個の作品というよりは、交叉する諸々の道の一つひとつ、それぞれが歩み続けられたり、もう歩まれなくなり草が生え始めたりしている「諸々の道」（Bd. 1, 1）である。「存在の問い」の思索は、それ自体問い続けることとして、存在を「問われるべきもの」として捉えるべく試行錯誤を繰り返し、そうして徐々に変貌していった、言わば「地続き」の側面、不断の準備という側面を持つ思索である。[22]

これと関連して、先行研究において一般的であるいわゆる「転回《ケーレ》」（「思索の転回《ケーレ》」）[23]の主張（ハイデガーの思索は或る時点を境に立場を変更したために前期と後期に分けられるとの主張）についても、筆者は次の点で批判的である。まず、「思索の転回《ケーレ》」は「性起における転回《ケーレ》」という存在の問いの生起に基づいて捉えられねばならず、単にハイデガー哲学の時期区分の指標として扱われてはならない。次に、ハイデガー自身が述べているとおり、「性起における転回《ケーレ》」はあくまで被投的企投の変様として、われわれの存在論的循環構造の変様として捉えられるのであり、[24]中期以降に全く突発的に論じられ始めた事態ではない。[25]そしてこの不断の準備という側面は、ハイデガーの思索がそのつどの「跳躍」によっても特徴付けられるということと矛盾するわけではない。そのつど前へと歩みだすことが既にして試みであり、「跳躍」である。したがって、本書の第二の課題は、ハイデガーの絶えざる自己批判という観点から、その思索の「諸々の道」という途上性、「存在の問い」を問い続けるハイデガーの思索の姿勢を明確化することである。

c　第二の課題――ハイデガー自身の被投的企投、その形而上学批判と自己批判の二重性の明確化

ハイデガーが『存在と時間』において、存在問題の再設定に挑んだことは周知のとおりである。だが、『存在と時間』が未完であることからわかるように、そうした存在問題の再設定の試みは当初の構想どおりには進行しなかった。[26]その原因に関しては『存在と時間』刊行から現在まで侃々諤々の議論が為されてきたが、未だ決定的な答えは提出されていない。[27]何故『存在と時間』は「挫折」したのだろうか。筆者は、ハイデガーの大胆な試みには、伝統的形而上学の本質を見極め、それと闘うという相当な困難が待ち受けていたからであると考える。実

際、「形而上学とは何か」、「いかなる点でこれまでの形而上学は存在を不問に付してきたのか」に関するハイデガーの考えは最初から定まっているわけではなく、前期の思索から後期の思索への移行の中で試行錯誤することによって徐々に先鋭化されていった。すなわち、『存在と時間』において開始されたハイデガーの「問う」という態度は晩年に至るまで生涯にわたって錬磨され続けたと言えよう。『存在と時間』の続編は、生涯にわたって膨大な著作や論文の中でさまざまに展開され、さまざまな修正が加えられながら書き続けられたと言える。

　そうであるとすれば、ハイデガーと「形而上学」との闘いは何の内に最も鮮やかに表われているだろうか。ハイデガーによるカントやデカルト、アリストテレスといった伝統的形而上学を代表する哲学者たちへの批判の内にであろうか。確かに、ハイデガーは伝統的形而上学の「解体（Destruktion）」（SZ 22）を主張し、哲学史上の主要な思想を取り上げて批判的に検証している。ただし、批判対象として一等重要であるのは、ハイデガーが存在問題を立て直し、「存在を問う」ということを全うしようとした際に最も乗り越えがたく見極めがたかった「形而上学」であるということに注意しなければならない。では、そうした「形而上学」はいかなる哲学者の思想の内に潜むと言えるだろうか。筆者の考えでは、それはハイデガー本人の思想の内に他ならない。別言すれば、形而上学の本質を見極めようとするハイデガーの闘いが最も鮮やかに表われているのは、ハイデガー対ハイデガーの闘い、ハイデガーによるハイデガー自身の頽落的・形而上学的傾向への批判、つまりハイデガーの自己批判である。ハイデガーは、一方でさしあたり伝統的形而上学を批判しながら、他方で人間存在＝現存在である限り自らの内にも不可避的に存する「存在の自明視」という頽落的・形而上学的傾向[28]——つまり、ハイデガーの思索における形而上学的な議論の展開の可能性——を見極めようと試みつつ、自己批判を加えながら自らの思索を変様させていく。つまり、存在問題の再設定は、伝統的形而上学の歴史の「解体」の進捗と呼応しつつ、言わば自らの思索の「解体」においてより先鋭的になされていく。ハイデガーが伝統的形而上学から距離を取ろうとしていく過程は、ハイデガーが自身の思索の内に潜む形而上学性と距離を取ろうとする過程と重なりつつ、後者においてより鮮明になる。言い換えれば、ハイデガーの哲学史解釈＝「存在の歴史」において扱われる批判対象は、通常それと考えられているようにプラトンからニーチェに至る伝統的形而上学では終わらず、また暗示的・明示的に批判されているフッサールやヤスパース、サルトルなどといった同時代人でも終わらない。ハイデガーの批判はあくまでハイデガー哲学を含めた哲学史全体に向けられている、少なくとも向けられねばならないと筆者は考える。そして、伝統的形而上学と自らの形而上学性の「解体」は、頽落的・形而上学的企投の「解体」、すなわち被投的企投の「解体」としてなされる。無論、「解体」はそれ自体被投的企投であるため、被投的企投の「解体」は被投的企投の二重性となるのだが。

批判対象としての伝統的形而上学は、周知のとおりプラトンの思想に代表されるのだが、筆者の考えでは、ハイデガーのプラトンに対する態度は、前期ハイデガーに対する後期ハイデガーの態度と同様に両義性を持つものであり、通常それと考えられているような全面批判では終わらない[29]。むしろプラトンの思想を初めとし、自らの思想にも含まれるところの伝統的形而上学の根本諸思想を、ハイデガー自身と共有される哲学の根本諸経験へと先鋭化させることで、伝統的形而上学の歴史自体に息を吹き込み、その諸可能性を生き返らせ、哲学の営み自体を生き生きとした人間の営為として甦らせようとする。これがハイデガーによる伝統的形而上学の「解体」の内実であり、自身の思索の形而上学性への自己批判としての「解体」と密接に連関しながら進行する。

そして、自己批判の具体例は以下のとおりである。『存在と時間』からいわゆる後期思想に至るまで（とりわけ『存在と時間』と『存在と時間』直後の『現象学の根本諸問題』（一九二七）、『論理学の形而上学的始原』（一九二八）、「根拠の本質について」（一九二九）、さらには「形而上学とは何か」（一九二九））における自らの「形而上学性」に関して、自己批判と言うべき自己言及がさまざまに加えられていくことになる。以下、さしあたり『存在と時間』の「形而上学性」、あるいはいわゆる「挫折」に関するハイデガーによる自己言及の代表的なものをいくつか引用する。（以下の引用の［ ］、（ ）は、いずれも筆者が文脈を考慮しつつ加筆したものである。）

『存在と時間』はこうした［伝統的形而上学から別の思索への］移行の用意に役立つのであり、既に根本問題の内に立っている。しかし［『存在と時間』においては］根本問題を原初的に展開することはなかった（BP 76）（1936-38）。

［「形而上学とは何か」で述べられている存在（無）に関して］やはりまだ形而上学的に存在者から述べられている（Wm 306）（1943）。

主観性を捨て去ってゆくこの別の思索を、十分に跡づけ直しつつまたそれと一体化しつつ遂行してみることは、『存在と時間』公刊に際して「時間と存在」という第一部第三編が差し控えられたことによって困難にさせられている。ここで全体が逆転する。問題の第三篇（すなわち『存在と時間』第一部第三編）が差し控えられたのは、思索がこの転回《ケーレ》を十分に言い述べようとしてもうまくゆかず、また形而上学の言葉の助けによっては切り抜けられなかったからであった（Wm 327, 328）（1946）。

『存在と時間』の問いの設定をより原初的に仕立てることは、一九三〇年以来、常に繰り返し企てられてきた試みである。それは『存在と時間』における問いの着手を内在的な批判に曝すことを意味している（WhD 61）（1927-68）。

筆者の考えでは、ハイデガー哲学の自己批判的性格は、ハイデガー全集第一巻『初期論文集』の冒頭にハイデガー自身が書きつけ、自らの膨大な著作群がいかに読まれるべきかを示したとされる「諸々の道であって、諸々の作品ではない（Wege--nicht Werke）」（Bd. 1 1）という言葉に表れている思索の試み性格、すなわちどこまでも問い続けるという姿勢と密接に連関している。[30] ハイデガーにとっての思索は、言明や断定よりも「問い」によってよく規定されるのであり、それはまた、これまでそこに留まっていた安住の地に居続けることでも最終的な目的地を定めてそこに至る道を探すことでもなく、不断に「道を-拓くこと（Be-wegung）」、「途上に留まること」自体であった（vgl. VA 13, WD 164）。ハイデガーの思索の道は、これからハイデガーと共に『存在と時間』周辺時期を出発点として思索し始めるわれわれにとっては、単純な一本道であるとは言い難い。ハイデガーは、その先駆的な思索ゆえに、そのつど道を拓いてはどちらへ向かうかわからない危険な岐路に立ち、行きつ戻りつしながら進んでいくしかなかった。[31] そうして新たな道を開拓しながら「進んでは引き返し」を繰り返した結果生じた枝分かれしたさまざまな道が「諸々の道（Wege）」の意味であると筆者は考える。この「諸々の道」（諸々の著作）はそれぞれ独立しているのではなく、相互に交叉する道である。他方で、こうした「迷い道（Holzweg）[32]」はなんら無駄ではなく、形而上学という土地の計り知れない広さと、いつの間にか形而上学の土地に再び安住しようとするわれわれ人間の頽落的・形而上学的傾向の根深さを明らかにするために必要であったと言える。そうした危険性を孕んだ岐路の所在が明らかになるのは、やはり自らがそのつど選択した歩みを省みること、たえず自己批判を加えることを通してであろう。それにより初めて、同じ道を無自覚に進もうとする「過剰な歩み」からの「退歩（der Schritt zurück）」も可能となり、また「戻り道がわれわれを初めて前へと導く」（US 94）ことにもなる。そして、本書最終章にて前期から後期までの思索の諸々の道を振り返ったとき、ようやくそこに「一条の道」が被投的企投の深化として見通せるようになるだろう。この諸々の道はハイデガー自身が切り拓いたものでありながらハイデガーだけの道ではなく、先人たちが既に開いていた道と重なるところも多くある。先述したように形而上学の解体と自らの以前の思索の解体は重なる。しかしハイデガーは諸々の道の岐路において新たに問いを立てるという仕方で先人たちと別なる道を歩もうとした。

自己批判に関する先行研究とそれに対する本書の位置づけに関して補足するならば、以下のとおりである。まずハイデガー研究の大家であるフォン・ヘルマン『マルティン・ハイデガーの自己解釈』（一九六四）の分析が挙げられる。しかしこの著作は、第二の主著である『寄与論稿』も含めた、ハイデガーの思索の変様が最も激しい三〇年代—四〇年代の著作群がまだ刊行されていない中で書かれたということも手伝い、その分析はおおまかで簡素なものに留まっている。本書はその点を大いに補うものである。[33] またハイデガーの自己言及について議論している先行研究として他に渡邊二郎氏等が挙げられるが、残念ながら自己言及を中心問題として扱っているわけではない。[34]

他の先行研究においては、ハイデガーの思索や概念が前期から後期へとあまりに大きく変様しているがゆえにその思索を一貫したものとして捉えてよいか否かが一つの重要な問題となっている。その問題はハイデガーの思索の道が単数性として捉えられるべきか、それとも複数性として捉えられるかの議論へと繋がる。それについてはさまざまに議論されているが、ハイデガー研究の泰斗であるオットー・ペゲラー『マルティン・ハイデガーの思索の道』（一九九〇）による道の複数性の主張の論拠の乏しさを批判し、基本的に「同一のもの」を目指した「一条の道」であるという安部浩『現／そのロゴスとエートス』（二〇〇二）の主張は説得力を持つと言える。[35] 確かに、ペゲラー氏のように思索の道を複数性としてしか捉えられないとする立場であれば、ハイデガーの諸々の思索は場当たり的なものでしかなくなり、その深化は捉えられず、ハイデガー自身が感じていた思索の変様の切迫した必要性をかえって等閑視することになるだろう。他方で、筆者は同一のものを目指す一本道という主張に全面的に賛同することもできない。というのも、思索の道を単数性として捉えるならば、ハイデガー哲学の根幹を支えている試み＝道性格自体を見落とすことになりかねないからである。[36] そこで筆者は両者の説の中道を歩むことを試みる。ハイデガーの思索が目指したものを、筆者は、「被投的企投」という「同一かつ同一ではないもの」として見据えることを提案する。これにより、ハイデガーの試行錯誤により生じる思索の道の複数性も視野に入れながら、最終的に思索の道を振り返った時に「一条の道」としても見通せるからである。

ハイデガー哲学の途上性、すなわち問い続けるという姿勢は絶えざる自己批判において先鋭化されるのであり、この点を議論しないままでは、ハイデガーが終生取り組んだ存在を「問う」ということも根本的に理解することはできないだろう。さまざまな弊害を孕むにもかかわらず知らず知らずに形而上学の道を歩みつづけてしまうことのないように、ハイデガー自身が絶えず陥りつつも脱しようと試み続けた危険性＝形而上学性を逆説的な道標とし、存在の思索の諸々の道をハイデガーと共に歩むこと、「問う」という態度がいかにして徹底されていったかを明らかにすること、これがわれわれ後代に課せられた一つの重要な課題である。

2　本書の構成

本書は、こうした問題意識のもと、以下のように論じ進める。

第一章「最初の歩みへ[37]――被投的企投の解体」においては、『存在と時間』以前の著作（全集六三巻『現事実性の解釈学』（一九二三）、全集一八巻『アリストテレス哲学の根本諸概念』（一九二四）や全集二〇巻『時間概念の歴史へのプロレゴメナ』（一九二五））における被投的企投の前身である「解釈」、「被解釈性」、あるいは「把握性／概念性」の分析を踏まえつつ、『存在と時間』の被投性と企投、それらの連関について考察することで、被投的企投の多義性と位置づけの諸可能性を明らかにする。『存在と時間』の被投的企投に潜む両義性（すなわち存在の問いへの促しと妨害）を明示し、「企投優位」には収まらない根源的被投性、中期・後期における「存在の問い」の展開への萌芽と、その展開を阻むがゆえに後に克服されるところの危険性の区別を明確化する。本章では、現存在の存在がいかなる意味で「問いうること」かつ「問われうること」として捉えられるかということ、とりわけそれが「徹底的に被投的な企投」という観点からいかに描けるかということを考察する。

第二章「最初の歩み――存在の窮迫の所在」においては、第一章において明らかにされた被投的企投の両義性に基づき、主に『存在と時間』における「存在の問い」の準備の場面を浮き彫りにする。具体的には、現存在が不安において死の可能性と誕生の現事実性、人間存在の無根拠さ、そして歴史性といった徹底的な被投性(脱-底)を経験することによって、現存在の日常的な被投的企投が停止され、そうした根源的被投性の経験に基づいて初めて、企投の方向を「可能性としての可能性の企投」=「問いうること」へと転じうるようになる。これが「存在の問い」の最初の一歩である。他方で、無論『存在と時間』に「企投優位」の側面があることも否めず、存在問題の再構築にいよいよ近づくにつれて根源的被投性(脱-底)の経験が保留されてしまうという点に注意が払われねばならない。

第三章「過剰な歩み――超越と歴史」においては、『存在と時間』及びその直後に書かれた著作〔全集二四巻『現象学の根本諸問題』(一九二七)、二六巻『論理学の形而上学的始原』(一九二八)〕において描かれている「存在の問い」の展開とその内在的な困難について、『寄与論稿』等の自己批判を参照しつつ論じる。端的に言えば時間論は、それが現存在の脱自存在を明らかにする限りにおいては存在問題の再構築に寄与するが、脱自存在を即自存在に引き戻す限りで存在問題の再構築を妨げる。そして、即自存在への引き戻しは、被投的企投が「徹底的に被投的な企投」ではないこと、つまり企投の様式及び領域が「可能性の条件」としての「超越論的地平」との連関において設定されていることと連関している。筆者の考えでは、「超越論的地平」の設定はハイデガーによる自身の被投性の無自覚の軽減によって成立するのであり、存在問題の再構築のためには被投性が企投様式および領域自体を揺るがすようなものとして改めて捉え直されなければならない。ここで注意されたいのは、通常被投性の深化を論じているとされる「メタ存在論」も含めて後に自己批判の対象となっているという点である。

第四章「退歩Ⅰ——無から覆蔵性へ」では、全集九巻収録の三論文「根拠の本質について」（一九二九）、「形而上学とは何か」（一九二九）、「真理の本質について」（一九三〇）において、第三章で論じた「存在の問い」の被投的企投の内在的な問題点がいかにさらに浮き彫りにされてくるか、そうした中で軌道修正の萌芽がいかにして芽生えてきたかについて、その修正版〔「真理の本質について」（一九四三／四九）〕や後年書き加えられた序言や後記、注釈〔「「形而上学とは何か」への後書」（一九四三）、「「形而上学とは何か」への序言」（一九四九）〕等を参考にしつつ論じる。具体的には、前期ハイデガーの企投様式及び領域のみならず被投性の様式でさえも、既にそれ自体「存在の問い」の試みであったにもかかわらず、「現前性」という伝統的形而上学の存在了解と密接に連関していたことが示され、それ自体を揺るがすところの被投性が「覆蔵性」の内への被投性としていかなる次元において捉えられねばならないかが示される。それは「現前性」の存在了解を打ち破りうる「存在の非性」としての「脱底」、「無」、「覆蔵性」の内への被投性の深化の経路を辿り、その意味を明確化することによってなされる。

「覆蔵性」の内への被投性に基づいた企投は「（性起において本質現成する）転回《ケーレ》の内への跳躍」（Wm 193）（一九四三）と名づけられる。この「転回《ケーレ》」は「ヒューマニズム書簡」で述べられていた事態、つまり「『存在と時間』全体の逆転」として『存在と時間』における「形而上学の言葉の助け」によっては「十分に言い述べようとしてもうまくいかなかった」（Wm 327, 328）事態である。第五章「退歩Ⅱ——拒否と企-投」において『寄与論稿』前後の著作を扱い、この「性起（Ereignis）における転回《ケーレ》」について論じる。筆者の考えでは、古くから声高に述べられているハイデガーの「思索の転回《ケーレ》」は、『存在と時間』以来の「転回《ケーレ》の思索」の絶えざる試みの結果としての二次的なものでしかなく、また「転回《ケーレ》」という出来事自体、あくまで前期から論述されている被投的企投の変様（徹底的に被投的な企投）として捉えられねばならない。その際、「転回《ケーレ》」が形而上学的企投の「拒否（Verweigerung）」

として生じるという点が重要であり、それゆえに「転回《ケーレ》」は「最初の原初（der erste Anfang）」から「別の原初（der andere Anfang）」への「移行（Übergang）」のために不可欠な役割を担う。そして、その「拒否」においては伝統的形而上学への批判のみならず、ハイデガー自身の前期の思索における超越論的・学的企投への自己批判が加味されねばならず〔これがいわゆる「思索の転回《ケーレ》」の本質である〕、存在了解の歴史＝「存在の歴史」の内への被投性／投げの議論、解釈学的循環の自覚の徹底が必要となる。「転回《ケーレ》の思索」においてこの根源的被投性の次元が明確化されることで、現存在による存在の企投が存在による「企-投／投げ」へと変様する。これが第三章の「過剰な歩み」からの第四章及び第五章における「退歩」である。

　第六章「危険な道を行きつ戻りつ歩むこと――形而上学の両義性の耐え抜き」において、ハイデガーのニーチェ解釈〔主に全集六巻『ニーチェ』（一九三六―四四／四六）〕を扱いながら、ハイデガーが「最初の原初」の完成、「転回《ケーレ》」への窮迫の極限と評するところのニーチェの力への意志（Wille zur Macht）の思索とハイデガーの思索の近さについて議論する。ハイデガーによれば、ニーチェは「存在の問い」の生起に〔ひいては「転回《ケーレ》」の生起に〕限りなく近づきながらも問いを展開できないまま放置し、それどころかプラトニズムの本質を見極めないままにプラトニズムから脱却しようとしたため、かえってより決定的にプラトニズムに巻き込まれ、問いの成立をより困難にしてしまった。ハイデガーのニーチェ批判はこうした点に向けられる。しかし筆者の考えでは、ニーチェの思索を「形而上学全体の完成」としつつ自らの思索を「完全に別のもの」と主張すること〔「最初の原初」から「別の原初」への移行という構図〕は、プラトニズムを脱したと主張する限りでのニーチェと同様の「存在の歴史」の内への被投性／投げの軽減であり、形而上学への無自覚の巻き添えでしかない。筆者の主張を裏付けるかのように、実際にハイデガー自身、ニーチェ解釈の進展に応じて、自らの思索のこうした二分法的傾向に批判的になり、形而上学の両義性を明確に認めるようになる。ここに筆者は「転回《ケーレ》の思索」における「歩みの過剰」とそこからの「退歩」を見出す。この退歩は「放下（Gelassenheit）」への退歩と重なる。

第七章「道標と道程——基礎づけならぬ基礎づけ」において、第三章及び第四章で扱った全集二四巻『現象学の根本諸問題』（一九二七）、全集二六巻『論理学の形而上学的始原』（一九二八）、全集九巻収録の「根拠の本質について」（一九二九）、また第五章で扱った全集六五巻『寄与論稿』等、そして全集一〇巻『根拠律』（一九五五）といった前期、中期、後期の根拠論を扱う。これまでの議論を振り返りながら、後期の根拠論における前期及び中期の根拠論への批判点を明らかにすることを通して、存在問題の「基礎づけならぬ基礎づけ」＝「徹底的に被投的な企投」の深化という観点において、ハイデガーの思索の道の全体的な見通しを得る。

後期における「脱-底」としての存在は、前期における「企投優位」の根拠づけも、中期において述べられた「自らによる企投」を通して「最初の原初」から「別の原初」への唯一的な「転回《ケーレ》」を実現しようとする根拠づけも恣意として放棄させ、歴史的に為されてきたさまざまな存在企-投の差異、諸々の転回《ケーレ》が現れる場、つまり存在による「投げ」の現場であり続けることとしての根拠づけを要請する。ここにさしあたり被投性の洞察、解釈学的循環の自覚が徹底的に遂行されたと言える。

本論に入る前に、さしあたり『存在と時間』にて示された、ハイデガーの存在問題の再設定の必要性と基本事項を確認しておこう。

3　本論の前に——ハイデガーの存在問題の再設定の発端の確認

「存在の問い」の発端——存在者と存在の差異の素朴な経験

そもそもいかなる意味で、何故、存在問題の新たな設定が必要であると言えるのか。「というのも、あなたたちが「存在する」という言葉を使うとき、一体あなたたちは何を意味するつもりか、それをあなたたちがとうの昔から熟知しているのは、明らかなことだからだ。だがわれわれは以前にはそれをわかっていると信じていたのに、今では困惑に陥っているのだ」(プラトン『ソフィステース』244a)(SZ 1)。ハイデガーはこの引用でもって『存在と時間』の論述を始め、続けて「一体われわれは「存在する」という言葉で何を意味するのか、この問いに対してわれわれは今日何らか答えを持っているのか」(ebd.)と問い、「断じて否」と言う。加えて、われわれがその答えを持っていないのみならず、そのことに困惑してさえいないことを指摘し、その困惑と「存在の意味への問い」の必要性とを目覚めさせることから取りかからなければならないとする。

ハイデガーによれば、われわれ人間はつねに既に或る特定の「存在了解(Seinsverständnis)[38]」の内で生活している。つまり、あらゆる思考や行動に先立って、われわれは「何かが存在する」ということが意味するところや「有無」の別を知っている。しかし、自分がいかなる意味で「(何かが)存在する」ということを理解しているのか、あるいは「(何かが)存在する」ということを自分が理解しているという事態」がいかにして成立しているのかということを改めて考えることは極めて稀である。というのも、日常生活におけるわれわれの直接の関心事は、自己や他者、何らかの事物(「存在者」)が具体的にいかなる状態にあるか、あるいはその場に居合わせるか否かといったことだからである。例えば、先生は在宅かどうか、その店のごはんがおいしいかどうかなどといったように。われわれ人間は、人間や他の生物や何らかの事物といった「(存在するところの)何か」(「存在するもの/(いわゆる[39])存在者(das Seiende)」)に関わる中で「(何かが)存在する」ということ(「存在(das Sein)」)を漠然と捉えながらも、「存在する」ということ自体及びそれが意味するところに焦点を当てて捉えようとはしない。

では、日常的には不問に付されている存在自体及びそれが意味するところを捉えることは何故必要なのか、そしていかにして可能になるのだろうか。「存在者」は類や概念によって捉えられるが、「存在者」を「存在者」としてそのつど成立させているところの「存在すること／存在」は、以下の議論において明らかになるように、「存在者」を何らか超越しているために「存在者」から類比的に規定されてはならない（vgl. SZ 3, 38）。言い換えれば、通常われわれは上述のような存在者との密接かつ直接的な関わりの内にあるために、例え「存在すること自体」に思い至ったとしても存在を存在者の諸概念規定によって捉えようとしてしまうのだが、それでは存在を「問うに-値する（frag-würdig）もの」として取り上げて「尊ぶ（würdigen）」ことにはならない。つまり、日常においてふと存在すること自体について考えたとしても、われわれはそれだけではまだたいていの場合は「存在忘却（Seinsvergessenheit）」の只中にあると言える。そして後述するように、存在忘却は気づかぬうちにさまざまな弊害をわれわれにもたらしている。さしあたりこうした意味で存在問題を新たに設定する必要性があると言える[40]。

それゆえ存在問題の再設定の第一歩は、消極的に言えば、「存在者としての存在者の起源を別の存在者への遡及によって規定する」（SZ 6）ことを止めること、すなわち存在者全体を表象しつつ支配する「神」や「主観」といった概念設定及びこれらの概念に基づいた「存在」の類比的規定といった従来の形而上学的慣習[41]――こうした意味での伝統的形而上学――を放棄することの内にある。「存在は存在者の暴露から本質的に区別される固有の明示様式（Aufweisungsart）を要求する」（ebd.）ということに従って、存在問題の再設定のために「存在」に適切なアプローチの仕方を模索し始めること、これがハイデガーの言うところの「存在の問い」の開始である。少々積極的に言い直すならば、それは、われわれの実存／存在了解との連関において存在を捉え直すこと、そのために存在がわれわれによってそこから了解されているところの、これまで覆蔵されていた「存在了解の地平（Horizont）」（SZ 4）である「存在の意味（Sinn）」（ebd.）を暴露することであり、またその際に特定の存在者の存在のみならず存在者全体の存在、「存在一般（überhaupt）」としての「存在」が捉えられることである。こうして「存在の問い」はさしあたり「存在一般の意味への問い」（SZ 1）[42]として遂行される。

現存在分析と「存在一般の意味への問い」との連関

では、「存在一般の意味への問い」を展開していくためには、いかなる接近様式が妥当だろうか。あらゆる存在者の中でわれわれ人間にとって最も身近であり、なおかつ「[存在を]問うという存在可能性」(SZ 7)を持つ存在者は、「われわれがそのつどそれ自身であるところの存在者」(ebd.)、つまりわれわれ人間である。上述のように、絶えず何らかの「存在了解」を持つわれわれにとっては「[自らの]存在において[自らの]存在自体が常に既に開示されている」(SZ 12)からである。「存在(Sein)」のこの絶えざる「開示性」/「現(das Da)」に基づいて、われわれの自己はそれぞれに「現存在(das Dasein)」(ebd.)と名づけられる。そして、現存在のこの「存在の開示性」という規定は、基本的には『存在と時間』が書かれた前期だけではなく後期に至るまで一貫して保たれている。[43]

ところで、現存在において存在を開示するところの存在、またそこで開示されているところの存在〔「現存在があれやこれやそれへと態度を取ることができ、常に何らかの仕方でそれへと態度を取っているところの存在自体」(ebd.)〕はさしあたってともに人間存在、すなわち「実存(Existenz)」(ebd.)である。ただし、「実存という存在体制のイデーにおいて存在一般のイデーは既に含まれている」(SZ 13)とあるように、人間存在である実存/存在了解において当の人間もそれ以外も含めた存在者全体を構成するところの「存在一般」もやはり開示されている。そうでなければ、われわれは人間以外の他の生物や物が存在しているかどうかわからず、それらに関わることもできないだろう。そして「存在一般の了解の地平の解明には現存在の存在了解の解明が必要である」(SZ 231)とあるように、存在問題の構築という目標に従ってあくまで「存在一般の了解の地平の解明」が最終目標であるのだが、そのためにさしあたって「現存在の実存/存在了解の解明」が必要となる。こうして「存在一般の意味への問い」の仕上げは「現存在自身に属している本質的な存在傾向（Seinstendenz）、前存在論的な存在了解の根源化（Radikalisierung）」（SZ 15）（強調は筆者による）としてなされることがわかる。つまり、周知のことではあるが筆者の問題関心からして重要であるため繰り返しておくと、以下に行なわれる「現存在の存在論的分析論」（ebd.）は、ハイデガー自身にとってはあくまで「存在一般の意味の解釈のための地平の解放（Freilegung）」（ebd.）のための「準備」（SZ 17）として意味を持つ[44]。

危機の段階：存在の覆蔵に基づく存在忘却とその暴露としての「存在の問い」

では、「存在一般の意味への問い」はわれわれ人間のいかなるあり方において可能となるのか。ハイデガーによれば、それは「現象学的態度」においてであるとされる。「存在者の存在」及び「存在の意味」（「現象学的な現象概念」）は、それぞれ「さしあたりたいていおのれを示すもの」であるところの「存在者」及び「存在」の地平であるが、それ自体は「覆蔵されている（verborgen）」（SZ 35）。「存在者の存在」及び「存在の意味」は、①「覆蔵されたままである」、つまり覆蔵が暴露されてもいないが隠蔽されてもいないという放置状態＝「危険な状態」（ただ問われていない状態）か、あるいは②「覆蔵が隠蔽されている」「最も危険な」状態（SZ 36）（問われていないことが何らか隠蔽されている状態）か、あるいはまた③「覆蔵が暴露されている」、つまり覆蔵が取り払われて明らかになっている、さしあたり目下の危険から脱した状態／危機が危機として明らかになっている状態（SZ 35）（問われている状態）といった仕方で「おのれを既に示している」（SZ 31）。だが、「存在者の存在」及び「存在の意味」は——伝統的形而上学も含め——さしあたりたいてい①「覆蔵されたままである」か、②「覆蔵が隠蔽されている」ために忘却され、「存在の問い」は問われないままである。「存在の問い」の再構築を目指すわれわれは、こうした「存在忘却」に対して「存在者を覆蔵から取り出して非覆蔵的なもの（アレテス）として見えるように暴露する」（SZ

33）という態度をとらなければならない[45]。つまり、『存在と時間』当初の構想においてはさしあたり素朴に従来覆蔵されてきた地平の暴露が目指されていたのであり、後年の覆蔵が覆蔵として明らかにされている状態が目指されるのは、やはり超越論的企投における存在及び地平の完全な暴露の可能性の想定による問題点が浮き彫りにされ、それが乗り越えられてからであると言える。そして一見正反対に見える②と③の内には、「窮迫の無さという最大の窮迫」と同様、反転しやすさが存している。

現存在の「世界-内-存在」と「歴史性」と存在問題

さて、先述のとおり「存在一般の意味への問い」の設定のためには「現存在自身に属している本質的な存在傾向、前存在論的な存在了解の根源化」、すなわち現存在の分析論が必要である。だが実のところ、「存在の問い」の準備段階である現存在の分析論からして相当な困難を伴う。というのも、現存在はその存在体制である①「世界-内-存在（In-der-Welt-sein）」に基づいて「世界への頽落（Verfallen）傾向」を、また②「歴史性（Geschichtlichkeit）」（いわば「歴史-内-存在」）に基づいて「歴史及び伝統への頽落傾向」（SZ 21）を、つまり冒頭で言及したような「存在の自明視」の傾向を持つからである。存在を「問うに-値するもの」として捉えるという本来的実存／存在了解――「存在の問い」を立てるために必要な実存／存在了解の仕方――が妨げられる可能性があるだけではなく、実際につねに既に妨げられているという存在構造を現存在は持っている。とはいえ、「世界-内-存在」と「歴史性」は、そうした頽落傾向に妨げられつつも、本来的実存／存在了解の重要な構成契機として「存在を問うこと」の展開に資する。以下、①「世界-内-存在」と「世界への頽落傾向」と②「歴史性」と「歴史-伝統への頽落傾向」について確認する。

①「世界-内-存在」と「世界への頽落傾向」

われわれ人間がつねに既に「世界」の「内」で存在しているということは自明であるように思われるが、この「世界」と「内」の意味するところが重要である。ハイデガーによれば、現存在として捉え直されたわれわれ人間を構成するところの「世界」は、われわれから独立して存在する存在者の総体ではなく、むしろわれわれがそのつどさまざまなあり方をするのに呼応してそのつどさまざまな仕方で生じるところのものであり、反対にその生じ方に呼応してわれわれのあり方が変化するところのものである。ただし、われわれは世界と不可分でありながらも世界そのものであるのではなく、あくまで世界に「慣れ親しんでいる」（SZ 54）、「住んでいる」（ebd.）という仕方で「世界」の「内」に存在している（「世界-内-存在（In-der-Welt-sein）」）。

このようにわれわれが「世界」の「内」に存在している中で、さまざまな事物はさしあたり「手元性（Zuhandenheit）」（SZ 69）という存在様式、すなわち扱いやすさにおいて現れている。「手元性」とは、われわれが事物を主題的に捉え、反省する以前に、習慣的・非主題的にいかなる仕方で事物を捉えて関わっているかを表している。そして事物の「手元性」という存在は、物理的・伝統的に定められているところの他の事物への「指示（Verweisung）」及びその連関に基づいて成立しており、現存在は指示連関に沿いながらそのつど実存する。ただし指示連関が現存在と無関係に現れることはなく、あくまで「現存在の存在」を「目的／～のために（Worum-willen）」（SZ 84）とした、現存在によるそのつどの意味付与作用としての「有意義-化（be-deuten）」（SZ 87）において現われる。有意義化によって機能させられた指示連関の全体は「有意義性（Bedeutsamkeit）」（ebd.）としての世界を成立させている。このように現存在においては、そのつど自己存在と呼応して変化するところの世界がつねにすでに暴露されている。そして、われわれはさしあたりたいてい事物への関わりに没頭しつつ、そこから了解される限りで自己を了解している。珈琲を飲む私、傘をさす私といったように。

加えて、「世界」は私一人だけの世界ではなく、あくまで公共的な世界、「共なる世界内存在」(SZ 118)として、他者たちとそのつど共有するところの「共世界(Mitwelt)」である。他者たちは「現存在自身と同様にあるいは共に、現に世界の内に存在する存在者」(ebd.)としての「共現存在(Mitdasein)」(ebd.)であり、現存在の自己を構成するところの「内存在」は本質的に他者たちとの「共存在(Mitsein)」(ebd.)によって構成されている。[46] そして自己も他者もさしあたりたいてい「平均性」及び「公共性」の具現である「世人(das Man)」であり、それぞれに固有であるはずの実存的な決断を前もって肩代わりされていることで、自ら決断する可能性もその決断の責任を引き受ける可能性も、ひいては固有の自己存在も、「世人」によって取り上げられている(vgl. SZ 127)。それゆえにわれわれは日常性において「負担および存在を免除/軽減(entlasten)」されている(SZ 127, 128)。

われわれは、さしあたりたいていこうした世界と自己との関係、自己と事物や他者との関係を自明視している。そしてことさらに「自らがその内に存在するところの世界」を捉えようとする場合でも、われわれは「世界」や「内」を「特定の場所関係」(SZ 54)によって空間的に捉える傾向にある。自分や他の存在者の総体としての世界は、あくまで自分とは無関係に独立して存在するのであり、確かに自分は世界の内部に存在しているが、仮に自分が死んだとしても世界は何ら変わらずに無時間的にそこに存在し続けると考えられる。ハイデガーが見るところ、伝統的形而上学は基本的にこのような空間内の「延長」によって捉えられるところの独立不変の存在、「眼前存在(Vorhandensein)」[47]として存在を捉えている。伝統的形而上学において前提されるところの「態度や体験の多様な変化において保持し抜かれる閉鎖的で同一のもの」(SZ 114)、「根拠として先行的に横たわるもの」(ebd.)としての「主観」の存在は、まさしくこの「眼前存在」に当たり、ハイデガーの存在問題の再構築はさしあたり主観の存在の基礎づけによる主観の超克へ向かう。ハイデガーの存在問題を支えている根本的で一貫した問題意識は、後述するように、こうした形而上学的存在了解によって生じるさまざまな弊害と徹底的に闘うことにあると言える。

これが存在問題の再設定に関連する限りでの「世界-内-存在」の概略である。

②「歴史性」と「歴史及び伝統への頽落傾向」

また、現存在はつねに既に「〔存在の〕被解釈性（Ausgelegtheit）」（SZ 15）という「伝統（Tradition）」、歴史的に伝承された実存／存在了解に無自覚に追従している。つまり、われわれの先達も現存在としてわれわれと同様に先述の世界への頽落傾向に基づいて実存し、「存在の自明視」という存在了解を行なっていたのだが、その実存／存在了解内容が伝統的存在了解内容として伝承されることにより、そのつど現存在の実存／存在了解は——その頽落傾向を強化されるというように——規制されている（SZ 20）。伝統による制約によって存在問題の新たな構築に関する「〔現存在に〕固有の指導、〔すなわち〕問うこと及び選択すること」（SZ 21）が現存在から奪われている。こうして「存在を問うこと」がその本質であるところの現存在の「生起（Geschehen）」（SZ 20）〔「歴史性（Geschichtlichkeit）」（SZ 19）〕[48]が「根こそぎ（entwurzeln）」にされている〔固有の「地盤喪失性（Bodenlosigkeit）」（SZ 21）〕。加えて、伝統は「存在の自明性」を盾にしてこうした「存在の問い」の奪取を隠蔽してもいるため（上述の②「最も危険な状態」に相当する）、現代のわれわれがそれに気づくことは極めて稀である。しかし現存在は、伝統による「隠蔽（Verdeckung）」を——伝統への絶えざる関わりの中で勝ち取るという仕方で——暴露する可能性を持っているのであり、そうして「〔現存在に〕最も固有な問いの諸可能性を完全に所有するようになる」（SZ 21）可能性を持っているのである。

この伝統は、伝統的形而上学と闘いながら新たな存在問題の構築を目指すわれわれにとってはさしあたり伝統的形而上学の存在了解を指すのであり、伝統への頽落との闘いは形而上学的存在了解との闘いであると言える。

それは、古代ギリシアの存在論における存在の諸規定の最初の獲得――その諸規定はそれ以後の存在論においてもあいかわらず主導的であったのだが――に孕まれていた現存在の「根源的諸経験」＝「存在の問い」の新たな展開の可能性へ向けて、存在論の開始時に内包され既に展開されつつあり、それ以後の存在論に受け継がれつつさらに推し進められた「存在の自明視」という歴史を「解体（Destruktion）」（SZ 22）することである。

ハイデガーが見るところ、古代ギリシアの存在論において存在は「現-在（Gegen-wart）」という時間への無自覚な顧慮において「現前性」（パルウーシア・ウーシア）・「眼前性」として了解されている（vgl. SZ 25）。この存在了解は「眼前なるものをその純粋な眼前性において知覚すること（vernehmen）（レゲイン・ノエイン）」（ebd.）であり、「純粋な「現在化」というテンポラールな構造」（SZ 26）を持つ。つまりハイデガーの主張するところの「存在と時間」の連関が、古代ギリシアの存在了解において覆蔵されたままではあれ既に捉えられていたのであり、その限りでハイデガーが言うところの存在問題の萌芽があったと言える。しかしハイデガーによれば、ギリシア的存在解釈において「時間の際立った存在論的機能」（ebd.）が明示的に発見されることも、時間地平から存在が了解されることもなかった。

これが存在問題の再設定に関連する限りでの「歴史性」の概略である。

注

（1）伝統的形而上学における人間の本質の捉え方とハイデガー自身の以前の本来性の捉え方への二重の批判、すなわち形而上学批判と自己批判の二重性である。

（2）以下の引用も参照のこと。「汝がそれであるところのものに成れ！」、「おまえの良心は何と告げるか。――「おまえは、おまえが在るところのものに成るべきだ」と」（ニーチェ『悦ばしき知恵／愉しい学問』（n. 270）および「ルー・ザロメ宛

1882.6.10.」」。「学びつつ、汝があるところのものに成れ」（ピンダロス『ピュティア讃歌』第二巻七二行）。また、ハイデガーはピンダロスのこの言を「学ぶことによって、汝がそれであるところのものとして現れ出てほしい」と訳しつつ、「自らの内に存立することは、ギリシャ人にとっては、現に-立つこと、光の内に立つことに他ならない」（Bd. 40, 108）と解釈している。この箇所は『存在と時間』の時期におけるハイデガーのニーチェ、ひいてはプラトニズムとの思索的距離に関して伺える重要な箇所である。

（3）　筆者の考えでは、自己言及はその必要性に鑑みるに両義的であり、自己批判と自己弁護のいずれの側面も含んでいる。そして本書では自己言及の批判的側面を重視する。なぜなら、ハイデガーの思索が前期から後期へかけて何らか変様しているのは明らかであり、その変化の必要性は自己批判的視座においてより鮮明になると考えるからである。

（4）　詳細は拙論文「「汝がそれであるところのものに成れ！」――ハイデガーによるその批判的伝承について」（『実存思想論集第三十二巻』、理想社）を参照のこと。

（5）　「自異性」は筆者の造語であり、自同性批判としてのハイデガーの脱自概念を表している。また「自異性」は、サルトルによる時間に内在する脱自的統一の規定としての「〝自分があらぬところのものであり、あるところのものであらぬ〟という人間意識としての〝対自〟の〝無化〟の働き」（『存在と無』）とは異なる。というのも、単なる対自でも単なる即自でもなく、「即自かつ対自」であることがハイデガーにおける「脱自」だからである。詳細は第三章を参照のこと。

（6）　「脱-底（Ab-grund/Ab-Grund）」、「脱底（Abgrund）」はハイデガーの重要用語であり、本書の以下の議論において明らかになるように多義的である。だが基本的な意味としては、「脱-底」は――「脱-底（*Ab*-grund）とは脱-底（Ab-*grund*）である」（BP 379）ということから――①「脱-底」かつ②「脱-底」である。すなわち、①「根拠／根底から脱しており、もはや根拠／根底ではないこと」、そうした従来の根拠の無効化であり、同時に②「再び異なる仕方で根拠／根底であること」である。それは「もはや根拠／根底ではないような根拠／根底」、「それ自体が根底であるためにもはやそれ自体の根拠を持たない根拠／根底」を意味している。

　Ab-grund の「脱-底」という訳について。「脱-底」の他に、（底無しの）深淵、奈落、脱-根拠といった訳が考えられる。だが以下に論じていくとおり、筆者の議論は形而上学に対するハイデガーの両義的態度を一つの主題としているため、「根拠／根底／根源（Grund）」という「形而上学の言葉」の改変であることを強調するという意図があり、また上述のとおり「もはや根拠ではないような根拠／根底」、「それ自体の根拠を持たない根拠／根底」という意味で「根底」であるため、そうした両義性を表すために「脱-底」と訳した〔また、ハイデガー用語の特殊性から未だ用語の邦訳が確定されていないという事情も考慮されたい（『ハイデッガー全集』等参照のこと）〕。

「脱-底」と「脱底」の違い、すなわちハイフンの意味について。こうしたハイフンの使い方は、周知のとおり、ハイデガー哲学独特の言葉の扱い方の一つである。「実存（Existenz）」と「脱-存（Ek-sistenz）」、「現存在（das Dasein）」と「現-存在（das Da-sein）」といったように、ハイフンを付加する意味は、同じ言葉をなおも使いながらその意味をずらすことで「性起における転回《ケーレ》」を「より十全に言い述べる」ためである。それはまた言葉の原義、語源、構成要素それぞれの意味を強調するものである。それゆえ「脱底」ではなく「脱-底」と述べる場合、「脱-底」が「脱-」と「根底」から構成される両義性を持つ語であることをより強調していると考えられる。

「脱-底」は、シェリングの「愛としての無底（Ungrund als Liebe）」（『人間的自由の本質』）、西谷啓治の「脱底の自覚」（『根源的主体性の哲学』）、ニーチェの「深淵（Abgrund）」等との連関において捉えられるべきだが、これに関しては今後の課題としたい。

(7) 本書では、ハイデガーの思索の通常の時期区分（前期・中期・後期）を利用しているが、それはあくまで便宜上のことである。つまり、従来の時期区分への言及はそれぞれの時期を分けるためではなく、逆説的ではあるが、むしろそれらの相互の繋がりを示すためである。そうした目的のため厳密な時期区分は必要なく、おおよそ前期は二〇年代まで、中期は三〇年代から四〇年代前半にかけて、後期は四〇年代後半以降というように割りふっている。

(8) また、企投はおろか被投性でさえも中期・後期思想においては既に論じられていないものとみなされることも少なくない。しかし筆者の考えでは、以下に論じていく通り、被投的企投は——特に「投げ（Wurf）」をも考慮に入れるのであればなおさらであるが——その意味や形を変えながら後期まで存続しているモチーフの一つである。そしてそれこそが、問いの深度を測る基準となる。

(9) 上述のとおり、先行研究において被投性と企投、それぞれに関する簡単な指摘は見受けられるが、両者の連関について述べているものは驚くほど少ない。

(10) これに関してグレーシュ氏は「能動性が重視されて受動性が無視されてしまうこと」が「情状性と了解、あるいは被投性と企投の接合によって乗り越えられる」(S. 348) としている。

(11) 『存在と時間』の「挫折」とは『存在と時間』当初の構想に組み込まれていた第一部第三編「時間と存在」以降の部分が、少なくとも『存在と時間』としては、書かれないままにされたことを指す。

(12) また、論文「「形而上学とは何か」の序文」にて「それ (了解) は脱自的な、つまり開示されているものの領域において内存している被投的企投である」(Wm 374) と述べられていることにも注意されたい。

(13) フォン・ヘルマン氏の「『存在と時間』の解釈の成否は、開示性という語が指し示す現象を真剣に受け取ることができるかどうかにかかっている」(*Hermeneutische Phänomenologie des Daseins*, op. cit., S. 106) という言も参照のこと。また、グレーシュ氏も「開示性 (Erschlossenheit)」を「『存在と時間』の最重要概念の一つ」としている (『『存在と時間』講義』(二〇〇七) (九九頁)。

(14) とは言え、フォン・ヘルマン氏は被投性と企投の内的連関についても比較的詳細に研究している。フォン・ヘルマン氏は『マルティン・ハイデガーの自己解釈』(一九六四) において、ハイデガーの自己言及を取り上つつ被投性と企投について分析している (S. 69-)。ハイデガーの自己弁護に則って前期と後期の思索の連関を議論しているが、前期・後期を問わず被投性を重視している点 (「企投の実存論的 (existenzial) 性格は、企投運動が被投性によって条件づけられ現存在から出て行くということに基づいて、脱存論的 (*eksistenzial*) 性格へと変様する」(S. 82, 83))、被投性と企投の内的連関を分析している点で筆者と問題意識を共有しているが、後述のとおり三〇―四〇年代の資料が欠けた状態での議論なので簡素なものに留まっている。

　また、岡田氏は被投的企投に関して「私たち人間はどこまで自由かという核心的問題を潜在させており、したがってその問題へ切り込むことができる足場はこの体制をおいてはない」(S. 5) と述べている。筆者も被投的企投の問題は存在を問うという自由の問題であると考える。

(15) 『渡邊二郎著作集』第一巻、第二巻参照のこと。

(16) 第四章、第五章にて主題的に論じられる「性起における転回」を指す。

(17) 細川氏に代表される見方だが、ハイデガー自身が可能性、可能存在を現存在の存在として第一次的なものとみなし (vgl. SZ 38, 144)、また「将来優位」(SZ 329) と述べている点、加えて先視の優位を認めている点から、筆者もこうした見方には正当性があると考える。しかし、それを強調しすぎることにより、『存在と時間』において見て取られていた豊かな被投性が等閑に付され、それと連関して『存在と時間』における「存在の問い」の準備という側面も見逃されてしまう嫌いがある。また、筆者の考えでは「企投優位」（決断的・選択的企投の主導）も一定程度積極的意義を持っている。それは自らの決断の重要性、自らの実存と思索の力を軽んじないという実存主義的意義である。あくまで試みとして、問いとしてなされるということが十分強調されるのであれば、決断的・選択的企投の重視はむしろ存在の問いの生起へと導くであろう。

(18) 以下の引用を参照のこと。「「存在の意味から存在の真理へ」の移り行きの検討は、被投性の深化、「真理への問い」の深まりに定位してなされ、「存在の現成」、「存在棄却」、「自己秘蔵の明るみ」へと我々を導く」（細川『意味・真理・場所』七頁）。「「存在の意味から存在の真理へ」は被投性の深化、「真理への問い」の深まりであるだけでなく、第一期との対決でもある」（細川『意味・真理・場所』四四〇頁）。

(19) 以下の引用も参照のこと。「『存在と時間』の構想で企投性に強調点を置いている」こと、「被投性を自己の可能性として新たに取り込むこと」、「被投性に含まれる自己隠蔽の蔽いを取り除くこと」が「『存在と時間』における思索に含まれる形而上学的なディスクールの残余という困難な問題にかかわる決定的なこと」である（嶺『存在と無のはざまで』一七頁）。「被投性を企投性に組み込むことに、被投性を克服しようという形而上学的な意志が密かに働いている」（嶺前掲書二〇頁）。

(20) 『存在と時間』の構想については同書第八節を参照のこと。
　また以下の引用も参照のこと。「人々は既に、私が今『存在と時間』下巻を書いていると思っており、そのように語っています。（中略）しかし、かつては『存在と時間』上巻は私にとって、私をどこかに連れて行ってくれる一つの道でしたが、この道は今となってはもはや歩まれておらず、既に草で覆われてしまっているので、私は『存在と時間』下巻をもはや書くことはできません」（HB 54）（一九三二）。「下巻は二五年たった後には、上巻を新たに叙述し直すことなしには、もはや接続することができない。しかし上巻の道は存在の問いがわれわれの現存在を揺り動かすべきであるならば、今日なお必然的なものにとどまっている」（SZ, VII）（『存在と時間』第七版前書き）（一九五三）〔轟『ハイデガー『存在と時間』入門』（二〇一七）（一〇八、四〇七頁参照）〕。

(21) 同上。またこのような間接的な「改訂」と「続編」の執筆ゆえに、予告されていた『存在と時間』の直接の「改訂」も「続編」の執筆の必要がなくなったと考えられないだろうか。

(22) 他方で、後述するように「性起における転回《ケーレ》」の思索には「跳躍」が必要である。

(23)「転回《ケーレ》」についての研究史を概観するならば、まずハイデガーの転回《ケーレ》概念は、『寄与論稿』よりも先に公刊されていた「ヒューマニズム書簡」において有名になり、その文脈から、長い間ハイデガーの「思索における転換」＝「思索の転回《ケーレ》」と等しいと捉えられてしまっていた（M・ミュラー、W・シュルツなど）。しかし『寄与論稿』の出版（一九八九）後、そうした偏向的な見解を見直す動きが強まってきており、そして現在「ヒューマニズム書簡」における転回《ケーレ》はハイデガーの思索の転換というよりは『寄与論稿』で論じられている「性起における転回《ケーレ》」を第一義的には指すであろうという解釈（『渡邊二郎著作集第四巻ハイデッガーⅣ』五二二頁等）が優勢になっていると言いうる。また「思索の転回《ケーレ》」と「転回の転回《ケーレ》」に関しては、嶺『存在と無のはざまで』二五二頁において説得的に調停されており、筆者もこの見解に賛同する。

(24) 後藤嘉也氏『循環と転回』（二〇〇八）参照のこと。筆者も同氏の転回《ケーレ》を解釈学的循環から接続しうるものであるとの説に賛同するが、同氏は残念ながら被投的企投の観点からはあまり論じていない。

(25) 別言すれば、いわゆる「思索の転回《ケーレ》」は「「転回《ケーレ》の思索」のそのつどの「挫折」と「自己批判」の循環によって特徴づけられる「試み＝道」というハイデガーの思索のスタイル」をかなり限定・簡略化して狭い意味で捉えてしまっている。実際、存在の問いの生起のための、自己批判による思索（被投的企投）の変様という意味での、「転回《ケーレ》の思索」のための「思索の転回《ケーレ》」（思索／企投の方向転換）は、いわゆる「転回《ケーレ》以後」であるはずの「後期」においても生じている。『芸術作品の根源』、『寄与論稿』に関しても自己批判は為され続けると筆者は考えるのであり（第六章、第七章参照のこと）、それが思索の途上性である。

(26) しかしb.で既に述べたように、「挫折」がハイデガーの思索の仕方であり、しかも『存在と時間』執筆当初から「真に挫折」(SZ 148) することを予期するほどには自らのそうした思索の仕方に自覚的であった。それゆえ或る意味では最初から「挫折という構想」であったとも言えよう。

(27) 木田元『ハイデガー〝存在と時間〟の構築』（二〇〇九）、轟前掲書、渡邊二郎『ハイデッガーの実存思想』（一九八五）等参照のこと。

(28) 筆者がハイデガーの「形而上学的傾向」／「形而上学性」と述べるところのものは、ハイデガーが自らの論文「形而上学とは何か」についてその注釈や後書、序言にて「まだ形而上学的である」との自己批判を行なっていることに始まる、自らの思索の形而上学的な側面に関する述懐的な自己言及に基づいている（vgl. BP, SG, u. s. w.）。そして「形而上学性」とは「それ自体が形而上学であること」ではなく、新たな思索への移行において、形而上学的思索の本質及び展開可能性を完全には知りえないまま議論するしかないということ、その「形而上学的思索への展開可能性」としての「危険性」を指す。

（29） M・リーデル、W・ミュラー・ラウター、『ハイデッガーとニーチェ』（一九九八）等参照のこと。

（30） 先行研究においてハイデガーの自己解釈と思索の道性格との連関に関して言及しているものがある。代表的なものとして以下の引用を参照のこと。「ハイデガー哲学はその途上性ゆえに「自己吟味としての自己解釈」という性格をもっている。ハイデガー哲学に特徴的な自己解釈・改釈は彼の思惟が道としてあることに由来しているのである」（細川『意味・真理・場所』一一一頁）。

（31） 以下の引用も参照のこと。「〔思索する者にそれぞれ割り当てられている〕道で経験可能なものを言葉にするためには、彼は繰り返し行きつ戻りつ（hin und her）しなければならない」（Hw 211）。「思索の道は、我々がその道を行きつ戻りつ（vorwärts und rückwärts）歩むことができ、しかも戻り道（der Weg zurück）が初めて我々を前へと（vorwärts）導くという不可思議さをその内に蔵している」（US 94）。

（32） 以下の引用も参照のこと。「一九二七年から一九三六年までの存在論的差異への不断の関わりも、必然的な迷い道（Holzweg）として見られねばならないだろう」（Se 366）。

（33） また、本書がハイデガーの思索の変様の必要性の探求のために、自己言及の批判的側面を重視するのに対して、フォン・ヘルマン氏はあくまで自己弁護的側面から分析している。同氏は、基本的に「ヒューマニズム書簡」と『存在と時間』との対比において、『存在と時間』の内にいわゆる後期の次元を読み込もうとしている。前期と後期の連関を被投的企投という観点から明らかにするという意図は筆者も共有するが〔例えば、被投性の投げ運動は、「『存在と時間』においては被投性がそれを構成するところの人間の存在構造だが、存在そのものの或る構造に成る」（S. 80）など〕、ハイデガーの弁護に終始している点で大きく異なる。

（34） 『渡邊二郎著作集』第二巻等参照のこと。

（35） 以下の引用を参照のこと。「ハイデガーの思索は（中略）徹頭徹尾「同一のものから同一のものに向かい、同一のものへと」（ZSD 24）至らんとした探究であること、（中略）これは（中略）彼の思索が〈ひとつの星を追うことで歩まれた一条の道〉として統一的に解釈可能なものであることを主張している」（安部『現』一九、二〇頁）。

(36)　他方で、安部氏は道の複数性にも一定の配慮を示している。その理由をハイデガーの思索の「未完結性、過渡性という根本性格」、「その〔思索の〕発展につれて、その都度変貌に次ぐ変貌を遂げたこと」に求めている（安部『現』二九頁（注（5）））。ただしこの論点は残念ながら注釈で言及されているのみであり、積極的に展開されなかった。

(37)　本書の章立ては思索の「諸々の道」、それらを切り開く「歩み」から名付けられている。第一章「最初の歩みへ」は、存在の問いへの「最初の決定的な歩み」を『存在と時間』とした場合の、『存在と時間』以前から『存在と時間』への思索の歩みを表している。

(38)　『存在と時間』の両義性と存在了解との連関、それに対するハイデガーの自己批判については以下の引用を参照のこと。「存在了解は、『存在と時間』における導入の仕方では、移行に即した両義的な性格をもっており、人間の表示もまたそれに呼応している（「人間的な現存在」、人間における現存在）。存在了解は、一方で超越論的なもの、存在者性の表象定立一般の根拠づけられざる根拠として捉えられているが、他方で〔了解が企投として把握され、この企投が被投的なものとして把握されるがゆえに〕真理の本質を根拠づけることの告示である」（BP 455）。

(39)　ここで日常的に認識されている事物をことさらに「〔いわゆる〕存在者」と呼んでいるのは、以下に論じる存在了解の変様によって結局のところ存在者の了解も変様すると考えられるため、その際に了解される存在者、すなわち「より存在する」ようになっている存在者と区別するためである。

(40)　無論これだけでは「存在の問い」の必要性について納得しない人もいるだろう。以下に議論が進むにつれて或る種倫理的とも言える動機が明らかになってくる。

(41)　この点は後期に至るまで一貫している。以下の引用も参照のこと。「重要なのは、存在者に基づいて存在を根拠づけることへの顧慮なしに存在を考える試みについて述べることである」（ZSD 5）。「存在自体をことさら考えることは存在から目を逸らすことを要求する。存在が形而上学においてのようにただ存在者から存在者のための根拠として根拠づけられ解釈される限り」（ZSD 9, 10）。

(42)　「意味」は、「企投領域」、「存在の真理」と言い換えられつつも（BP 10, 43）、『寄与論稿』においてもそれへの問いが「私の唯一の問い」（BP 10）であるとされる。「「存在の意味」への同一の問いだけがつねに問われる」（BP 84）。

(43)　ただし「現存在」という術語は『存在と時間』において両義的である。「現存在」は、一方で存在者としてのわれわれ人間という意味で頻繁に使用されているのだが、他方で「純粋な存在表現（Seinsausdruck）」（SZ 12）であるとも述べられ、中期・後期における「現-存在（das Da-sein）」とほぼ同義の使われ方もしている。ゆえに現存在は『存在と時間』においては存在者と存在の二重の表現であると考えられる。以下の引用も参照のこと。「『存在と時間』が初めて本質的に設定している意味においては、この現-存在という言葉は翻訳されえない」（BP 300）。「現-存在」は「或る〝存在者〟」であるにもかかわらず、それが自己性を初めて規定するところの「存在の仕方」である。「現-存在」は、「『存在と時間』ではまだ十分に明快ではなく誤解されやすい」が、「人間」でもその存在の仕方でも「人間自体の根拠」でもなく、「特定の将来的な人間存在の根拠」である（ebd.）。

（44）以下に現存在の存在了解の深化を遂行していくことによって、現存在の存在の意味地平が「時間性（Zeitlichkeit）」（SZ 17）として明らかにされる。ただしこの段階では「時間性」はまだ現存在の存在の地平を示しているに過ぎず、「存在一般の意味」の獲得のための「地盤（Boden）」の「用意」（ebd.）に留まっている。「存在一般」は「テンポラールな規定性」（SZ 19）を持っており、「存在のテンポラリテートを浮き彫りにすること」（ebd.）が「基礎的存在論」の最重要課題であるとされるのは周知のとおりである。

また以下の引用も参照のこと。「現存在の分析論は不完全であるだけではなくさしあたってまた暫定的でもある」（SZ 17）。「それ〔現存在の分析論〕は存在の意味の解釈無しにまず現存在の存在を際立たせ、最も根源的な存在解釈のための地平の解放を準備するよう求められている。地平が獲得されて初めて、現存在の準備的な分析論はより高次で本来的に存在論的な基盤（Basis）の上での（その分析論の）反復を要求する」（ebd.）。つまりここで現存在描写と存在／存在了解の地平描写がまだ暫定的であることが宣言されているのであり、そうした意味では最初から解釈の修正が織り込み済みであったとも言える。

（45）存在の問いが覆蔵性からの取り出しによって成立することは後期に到るまで一貫している。ただし、覆蔵性からの取り出しがいかになされるかということについての規定がやはりこの段階ではまだ不明瞭であるだけでなく、存在者の暴露と存在の暴露が区別されていない。

（46）現存在による他者への関わり（「顧慮（Fürsorge）」）は二つの可能性を持つ（SZ 122）。一つには、現存在がいわば他者の代理を務め、他者から存在了解の選択及び決断を取り上げることにより、他者を依存的かつ被支配的なものにすることである（「非本来的顧慮」＝「代理跳躍的・支配的（einspringend-beherrschend）」）。その際、自らも同様に代替可能であり、被支配的なものである。「我々はひとが楽しむように楽しみ満足する」（SZ 126）、「我々はひとが抜け出るように「集団」から抜け出る」（SZ 127）というように。もう一つには、現存在がいわば他者の模範となり、他者に存在了解の選択及び決断を返し与えるために、その存在諸可能性へ向かって「率先して跳躍する（vorausspringen）」ことである。これにより他者が自由になる（自らを見通せる）よう助ける〔「本来的顧慮」・「本来的連帯」＝「率先跳躍的・解放的（vorspringend-befreiend）」〕。

（47）「眼前存在」とは、他の存在者への関係やその事象内実の内部で成り立つ諸関係・相対性に注目することなく、それ自体において絶対化された存在者自体の絶対的措定である（GP 450）。

（48）歴史性は「現存在の時間的な存在様式」（SZ 19）として、「時間性の時熟構造」（SZ 332）、時間性の「より具体的な」もの（SZ 382）である。

第一章

最初の歩みへ——被投的企投の解体

1　第一章の問題設定

『存在と時間』が「存在の問い」を再設定する試みであり、かつそれが未完に終わったこと、すなわち「存在の問い」が結局十全には立てられなかったことは周知のとおりである。しかし、それでもなお『存在と時間』の既刊部分は「存在の問い」の準備という重要な役割を担っている。このことはかえって「ヒューマニズム書簡」のあの有名な自己言及、「問題の第三篇が差し控えられたのは、思索がこの転回《ケーレ》を十分に言い述べようとしてもうまくいかなかったからであった」（Wm 327, 328）（一九四六）によって裏付けられる。というのも、この言は通常それと解釈されるように『存在と時間』の不十分さの指摘でもあるが、他方で不十分ながらも「転回《ケーレ》」（存在の問いの生起）の思索の試みはなされていたということも表しているからである。自己言及は、「解体」と同様、そもそもこのような両義性を伴うものであろう。では、『存在と時間』において「存在の問い」の準備はどれほど達成されたのだろうか。これに関しては「転回《ケーレ》」の解釈と同様に意見が分かれるところである[1]。

筆者の考えでは、前期に書かれたハイデガー第一の主著『存在と時間』は、後期思想への豊かな発展可能性を孕んでいる一方で、ハイデガー自身によって後に自己批判が加えられて乗り越えられるところの形而上学的な側面も持っている。そして、その自己批判が向けられるのは詰まるところ、現存在の存在／存在了解[2]を構成する「企投（Entwurf）」と「被投性（Geworfenheit）」の意味と、「被投的企投（der geworfene Entwurf）」という「謎めいたもの」における両契機の連関の仕方の曖昧さであり、存在の根拠の無さ、「脱-底」の洞察の不十分さである[3]。中期及び後期に向けて「存在の問い」の深化と呼応してより深められていくのは、「脱-底」という根源的被投性の経験、「徹底的に被投的な企投」であり、自己批判が向けられていくのは、さしあたり被投性の根源性の軽減というわれわれの頽落傾向（頽落的被投性）である。その軽減が、第三章で論じるところの現存在の存在／存在了解、ひいては存在問題の基礎づけとしての超越論的企投への展開を許したのであり、また『存在と時間』のいわゆる「挫折」に繋がっている。本章と次章は、『存在と時間』における「存在の問い」の準備と妨害という両義性がそれに集約されるところの被投的企投の両義性を解明すること、すなわち被投的企投の「解体（Destruktion）」（SZ 22）(4)を通した『存在と時間』の「解体」を目標とする（無論、われわれの試み自体が被投的企投であるのだが）。本章、そして次章の議論を通して、『存在と時間』における「存在の問い」の準備の達成度が明らかにされ始めるだろう。

　そのために筆者はまず、『存在と時間』における「被投性」と「企投」の特徴づけに関して、『存在と時間』以前の著作（全集六三巻『オントロギー――現事実性の解釈学』、全集一八巻『アリストテレス哲学の根本諸概念』や二〇巻『時間概念の歴史へのプロレゴメナ』）における情状的了解、被投的企投の前身である「解釈（Auslegund）」、「把握性／概念性（Begrifflichkeit）」等と比較しつつ検証する。そして、「被投性」と「企投」がいかにして「被投的企投」として連関するのか、いかにして「被投的企投」は徹底され、「存在を問いうること」と成るのかを考察する。

　筆者の考えでは、一般的に「企投優位」と目される前期においても、自らの存在の如何ともし難さ、把握し難さという存在の他性を担う被投性（根源的被投性）が洞察され始めていたのであり、それこそが、われわれを「存在の問い」へと誘う。そして「存在の問い」の準備は、自らの被投性の深度を自覚的に企投することによりわれわれの頽落傾向としての「根源的被投性の軽減」から「徹底的に被投的な企投」へと変様することであり、存在の把握し難さを把握すること、そうして存在を「問われるべきもの」として扱うことである。

　ともあれわれわれは、思索の道を間違うという危険を覚悟の上で、ハイデガーと共に「存在の問い」への最初の一歩を踏み出さねばならない。

2　被投性と企投の基本規定

現存在の内存在の構成契機：被投性と企投

現存在の実存／存在了解において存在がわれわれに何らか明らかにされていることは、存在の本質的な「開示性（Erschlossenheit）」（SZ 132, 133）、あるいは「現（das Da）」（SZ 132）と名づけられる。現存在は、「現」において世界と不可分な「内存在（das Insein）」（ebd.）としてのおのれ自身を開示している。現存在の存在、その開示性は主観の認識作用と置き換えられるわけではなく、主観-客観関係の成立以前の、言わば「〔主観と客観の〕間（das Zwischen）」（ebd.）の存在、主客未分の存在を示している。[5] そして、『存在と時間』において「現」は「情状性（Befindlichkeit）」と「了解（Verstehen）」、「〔現事実性の内への〕被投性（Geworfenheit）」と「〔可能性の〕企投（Entwurf）」によって等根源的に構成されていることが明示されている（SZ 132, 133）[6]。

『存在と時間』以前の被投的企投[7]

「内存在」の構成契機である「情状性」と「了解」、「〔現事実性の内への〕被投性」と「〔可能性の〕企投」は『存在と時間』において明確に位置づけられたが、では『存在と時間』以前は「被投的企投」について全く語られていなかったのだろうか。用語としてはそのとおりだが[8]、事柄としては既に語られていたと考えられる。情状的了解（被投的企投）、現事実的可能性は『存在と時間』以前も――無論曖昧で未分の状態ではあるが――「解釈（Auslegung）」、「被解釈性（Ausgelegtheit）」、あるいは「把握性／概念性（Begrifflichkeit）」として語られていた。この未分の状態は、とりもなおさず被投的企投における被投性と企投の意味と連関の仕方が複雑で難解な「謎めいたもの」（SZ 148）であり、ハイデガー自身がこの規定に関して長年試行錯誤を繰り返したことと連関している。『存在と時間』の被投性と企投の考察に至るまでに、ハイデガーはいかなる思索の道を切り拓き、歩んだのか。この分析がさしあたり『存在と時間』における「被投的企投」の「解体」の一助になるだろう。

全集六三巻『現事実性の解釈学』（一九二三）では、現存在の世界内存在が「現事実的生（faktisches Leben）」（Bd. 63 15）として捉えられており、それはまた「可能存在」（Bd. 63 16）であると述べられている。すなわち、既にこの時点で人間存在は現事実性と可能性の狭間の存在として規定されていた。そして、現事実性の「可能的に際立った仕方」（Bd. 63 15）が「解釈」であり、「解釈学」とは「現事実性の自己了解／解釈」（vgl. Bd. 63 14, 18）として、自らの現事実性を「出会い・視（sicht）・握（Griff）・概念／把握（Begriff）へもたらす」（Bd. 63 14）ことである。ここで解釈は『存在と時間』と異なり、基本的に現事実性、情状性に基づくものである一方で、後の「先視」・「先握」という「先-構造」との連関の中で捉えられている。こうした解釈学の課題は、そのつど自らの現事実性を解釈学的に把握し、概念へともたらしつつ、「そのつどの具体的な現事実性の特定の決定的な可能性」（Bd. 63 15,19）を「透視的」にすること、そうして根源的に「問うこと」である（Bd. 63 17-19,29）。何故「解釈学」（すなわち際立った可能的な現事実性）がことさら「（根源的に）問うこと」へと繋がるのかと言えば、それが「人間の理念」（Bd. 63 17）に基づいて自らを把握するのではないからであり、また「可能存在には、先持に従って（vorhabemäßig）根本的な疑わしさ（*Fraglichkeit*）が適合している」（Bd. 63 17）からである。「解釈」の構成契機である「先持（Vorhabe）」とは、あらゆる通路と交渉に先立って非主題的に持たれている根本経験（Bd. 63 16, 80）であり、現事実性を指している。あらゆる把握に先立っている根本経験、現事実性には問うべきものが含まれており、それゆえに「先持」は如何に問うべきかという「問いの仕方を要求する」「先握（Vorgriff）」（Bd. 63 16）、すなわち可能存在と組みである。[9] こうした「先持」と「先握」に加えて、後に「先視」と名づけられる契機、「現事実的な現-存在における現に、方向づけられてあるという性格（その可能的な視の様式及び射程の或る特定の範囲という性格）を与えているところのもの」（Bd. 63 32）が「解釈」、ひいては現存在の存在を構成しており、「そこから現存在自身が問いと要求を立てるところの領域」（ebd.）を形成している。[10] ここで既に事柄としては被投的企投における問いの準備が論じられていること、また「先持」の根源性の重視に応じて、後に「先-構造」と名づけられるところの「先持」と「先握」の「先-」が基本的に現事実性、すなわち既在性、歴史性から捉えられていることに注意されたい。そしてこの歴史性はこれ以後の「先-構造」の捉え直し、そして『存在と時間』における「存在の問い」の再設定の試みにおいて払拭され、喪失されてしまうのだが、後に改めて取り返されて「反復」される。この点については後述する。

次にこの翌年の講義を基にした全集一八巻『アリストテレス哲学の根本諸概念』において述べられる情状的了解、被投的企投の前身、「把握性／概念性（Begrifflichkeit）」（Bd. 18 40）は、基本的には「諸概念の本来的な地盤不断性（Bodenständigkeit）」（ebd.）であり、「世界と人間の現存在を問うこと（Befragen）の観点」（Bd. 18 269）である。すなわち「把握性」も存在の問いの準備という役割を担う。「把握性」は以下の三契機から構成される。まず、それに基づいてわれわれが諸概念を発見し、名づけ、分析するところの地盤となる①「事象を与える根本経験」（Bd. 18 271）である。この根本経験は、「現存在が或る仕方で世界を、存在者を開示的に持ち合わせている（dahaben）こと」（ebd.）としての世界内存在、そしてとりわけ「自らを見出すこと（Sichbefinden）において自らを持ち合わせていること」（ebd.）である「情状性（*Befindlichkeit*）」（ebd.）である。世界における諸々の存在者について、諸概念について語られるとき、こうした根本経験に基づいて語られるのだが、その際に「現在性（*Gegenwärtigsein*）」（Bd. 18 272）や「完成（*Fertigsein*）」（ebd.）といった②「存在の或る特定の意味（Sinn）」（Bd. 18 272）、そうした「主導的な要求」（Bd. 18 271）及び③「或る特定の既知の支配的な了解可能性（Verständlichkeit）」 （ebd.）によって存在者の〈存在の〉把握の仕方はつねに既に導かれている。ここで、①の情状性が『存在と時間』においてとほぼ同じ意味で用いられていること、また、同様の理由で、②と③が『存在と時間』の「意味」と「了解」の前身であることが見て取れる。

こうした構造契機をもつ「把握性」は「二重の意味」（Bd. 18 272）を持っている。一つには、「それに反対して把握性が形成されるところのものの可能性」であるところの「消極的な意味での把握性の可能性」（Bd. 18 274）、現存在の「被解釈性（Ausgelegtheit）」（Bd. 18 274-276）、「透視性（Durchsichtigkeit）」（Bd. 18 275, 276）である。すなわちこれは乗り越えられるべき「把握性」である。この「被解釈性」は、『存在と時間』における「解釈（Auslegung）」、「解釈学的状況（hermeneutische Situation）」と同様に「先-持」、「先-視」、「先-握」から構成される。先と比べると、『存在と時間』における「先-構造」の形が既に整ってきている。ただし、注意されるべきは、この場合の「先-」が先と同様にやはり「時間的に先行的に既に現にあること」（Bd. 18 358, 359）、つまり『存在と時間』で言うところの被投性を特徴づける「既在性（Gewesenheit）」であるという点であり、また頽落的意味合いが含まれるという点である。これに対して、『存在と時間』における「解釈／解釈学的状況」の「先-構造」においては頽落的意味合いはもはやそれ自体の内には含まれておらず、また既在的・歴史的な意味合いよりも了解の仕上げという位置づけと連関して超越論的意味合いが含まれるようになる。この点については、後に詳述する。

ここで「先-持（Vor-habe）」とは「世界、そして存在者が既に現にあるという特有の事実」（Bd. 18 274）、すなわち『存在と時間』で言うところの現事実性の内への被投性であり、先の「先持」の洞察とも基本的に重なるが、「問い」という観点が抜け落ちている点、これに関して「先握」も同様であるという点に注意されたい。これが先の①に当たる。これに対して「先-視（Vor-sicht）」とは「現存在がその内で動いている既に現にある或る特定の観点（Hinsicht）」（Bd. 18 275）（「視（Sicht）」）、「外観」、「被制作性」、「現在」といった「存在者の存在の特定の周知の意味」(Bd. 18 275, 357) である。これが先の②に当たる。[11]「先-握 (Vor-griff)」とは「支配的な了解可能性」(Bd. 18 275)、「解釈様式及び証明様式」(Bd. 18 358) である。これが先の③に当たる。こうした「先-視」と「先-握」は了解・解釈してしまっていること、既なる了解と解釈に当たるだろう。すなわち、ここでの乗り越えられるべき「被解釈性」においては、了解及び解釈及びその基盤の既在性に焦点が当てられていると言えよう。注目すべきは、『存在と時間』ではもっぱら「了解の仕上げ」として了解に属するところの解釈、その「先-構造」を構成する「先-持」、「先-視」、「先-握」が、それぞれ情状性、意味、了解との関連を示唆されているということである。「被解釈性」はまた、日常性における伝統、遺産の伝承である。現存在は、たいていは遺産の誤用と隠蔽の可能性としての、伝統の内への「頽落」(Bd. 18 359) において開示の仕方を伝承しているが、「把握性」を「根源的被解釈性 (*ursprüngliche Ausgelegtheit*)」(Bd. 18 277) へともたらす可能性、つまり日常性に基づきつつも日常性に反対して伝承する可能性を持っている。これが「消極的な意味での把握性の可能性」(Bd. 18 274) であって、これに反対して「積極的な意味での把握性の可能性」が形成される。

二つ目の把握性である「積極的な意味での把握性の可能性」(Bd. 18 278)、すなわち「そのために把握性が形成されるところのものの可能性」は、「消極的な意味での把握性の可能性」が「先-視」や「先-握」によって構成されていたのに対して、現に見ること、把握することである「視 (Sicht)」、「握 (Griff)」(Bd. 18 361)、「ヒュレー (素材)」から「何かとしての (als) 何かへ向かうこと」(Bd. 18 280)〔「エイドス (外観、形)」、「被制作性」(Bd. 18 360, 361)〕、「何かを何かとして知覚すること、話すこと、自らを方向づけること」(Bd. 18 280) から構成される。この「何かを何かとして話すこと」により、ヒュレーとして単に保持されていたものが、「何かとして」捉えられるという可能的な諸規定の内へと分割される (ebd.)。それは、それについて語られているところのものを、これまでそれと考えられていた (漠然とした) ものとは別の何か (すなわちより概念的に明確に捉えられた何か) であると捉え直すということである。「積極的な意味での把握性の可能性」は、「把握性」を「根源的被解釈性」へともたらす可能性、存在者の（存在の）再解釈の新たな可能性の開示である。しかしそれと同時に、この把握性の可能性も新たに誤りうるという可能性から免れているわけではない。というのも、現存在は「日常的に誤りと誤りの可能性（存在者の明示と持ち堪えの本来的な可能性からの離反）に頽落している」（ebd.）からである。すなわち現存在の解釈はつねに既に誤ってしまっているだけでなく、つねに新たに誤りうるというように脅かされている。

では、「それに反対して把握性が形成されるところのものの可能性」であるところの「消極的な意味での把握性」（Bd. 18 274）と「積極的な意味での把握性の可能性」（Bd. 18 278）であるところの「そのために把握性が形成されるところのものの可能性」は、『存在と時間』で言うところのいかなる契機に該当するのか。前者は「現存在の平均的な仕方」（Bd. 18 357）と述べられているところから非本来性・頽落、後者は「本来的で積極的な仕方」（Bd. 18 359）と述べられていることから本来性に当たるだろう。注目すべきは、非本来性を論じる際には情状性、「先持」が、本来性を論じる際には情状性に基づきつつも「何かを何かとして」捉えるという了解、「先視」及び「先握」が強調されていることである。ここで先の問いの準備において「先持」、現事実性が重視されていたことから転じ、「先視」及び「先握」に本来性への契機が見出されていることが重要である。このことは『存在と時間』において頽落と被投性がことさら連関づけられて捉えられていることに繋がっている（vgl. SZ 175-180）。

この未分の状態から了解と情状性が現を構成する二つの契機として明らかにされてくる。『時間概念の歴史へのプロレゴメナ』（一九二五）において、「情状性（Befindlichkeit）」は「世界自体とのあらゆる関わりにおいて自らを見出していること」（Bd. 20 351, 352）、「気分と気分づけられていること」（Bd. 20 353）、「つねに既に或る世界の内で存在しているという性格」（Bd. 20 355）であり、「了解（Verstehen）」は「存在諸可能性の存在遂行」（ebd.）である。つまり、情状性と了解に関して既にほぼ『存在と時間』と同じ形となっていると言えよう。だが、やはりまだ情状性と未分の状態にある了解が、素朴に語られている節がある。このことは、さらなる了解の規定としての、「情状的に世界を開示することと開示してしまっていること、開示しつつ自らを見出すこと」(Bd. 20 356)というように、まず了解の規定に情状性の「自らを見出すこと」という第一義的な規定が使われていること、次に「世界を開示することと開示してしまっていること」というように現在の了解と既在的な了解の両方を了解としていることからそれとわかる。また、了解は根本的に「了解不可能なもの」(Bd. 20 356)、「制御できず、隠蔽され、接近できない」「基礎的な非了解内容」(Bd. 20 358, 359) に基づいている。こうしたことからも、了解がここでどこまでも了解によって捉えきれないもの、情状性に暗示されるものに基づく了解として捉えられていることがわかる。

こうした分析から、情状性と了解には分かち難い面があり、了解がその構造である企投によってのみ構成されるのではなく、既にして被投性によっても構成されているということ、また反対に、情状性がその構造である被投性のみによって構成されるのではなく、既にして企投によっても構成されているということが見えてくる。すなわち、「企投は本質的に被投的企投である」ということである。筆者の考えでは、「存在の問い」の成立のためには、後述するようにこのような被投性と切り離しえない企投が重要であり、また被投的企投が如何に存在の問いの準備となっているかを明示することが必要である。この点において、『存在と時間』との対比において『存在と時間』以前、とりわけ『現事実性の解釈学』の方がかえって存在の問いの生起を準備している側面があるとも言えよう。しかし、ハイデガーは情状性を了解から明確に区別し、さらに先持ではなく先視に、情状性の構造である「被投性」ではなく了解の構造である「企投」に優位を与えるようになるのであり、その意味においては『存在と時間』における被投性と企投の明確な区分はそれ自体既にして或る種の「過剰な歩み」であると言えよう。では、何故ハイデガーは情状性から了解を明確に区別するようになったのか。それは、情状性・既在性を頽落的であると捉え、そうした頽落傾向、「誤りと誤りの可能性」から了解／可能性を引き剥がすことにより本来的で学的な了解へ向かおうとしたためではないだろうか。これに関しては以下に議論していく。

また、この議論に関して再度確認しておくべきは、解釈における「先-構造」の意味の変様である。筆者の考えでは、ハイデガーは存在問題の再設定のために、事柄に従って「先-」が①歴史的に偶然的にそのつど既に与えられているという意味を持つと捉えるべきか、あるいは②言わば本質必然的に、超越論的に既に与えられているという意味を持つと捉えるべきかの「迷い道」を歩んでいた（ちなみに①も、それが伝統として伝承されるものも含むとするならば、完全に偶然であるというわけではなく、その歴史的必然性という意味合いを増すであろう）。以下、上述の議論を踏まえて、『存在と時間』における情状性と了解の規定を分析していく。

情状性と被投性

『存在と時間』によれば、「情状性（Befindlichkeit）[12]」は日常的には「気分（Stimmung）」（SZ 134）として経験されている。気分は、通常は感情や心理現象としてわれわれの内面へと押込められてしまっているが、実のところわれわれの内部にも外部にも属さない。というのも、気分はわれわれの自己の内外の区別以前に生じている世界内存在それ自体から兆してくるからである。世界内存在である限り、われわれはたえず気分によって襲われており、気分から逃れることはできない。例えば学究の理性的な振る舞いにおいて享楽的な気分を滅することで、気分などに左右されていないように感じられても、実際にはやはり理性に適合する気分（例えば冷静さなど）において振る舞っている。「［理性が］気分を支配するといっても、けっして気分から逃れて支配するのではなく、そのつど何らか反対気分に基づいて支配する」（SZ 136）。そして、気分に適合する仕方で、全ての認識や意欲に先行して、また認識や意欲が開示する射程を越えて（ebd.）[13]——これが後述する了解の企投の伝統的な呼び名であるが――、現存在の存在が不断に開示されている。つまり、情状性は現存在の存在の構成契機として現存在分析における考察の「対象」であるだけでなく、同時に現存在の存在の開示作用として、現存在分析における「方法的意義」（SZ 139）を持っている。情状性において、現存在の存在の開示は、自らの意志にかかわらず自らの状態をそのあり方からして捉えてしまわざるをえないというようになされている。現存在は「おのれの存在に委ねられている」だけではなく、「おのれを見出すということにも委ねられている」（SZ 135）。我知らず自己として存在してしまっているというだけではなく、我知らず気分づけられつつ自己存在を捉えてしまっているということである。そうした受動性、非意志が情状性を特徴づけている。(14)

情状性の本質性格は、①「被投性の開示」（vgl. SZ 136）、②「世界内存在全体（世界、共現存在、実存）の開示」（vgl. SZ 137）、③「（手元なるものの非有用性・抵抗・脅かしにより襲撃され当惑させられるところの根拠／基盤としての）世界の世界性の開示」（ebd.）である。まず、被投性、全世界内存在、世界がそれぞれいかなるものであるのかを検証しつつ、それらがいかにして連関し合いながら情状性において開示されているのかを考察していく。

①「被投性の開示」について。情状性において現存在は「おのれをつねに既に見出してしまっている」（SZ 135）という受動的で既なる仕方で自己存在を開示している。現存在が自らを或る状態において見出しているとき、現存在は漠然とであれ、「既に現実にこのように存在してしまっている状態にあるもの」として自らを感じている。こうしたもはや自らには如何ともし難い自らの現実存在、われわれが既にこのように存在してしまっているということが、現存在の存在の「現事実性（Faktizität）」（ebd.）であり、そうした自己存在の受動性がさしあたり「（現事実性の内への）被投性（Geworfenheit）」である。

「被投性（Geworfenheit）」は、根本的には、現存在が存在者として「現」の内へ投げ込まれていること（ebd.）、「［誕生の際］どこから（das Woher）［投げ込まれたのかということ］と［死亡の際］どこへ（das Wohin）［投げ込まれるのかということ」は闇の内に存する」(SZ 134) まま、「現存在が存在しているということ (daß)、そして存在しなければならないということ」(ebd.)、こうした現存在の誕生と死にまつわる自らの存在自体の如何ともし難さという受動性を示している。それは、われわれが気づいたら既に存在してしまっているという仕方で存在し始めたこと、自らが自らの意志にかかわらず自らとして存在してしまっているということ、そうした存在の如何ともし難さゆえにまた存在の把握し難さの内に投げ込まれているということであり、詰まるところ人間の側からの存在への関わり難さを表している。[15] 確かに自分自身で自分を生み出した訳ではないが、他者、すなわち両親や家系、民族を考慮すれば生物学的・歴史学的解説によって説明されるのではないかと考える人もいるだろう。しかし何故そもそも人間が、あるいは一般に何かが存在するのかということは実のところ不明であり、また伝統的・宗教的には神の天地創造によって説明されうるのだが、序論で述べたとおり、神を持ち出すことは禁止されている。[16] 自己存在は、その根底において見知らぬもの、「謎めいたもの」であり、被投性が含み込むこうした謎がさしあたり自己存在を「問われるべきもの」にしていると言える。本書ではこうした「存在を問うこと」へ誘う被投性を後述する頽落的現事実性の内への被投性(「頽落的被投性」)と区別して根源的現事実性の内への被投性を「根源的被投性」と呼ぶことにする。頽落的被投性とは、後述するように、軽減された根源的被投性である。

言い換えれば、「[気分が直面させる現という] 現事実 (das Daß seines Das) が、仮借ない謎めいた姿をして、現存在を凝視している」(SZ 136)(強調は筆者による)。気分において開示されている現事実性、被投性は、われわれがそれを捉えるというよりも、こちらがそれを適切に捉えれば捉えるほど、かえってわれわれがそれに捉えられてしまうようなもの、そうした「脱底/深淵 (Abgrund)」の暗示である。すなわち、われわれが存在しているという事実そのものはどんなに足掻いてもわれわれには変えようがなく、われわれがそれに曝されるしかないような事象であり、さらには曝されること自体によってわれわれの方が変化せしめられるような事態である。これが、

『存在と時間』における被投性の最もラディカルな特徴づけの一つ、自らの内なる他性、同一化の不可能性の描写であり、後述する「企投（Entwurf）」の潜在的な同一化の側面に回収されきれない点である。

②「全世界内存在（世界、共現存在、実存）の開示」について。現存在は、眼前存在ではなく気分の内にある世界内存在全体として、世界や他者である共現存在との不可分な関わりの中で実存しており、情状性においてそうした自らを見出している。ここで注目すべきは、「世界、共現存在、実存（世界内存在）の等根源的開示性の一つの実存論的な根本様式」（SZ 137）とあるように情状性における「全世界内存在」の開示において世界と他者と自己が「等根源的に」開示されているということである。そもそも主観の主観たる根本条件は、他者や事物、世界に対する自己の絶対的な優位性にあり、他者も事物も世界も自己という根拠に基づいて開示、構成されているという点に存していた。それに対して、現存在の情状性においてわれわれは他者や世界、そして自己に対する自己の優位性を手放していると言える。現存在にとって自己、他者、世界の区別はあれど、それぞれあるがままに即自的に捉えられており、[17] 自らにとっての重要度も自己、他者、世界のいずれも等しく、それぞれ根源的である。では、いかなる仕方で情状性において自己と他者と世界が等根源的に現れるのか。それは、情状性において開示される自己が被投的であるために他者や世界も自己と同様に意のままにならない、如何ともし難いというようにであると考えられる。この点で被投性はハイデガー哲学の数ある特徴の中でも特筆すべき契機となる。というのも、この開示によってのみ、他者や他の生物や事物のみならず自己の他性を、自己の把握に取り込まれない仕方であらしめうるのであり、その点でハイデガーの思想を従来の主観性の哲学から際立たせるからである。すなわち、「自異性」の萌芽がこうした根源的被投性に存する。最も身近であり、かつ我がものであるはずの自己の内なる他性の保護の可能性と、他者や事物の他性の許容の可能性は呼応する。つまり、被投性は第一次的には自らの存在の如何ともし難さだが、その自らが世界内存在であるがゆえに、世界のありようや他者や事物の存在の如

何ともし難さを含んでいる。

③「存在者の非有用性・抵抗・脅かしにより襲撃され当惑させられるところの根拠／基盤としての世界の世界性」について。そして、世界の内への被投性に基づいて、日常において安定的に存続しているがゆえに絶対化・固定化しているかのようにみえる世界形成の目的と有意義性連関が揺らぐ可能性も確保される。例えば、いつも使っていた傘が壊れたとき、お気に入りの万年筆を失くしたとき、困ったときには会って話を聞いていてくれていた友人が外国へ引っ越してしまったとき、われわれは世界が自らのものではなく、自分の目的に合わせて一義的で固定されているわけではないことを思い知り、しばしの間動揺する。「気分に応じて動揺しつつ世界を見て取る時こそ、手元なるものは一日として同じではないその種別的な世界性においておのれを示す」（SZ 138）のである。つまり、自らの意志においていつもと同じように揺るぎのない世界を見ようとしても、情状性において世界に委ねられ、開かれている限り、その見方が他なる契機により揺らぐときが訪れる。まさにその時にわれわれは自らのみならずありとあらゆるものの、そして世界のそのつどの非同一性、「自異性」に気づかされる。

別言すれば、「情状性に基づく錯覚」は、伝統的形而上学における「絶対的な世界認識という理念」からすれば「一つの非存在の可能性」であるが、実は「実存論的な積極性」を持つ（vgl. SZ 138）。気分に応じて明らかにされた自己や他者や世界の状態が従来の認識や分別にそぐわないものであったとしても、それは誤りであるとは限らず、むしろ従来の分別を揺さぶるような、自己や世界の新たな見方や切り口を与えうるという積極的な意義を持つ。そうした、言わば従来の認識の革命の最たる昇華の一つが芸術であり、ハイデガーの場合はとりわけ詩である。ここに存在／存在了解そのものの別様の可能性の企投の萌芽が既に暗示されている。

以上のように、情状性における被投性、全世界内存在、世界の開示は密接に連関しており、これらはつまるところ自らの存在／存在了解の如何ともし難さである被投性（根源的被投性）に集約される。根源的被投性が自己のみならず他の存在者の存在の他性、そして「問われるべきもの」であることを支えている。他方で、通常は情状性の非本来性に基づいた世界への頽落傾向――「傾向と衝動は現存在の被投性の内に根づく諸可能性である」(SZ 196)――にしたがって、情状性において見出されている自己も「或る種の仕方で回避」(SZ 139) された自己であり、上述のような被投性の不気味さを覆い隠された、有意義性連関としての世界の方から了解された自己である。また、被投性は次節以降で分析する了解の企投構造と比べて、ことさら頽落と結び付けられている節もある (vgl. SZ 175-180「被投性と頽落」)。これについては了解の分析の後に改めて取り上げる。

了解と企投

こうした情状性に対して、現という開示性のもう一つの構成契機である「了解 (Verstehen)」は日常的には理解や認識として経験されているが、やはり世界内存在の構成契機であるためにわれわれの内部にも外部にも属さない。そして了解は、情状性と同様に、現存在の存在の構成契機として現存在分析の考察「対象」であるだけでなく、同時に現存在の存在の開示作用として現存在分析の「方法」でもある。

了解において現存在は自らの存在を可能性の方から開示しつつ可能性として存在するため、了解は「存在-可能 (Sein-können)」(SZ 143)、あるいは「可能存在 (Möglichsein)」(ebd.) と言い換えられる。(18) そして、現存在を構成するところの実存範疇である可能性は、まだ現実的ではないがいつかは現実的になるようなもの、そうした現実性や必然性より低い資格しかもたないような範疇的可能性から明確に区別されねばならない。またそれは、理論的には可能だが実践的には不可能であると述べられるときに想定される「空虚な論理的可能性」でも、実践すべき「計画」として思い描かれた事態でもない。では、現存在の可能性とはいかなる可能性か。

ところで、了解がつねに諸可能性と関係するのは、了解すべき何かの輪郭や下図を描き、構想しているという了解の実存論的構造ゆえであり[19]、この構造は通常は構想や下図、立案といった意味を持つところの「企投（Entwurf）」（SZ 145）[20]と名づけられる。企投とは、「現事実的な存在可能性の余地／活動空間（Spielraum）の実存論的体制」（ebd.）、すなわち現存在がたえずその範囲内で諸可能性を描くところの領域の確保であり、了解の「基盤／行き先（das Woraufhin）」（ebd.）である諸可能性全体を非主題的に把握する仕方であって、「可能性を可能性としておのれのために前もって投げ、可能性として存在させる」（ebd.）ことである[21]。ハイデガーは、主題化が企投から可能性性格を奪うということを強調し、それを注意深く禁止している。すなわち、本来的企投は可能性を可能性としてあらしめるために非主題的に、つまり覆蔵性を覆蔵性として把握すること、そうした仕方での存在の把握可能性（本来的には把握し難さの把握可能性）を意味する。それは可能性を、不明のところがありながらも、いやむしろ不明なままに把握するということである。こうした「可能性としての可能性」、可能性性格こそが「存在を問いうること」としての現存在の存在をよく規定する。筆者の考えでは、可能性の不明性は、可能性が不可能性と不可分であること、ひいては（可能性と不可分である）不可能性という現事実性の内への被投性に由来する。この解釈は先の「可能存在には、先持に従って根本的な疑わしさが適合している」（Bd. 63, 17）ということとも呼応する。こうした意味で被投的であるような企投でなければ「問う」には至らない。

つまり、現存在の可能性は、「恣意の無頓着（無関心の自由）という意味での宙に浮いた存在可能」（SZ 144）ではなく、実存範疇として現存在の実存的状況に深く根ざし、一方でそれに成りつつありながらも、他方で存在の有限性ゆえにそれに成りえないという不可能性と不可分であるような、つねに切迫している可能性、どこまでも現事実的な可能性である[22]。

こうした可能性というあり方は、現存在が「自らがそれであるところのものである」というだけではなく、「自らがそれに成るところのものである」というように存在していることを意味する（vgl. SZ 143）。現存在は可能存在として既に「自らがそれに成るところのもの」、あるいは「それに成らないところのもの」として生成的に存在するがゆえにのみ、「汝がそれであるところのものに成れ！（werde, was du bist!）」（SZ 145）とおのれ自身に命じることも可能になる。無論、現存在はさしあたりたいてい頽落傾向にしたがって、無自覚に非本来的意味において「自らがそれでないところのもの」でありつつ「自らがそれでないところのもの」に成りつつあるのだが、稀にこうした「良心の呼び声」を聴き取ることもある。存在の問いの根源化のためには、「可能性としての可能性」、「不可能性と不可分な可能性」という「現事実的な可能性」の「被投的企投」の意味を明確化していく必要がある。

企投の被投性に関してはまた、企投構造の内への被投性という意味の被投性も考慮されねばならない（vgl. SZ 145）。企投は、現存在がつねに既に存在可能性を開示してしまっており、そうした開示性において自らを存在させてしまっていることとして、つねに既に何らか企投してしまっているという被投的側面をそれ自体で持ち合わせている。他方で、こうした企投してしまっているという意味での被投的な企投だけでは問う、あるいは問いの準備という学的試みはできない。後述するように企投構造においては「企投してしまっていること」と「企投することと」、どちらも相互に影響し合いつつ二重になっている。

企投はまた、「現の開示性に対応する見て取ること」（SZ 147）としての「視（Sicht）」（SZ 146）を構成している。「視」は第一次的には実存＝世界内存在全体の完全な開示性（としての「自己認識」、自己関係性）である（「通視性（Durchsichtigkeit）」（ebd.））。すなわち、企投において可能存在としてのおのれ自身はそのつどさまざまな仕方及び程度において見通しうるものである。企投は――上述のようにさまざまな存在可能性を明らかにするだけではなく――それ自体いかなる企投であるかについてさまざまな可能性を持つのであり、そうした企投自体の諸可能性の範囲は、企投において開示されうる可能存在の範囲に呼応する（ebd.）。日常的企投においてはたいていい可能存在の限定された部分、現在の世界を構成する自らの目的とそれに基づく有意義性連関に組み込まれる限りの自らのあり方が開示されている。そして目的と有意義性連関の企投は「完全な世界内存在に等根源的に関わる」(SZ 143) ため、他の存在者もその諸可能性をめがけて解放されており、手元なるものは「有用可能性、利用可能性、有害可能性」(vgl. SZ 144) において暴露されている。このように日常的企投においては自らの存在諸可能性が他の存在者の諸可能性との境が曖昧なまま開示されている。だが、他方で稀に死という最も固有な存在可能性が適切な仕方で開示されている場合もある (vgl. SZ 144)。前者の場合、企投されている諸可能性の範囲の狭さに応じて企投自体の諸可能性の範囲は限定されており、現行の企投の仕方が自明視されてしまっているために、企投様式の他の可能性どころか、現行の企投様式、いやそもそも企投構造さえ明らかにされていない。後者の場合、企投されているのは自らの存在諸可能性全体であるため、それに応じて企投自体の諸可能性の範囲も最大限に開かれる。

ただし了解の企投構造は、おのれ自身においておのれ自身へ関わりゆくところの実存として自己関係的・対自的であり[23]、またそれ自体完全な開示へ向かう傾向をもつ。それゆえに自己分散的・即自的傾向をもち、完全な開示を目指さない被投性との対比においては、企投は、一定程度自己同一化及び自己閉鎖、他性排除の傾向を持つ(無論主観のそれとは異なるが)。そのため、その内で世界と共現存在と内存在が等根源的に他性を保証されているところの根源的被投性、本来的情状性と異なり、本来的了解においては、例え世界内存在が全体として開示されていようとも、世界と内存在の如何ともし難さ、他性が保護されたまま開示されるという保証はなく、十分な注意が必要である。

了解と解釈

そして、了解自体の可能性として、上述の了解されているものの範囲の如何にかかわらず、了解されている内容（企投された諸可能性）をより明確に了解すること、「我がものとすること」、とりわけ「了解されていながらもまだ包み隠されていたものを露呈させる」（SZ 148, 150）（強調は筆者による）という了解の「仕上げ／完成」（SZ 148）と「所有」（SZ 231）、すなわち「解釈（Auslegung）」の可能性がある。ただし、それは言い換えるなら、非主題的なままにされていたものの主題化であるため、非主題化を要請する可能性の可能性性格を損なう危険をより多く伴うことに注意されたい。とは言え、解釈は、第一義的には、了解されたものに関する主題的陳述、明示的な把握である必要はなく、了解されたものの分節化と意味付与である。こうした日常的な解釈の基礎である適所全体性や指示連関は、解釈においてすら、目立たない非主題的な了解内容の内へ再び退く（vgl. SZ 150）。それゆえ、解釈がその本質上すぐさま非主題的なものの保護、可能性の可能性性格を損なうわけではない。つまり、解釈の危険性に上手く付き合う必要があり、とりわけ対象の主題化を何らかせざるをえない学的解釈の場合は、慎重に遂行されるべきである。そして、さしあたり解釈は、有意義性連関における適所全体性、指示連関といった基盤に基づいて、手元なるものを何か「として（als）」（SZ 149）了解しているということ、或る事物がいかなる用途のものであると捉えられるべきかを知っているということとして描かれている。例えば、私はさしあたり珈琲を飲み物「として」、携帯電話をコミュニケーションツール「として」捉えているといったように。

　そして解釈は、「先持（Vorhabe）」・「先視（Vorsicht）」・「先握（Vorgriff）」という了解の「先-構造（Vor-struktur）」（SZ 150, 151）から構成される「解釈学的状況（hermeneutische Situation）」（SZ 150）の内に根ざしている。日常性における「解釈学的状況」は以下のように示される。「先持」とは「既に了解されている何らかの適所全体性へと関わること」（ebd.）であり、「先視」とは「解釈をつねに導いている、或る特定の解釈可能性という基盤を固定する視点」（ebd.）であり、「先握」とは「先持及び先視されたものがそのつど既に概念的に把握されうるようになること」（ebd.）である。ここで解釈が「現事実性の自己了解」から、「了解の仕上げ」と捉え直されているのに応じて、「先持」の意味が先の「先-構造」と違い、了解以前の現事実性からではなく了解された諸可能性として捉え直されていることに注意されたい。先の珈琲の例に戻るなら、珈琲と名指されているものの用途としてさまざまな可能性の全体が漠然と捉えられており(「先持」)、その中で「飲む」という目的・観点において「飲まれうる」という可能性が選択、固定され(「先視」)、珈琲は「飲み物」という概念において、飲み物「として」主題的に把握されうるようになる(「先握」)。無論、珈琲の用途の諸可能性は、「飲む」以外にも「衣服を染色する」、「怒りにまかせて誰かに掛ける」などさまざまに考えられ、そのつどの目的に従っていずれかの可能性が選択されている。

そして、了解は、了解されたものと、了解されたものがそれに着目しつつ解釈されるところのもの(或る特定の解釈可能性という基盤)を必要とするが、その際の「企投の基盤(das Woraufhin)」(SZ 151, 324)(「或るものの了解可能性がその内に保たれているところのもの」(ebd.)「企投されたものを可能化するもの」(ebd.))は「意味(Sinn)」(SZ 151)と名づけられる。企投基盤は「解釈の根底に潜んでいる企投の追跡によって開示されうるようになる」(ebd.)。ただし、企投基盤は解釈者のそのつどの時代状況、ひいては解釈者の先入見、或るものの諸可能性/用途性の範囲の歴史的・文化的制約(ebd.)、そうした現存在の現事実性の内に根ざしている。それにもかかわらず、「先-」が、先の『存在と時間』以前の場合と異なり、既在性、歴史性の意味は薄れつつ超越論的意味を持ち始めるという点に注意されたい。

有意義性の企投においては、現存在によるそれぞれの存在者の存在様式に対応した諸可能性の暴露が行なわれており、その存在者と存在に応じて意義が与えられている。その際、それぞれの事物が主題的であるのに対して企投の基盤=「意味」は非主題的であり、直接問われることもない代わりに問われる必要がないとされることもない。これは序論で述べた危機の段階①「覆蔵されたままである」、つまり覆蔵が暴露されてもいないが隠蔽されてもいないという放置状態＝「危険な状態」（ただ問われていない状態）に当たる。

他方で、「存在の問い」は「存在一般の意味への問い」として、存在諸可能性もそれを可能にするところの「意味」も問い目指すのであり、完全に非主題的なままにしておくのではなく何らか主題化することを要求する。ここで、危機の段階②「覆蔵が隠蔽されている」「最も危険な」状態（SZ 36）（問われていないことが何らか隠蔽されている状態）か、あるいはまた③「覆蔵が暴露されている」、つまり覆蔵が取り払われて／覆蔵として明らかになっている危険から脱した状態（SZ 35）（問われている状態）のいずれかへと進まざるをえなくなる。ハイデガーは、後に自己批判するとおり、③を目指しつつも②へ歩みを進める。

後述する「死への先駆」の分析において、ハイデガーは「解釈学的状況」に再び触れている。そこで「解釈学的状況」が、日常的解釈ではなく学的解釈におけるそれとして考察し直される。学的解釈は「探究主題となるもの（この場合は現存在）を先持の内へともたらすという態度」（SZ 232）と、「現存在の存在体制を予め目がけている可能的な先視」（ebd.）によって構成されており、こうした先持と先視が「現存在の存在体制全体がその内へと取り入られるべき概念性／把握性（先握）の下図をも描いている」（ebd.）。ここで注目すべきは先持と先視の関係である。両者の関係は事柄としては被投性と企投の関係におおよそ対応している。そして、『存在と時間』以前は迷われており、『存在と時間』の解釈の分析においても曖昧なままにされていた先持と先視の関係が、ここで明確に先視の主導において先持の内へ何をもたらすかが決定されると規定されている。つまり、先持に対する先視の優位が主張されていると言ってよいだろう。なぜだろうか。というのも、これが「存在一般の意味への問い」に向けた「現存在の存在全体性の統一の意味への問い」（ebd.）の設定、そうした学的解釈だからである。学的解釈のためには「現存在の存在の諸構造契機の統一」（ebd.）が捉えられねばならず、これは統一的な観点を提供する先視の役割だからである。それは「視」の構造をもつ企投優位と連関している。こうして、「存在及び存在の意味の主題化」という課題がハイデガーをいわゆるプラトニズムへと誘うことになるのだが、この点については第三章にて詳述する。[24] だが、問題の種は既に企投構造の内に存していたということである。

了解及び解釈を拒むもの

では、こうした了解及び解釈の有意義化に取り込まれないもの、先視に抵抗する先持とはいかなるものであろうか。それはやはり、現存在の固有の存在及び現存在において開示されている存在者(の存在)の他性であり、それらは「了解されて我がものとされるか、あるいは了解されずにあくまで了解に拒まれたものに留まるか」のいずれでもありうるようなものである。なかでも他の生物や事物など、現存在と異なる存在様式を持つ存在者は、自らに意味を与えることがないため、現存在との関わりの中で「非意味的」でありえ、そして「非意味的なものだけが反意味的でありうる」(SZ 151)。すなわち、それ自体意味を与えうる・有意義化しうるのは現存在及び共現存在といった現存在の存在様式を持つものだけであり、他の生物や事物は自らに意味を与えることはできない。意味を持たないものは現存在のそのときの有意義化(意味付与)に抵抗することもありえ、抵抗の余地を持つ。「眼前なるものは現存在において出会われるものとして、突発的で破壊的な自然の変異のように、現存在の存在にいわば衝突することもありうる」(SZ 152)。[25] その際、それは何か既知のもの「として」把握することのできないものであり、概念区分へと分類してしまえないものである。これは先の「了解不可能なもの」に当たるだろう。企投(了解及び解釈)自体のこうした可能性の内に、現存在の現事実性の内への被投性が垣間見えていると言える。(これは強いて言え江波、企投の基盤の揺らぎの萌芽であり、また以下に述べる不安における無の経験の始まりであろう。)

解釈学的循環

ところで、われわれは「既に了解してしまっているもの」しか「何かとして」解釈できず、またこうした解釈により了解を充実させていくしかないため、了解しつつ解釈することは循環構造を持つ（vgl. SZ 152）〔解釈学的循環〕。解釈学的循環は、「それを基礎づけるべきところのものを決して前提してはならない」という学的証明の基本的な原則に反するが、それによりむしろ学的証明の原則を揺さぶるものである。研究者であれ、自らの現事実性に依存せずに了解及び解釈することはできない。というのも、われわれ人間は世界内存在としてのおのれの存在へと関わりゆくことが問題であるため、「存在論的循環構造」（SZ 153）を持っているからである。それはつまり、現存在の存在が「投げ込まれながら投げつつ、投げながら投げ込まれる」という被投的企投構造をもつということに他ならない。重要であるのは、循環から脱け出ることではなく、循環の内に隠されている「先持・先視・先握を事象自体に基づいて仕上げて、学的主題を確保する」（ebd.）可能性と成り、「循環の内へと正しい仕方で入り込むこと」（ebd.）である。「現存在分析の発端として置かれた実存理念（現存在了解内容一般の形式的な構造）」（SZ 313）も「存在一般の理念」も、現存在の存在了解内容を仕上げることによって初めて獲得されるべきであるのだが、ハイデガーも現存在として実存的諸企投の内で実存や存在の理念を前存在論的に企投してしまっており、自覚せずともその存在了解内容は初めから、実存理念を手引きとしている（SZ 313-315）。つまりハイデガーの研究も、それ自体現存在の一つの存在様式として、「根源的に全体的にこの「円環」の中へ飛び込み、現存在の循環的存在へと向けられた完全な眼差しを確保することを目指して努力されなければならない」（SZ 315）のである。無論、循環の内へと入り込むその仕方が問題であり、それが取りも直さずハイデガー自身迷いの只中にある被投的企投の仕方である。以下にさらに見ていくとおり、ハイデガーは循環の内へと入り込む「正しい仕方」を見つけるために試行錯誤を繰り返したと言えよう。では、こうした被投的企投はいかにして「存在を問いうること」と成るだろうか。

被投的企投と存在の問いの開始

ところで、ハイデガーによって現存在に適切な「実存範疇（Existenzial）」として捉え直された「事実性」と「可能性」は、「現事実性」と「可能性」として「現事実性の内への現存在の被投性」と「現存在による可能性の企投」というように現存在の存在において不可分に結び付いており、この点で決定的に従来的な「範疇（Kategorie）」の「事実性」と「可能性」とは異なる。そして「現存在はそれ自身に委ねられてある可能存在であり、徹頭徹尾被投的な可能性（die durch und durch geworfene Möglichkeit）である」（SZ 144）、「最も固有な存在可能の企投も現の内への被投性という現事実性に委ねられている」（SZ 148）、「諸可能性の企投において現存在はそのつど既に気分的に規定されている」（ebd.）とあるように、被投性と企投は不可分に連関し合いながら現存在の実存／存在了解を構成している。可能性の企投の内への被投性、現事実性の内への被投性によって制約された企投といったように。

　さしあたり、その連関について以上のように大まかに規定される被投的企投だが、序論で述べたとおり、以下のようにも言及されている。『存在と時間』当時のハイデガーが被投的企投に関する自らの洞察をどのように評価していたかを表す重要な箇所なので、再びそのまま引用する。「現の存在の実存論的体制を被投的企投という意味において究明することで現存在の存在はいっそう謎めいたものになるのではないだろうか。実際そのとおりである。われわれはまずこの存在が完全に謎めいたものだということを明らかにせねばならない。例えその結果「解決」において真に挫折しうるだけであり、被投的企投しつつある世界内存在の存在の問いを改めて設定するだけになるとしても」（ebd.）（強調は筆者による）。では、被投的企投はいかなる点で「［その解決においても真に挫折しうるだけであるほど」謎めいたもの」であるのだろうか。残念ながらハイデガー自身はこれについて明示してはいない。筆者の考えでは、それは、被投性と企投という一見相矛盾するような契機がいかなる仕方で被投的企投という一つの事態を構成しているのかということ、そしていかにして存在を問うということを可能にするのかということである。その一つに企投の二重性、「企投してしまっていること」と「企投すること」、つまり「企投してしまっていながら企投すること」が挙げられる。企投は基本的には被投的企投として「企投してしまっている」というようにつねに既に為されているが（「企投性」）、それでだけでは頽落から逃れられないだろう。少なくとも学的企投、「問い（の準備）」、「試み」として為される企投は選択的・決断的に「企投すること」である。そして、「企投してしまっていること」と「企投すること」の両方が相互に影響し合っているのだが、こうした企投の二重性も、やはり企投と被投性が不可分であることと密接に連関している。被投的企投のこの複雑な構造に関しては本章の最後に再度考察を加えたい。

そして筆者の考えでは、『存在と時間』で提示された被投的企投の「謎」は「その解決」において「真に挫折」しつつ――この後少なくとも一九四六年の「ヒューマニズム書簡」に至るまで明確に問題にされ、またそれ以降も「投げ（Wurf）」との連関において事柄としては論じ続けられるのだが――ハイデガーによってそれに関する「自己との対話」が為され続けられるところの「謎」である。つまり、被投的企投という存在の問いの準備がいかにして為されるかがハイデガー自身にとっても長い間不明瞭であった。それゆえに、前期から後期に至るまで被投性と企投、両契機の意味とその内的連関は試行錯誤の中で――この試行錯誤自体がハイデガー自身の被投的企投であることが一つのポイントであるが――変化していかざるをえなかったと言える。

しかし、ここで筆者は被投的企投＝「問いうること」という「問われるべきもの」」、そうした謎に関して一つの見通しを立ててみたい。上述のように、現存在の日常的な「存在の自明視」においては、われわれの実存／存在了解は存在者との絶えざる関わりの中で存在を存在者のごとく掌握しようとする非本来的／頽落傾向という被投性に従っている。それを被投的企投の関係において描き直すならば、われわれは存在を不問に付し、存在可能であることを前提として、自らの存在を目的として世界（自らの諸可能性と他の事物の諸可能性）を有意義化しつつ企投してしまっている（頽落的被投性）。このとき、可能性と不可分であるはずの不可能性という現事実性の内への被投性が覆い隠されており、それとの連関において企投の恒常性、自己同一性が前提とされている。その際、存在の把握可能を示す限りでの「企投」が強調される中で、存在の把握し難さを示す限りでの「（根源的）被投性」が「軽減（erleichtern）」（SZ 255）され、忘却されているため、[26] それに呼応して「被投的企投」において存在が――自己の存在であれ、他者の存在であれ、他の生物や事物の存在であれ――存在者に即して了解されうるもの、予期・掌握・計画されうるものとして捉えられることになる。すなわち、可能性の現事実性が軽視されており、ゆえに存在は「問われるべきもの」として扱われていない。存在を「問われるべきもの」として明らかにするはずの「存在の把握し難さの把握」という「被投的企投」における「企投（存在の把握）」と「被投性（存在の把握し難さ）」の本来的な均衡は崩れて変質しており、「徹底的に被投的な企投」との対比においていわば「不徹底に被投的な企投」がなされていると言える。そのため、存在を問うという本来的実存／存在了解（存在の把握し難さの把握）のために重要であるのは、われわれの実存／存在了解の傾向としての、存在の把握し難さを示す根源的被投性の軽減及び忘却に抵抗し、被投性の根源性を自覚的に改めて獲得しつつ、それに従って企投も変様させるという仕方で、両契機の本来的な均衡を獲得することである。

われわれの存在構造である被投的企投が、われわれ自身にとっての存在問題のきっかけとしての役割を十分に果たしうるためには、存在の把握し難さという根源的被投性、それによって構成される被投的企投の諸相及び深度がより具体的に自覚されねばならない。この自覚を通して、ハイデガーが『存在と時間』において既にどれほど「存在の問い」の後の展開へ向けて準備できていたのかを明確化すること、言い換えれば『存在と時間』の現存在分析における、「転回《ケーレ》の思索」も含めた後期思想の萌芽を最大限汲み尽くすこと――それは同時にその萌芽の生長を阻害するものを告発することでもあるのだが――このことが本章と次章の課題である。

しかし、第三章及び第四章にて詳述するが、『存在と時間』の周辺時期においては可能性の企投自体がそれに依拠するところの根源的な被投性はやはり十分には獲得されていない。この限りでこの時期のハイデガーはまだ後のハイデガー自身が批判するところの形而上学的な議論の展開可能性を持っており、その点において「存在の問い」の生起が妨げられていると言える。ここに『存在と時間』の「挫折」及び中期・後期ハイデガーによる前期ハイデガーに対する「まだ形而上学的である」(Wm 306) との自己批判の根本的な理由があると筆者は考える。

被投性と頽落(27)

しかし、被投性に関して一つ留意しておかねばならないことがある。上述のように、筆者の見立てでは、被投性と企投の非対称性に呼応し、頽落的な被投的企投の方向及び様式の是正は被投性の経験の根源化／深化に依拠しており、以下の議論で示されるとおり、ハイデガー自身がそのように考えていたと言える。他方でハイデガーは、被投性をことさら頽落に結びつけて語っている節もある。「了解が情状的了解である限り、現存在はそのつど既におのれを見誤っている。ゆえに現存在はおのれの諸可能性においてようやく再びおのれを見出しうる」(SZ 144)。そして、「了解をたえず本来的諸可能性の企投から引きちぎり、あらゆるものを所有し、獲得しているという心安い思い込みの内へと引き入らせる」(SZ 178) ところの、「世人における非本来的存在の地盤喪失性の内への／内での転落の運動様式」は「旋回 (Wirbel)」(ebd.) と呼ばれるが、これは、情状性において現存在自身に自ずから生じてくる「被投性の投げの、そして動勢の性格 (Wurf- und Bewegtheitscharakter)」(SZ 179) である。「現事実性には、現存在が投げ（Wurf）の内に留まり、世人の非本来性の内へと旋回し入られるということが属している」（ebd.）。すなわち、被投性は本来性どころか、むしろ非本来性・頽落への不断の誘いであるということではないのか。これは存在の問いの生起のためには「企投がつねに被投的企投である」ということが重要であるというわれわれの主張を脅かすもののように見える。他方で、この点において確かに被投的企投が「謎めいたもの」であるということも一つの具体的な意味を持つ。それはすなわち、存在を不問に付す非本来性へと不断に引き込まれている中で何故存在を問うという本来性に至ることができるのかということである。

被投性と頽落の連関に関する上記のハイデガーの主張は、われわれ人間が頽落傾向を持ち、日常においてその傾向がさらに公共的な被解釈性やその継承において強化されて、さしあたりたいてい「既に」非本来的に企投してしまっていることに鑑みれば、当然の主張だと言えよう。また、頽落が「傾向」である時点でやはり情状性・被投性と密接に連関することは明らかである。[28] こうした頽落傾向を打破するという観点からすれば、この後存在の問いの再設定において結局のところ被投性に対して企投に優位を与え、超越論的企投に至ったハイデガーの意図も理解可能である。加えて、このことは伝統的に情動、感性がもっぱら悟性や理性を妨害する役割を担わされてきたこと、そして排除されるべきものとして捉えられてきたこと（Bd. 20 222, SZ 139）とも呼応する。

つまり逆に言えば、そのように被投性の頽落傾向のみを強調し、あるいは被投性を頽落傾向と同一視し、被投性を存在の問いの設定という学的試みから排除すべきものとして捉える姿勢こそが形而上学的であると言えよう。確かに、被投性はさしあたりたいてい頽落的没入であり、われわれはそうした意味で被投的にたえず頽落し、存在を不問に付してしまっているというように存在している。しかしこのときまず注意されたいのは、頽落は、被投性によってのみならず、被投的企投として、そうした被投性に応じた企投がやはり為されているということである。ゆえに被投性のみを頽落と結び付けて語ることは不当である。次に、被投性の役割は頽落への引き込みに限られるものではないということである。存在を不問に付す頽落的・没入的被投性と同時に、以上に見てきたような存在を問うことへと巻き込むような本来的・根源的被投性がわれわれを構成している。そして、頽落的被投性の自覚と共に、新たな企投の可能性を担保するような根源的被投性の自覚が芽生えてくるというのが筆者の見解である。

いずれにせよ、被投性と企投の非対称性に基づいて、いかなる被投性をいかに企投するかがさしあたり頽落か否かの重要な契機となっている。そして、先の議論の際に「存在の把握し難さを示す限りでの」被投性と述べていたことに注意して頂きたい。被投性は、つねに現存在をおのれ自身から引き離し、存在を不問に付す頽落へ引き入らせているわけではなく、そうした頽落的被投性と現存在の存在の根底への被投性（反頽落的・根源的被投性）が表裏一体となって現存在に不断に呼びかけている。頽落的被投性にどこまで気づきうるのかという深度に応じて根源的被投性がどれほど明らかになるかという深度も変化する。頽落的被投性と根源的被投性という区分は、その内実に関してはあくまでも暫定的かつ相対的なものであり、自身の思索の歩みとそれに対する自己批判が進行するのに応じて、一方でより根源的な被投性を獲得していきつつ、他方でこれまで根源的被投性であるとしていた被投性も頽落的被投性として自覚されていくというように、その内実はずれゆくのである。それが循環の内へと真性に飛び込むということであり、同じところを回るのではなく、深化していくことである。被投的企投の内にこうした深化の構造、変様の余地が孕まれているからこそ、ハイデガー自身、「被投的企投しつつある世界内存在の存在の問いを改めて設定する」（SZ 148）と予感していたのである。そしてそれは被投的企投の変様（転回《ケーレ》）への内なる「窮迫」の所在の探求の宣言でもあったと言えよう。

まとめるならば、こうした被投性の二重性に気づかされ、存在を不問に付す非本来的・頽落的被投性の経験と共に、問いの余地を保護するような本来的・根源的被投性の経験／企投を徹底して深めていくこと、そのように企投が変様していくこと、これが存在の問いを深めていくことであり、存在の問いの生起に近づくことである。ゆえに、存在の問いの生起のために重要となるのは、われわれが頽落的被投性をどれほど深く自覚し、根源的被投性をどれほど保護できるのか、そしていかにして企投がそれ自体恣意的にではなく被投的になされうるのか、加えて存在問題の再設定のために、そうした被投的企投をいかにして学的企投として為しうるのかということである。

非本来性と本来性がずれゆくこと(29)：ハイデガーの自己批判の必要条件

加えて気をつけるべきは、頽落は「本来性から不断にもぎ離しながらも、本来性であるとつねに思い違いさせる」(SZ 178) という特質を持っているという点である。すなわち、「自らは本来的であり、存在の問いの設定を完了した」と言い切ること自体に頽落、非本来性の危険が潜んでいる。何故だろうか。というのも、ハイデガーが存在の問いの生起 (本来性) へと試行錯誤したことの裏返しで、存在を問い始めたとしても、どこかまだ不問に付してしまっており、そうした意味で本来性にあってもまだどこか非本来的 (本来性への途上) であるからである。それゆえに言えることは、厳密には、或る観点においては以前よりもより本来的に存在している、より存在を問われるべきものとして捉えているということだけである (頽落傾向は、われわれの傾向、存在構造であるために完全に払拭できるものではなく、いかなる存在を問う準備においても残存する)。すなわち、例えそのつどのわれわれの有限的な一定の射程 (「先視」/「視」) においては存在を「問われるべきもの」として扱うことができている、そうした意味で本来的であると言えたとしても、その射程に収まっていない別の新たな観点から射程を設定して見ること (企投) ができるならば、やはりまだ頽落的・形而上学的側面が存していることが分かる。そしてこれは、形而上学の歴史の「解体」においても自らの既存的思索の「解体」においても然りである。それゆえにこそ、そのつど自らの本来性への批判的視点を欠いては、そうしたたえざる自己批判の眼差し（企投）を欠いては、存在を問うという状況からは遠ざかってしまうことになる。自己批判はこのように、頽落傾向を持ち、被解釈性の只中にありながらも存在の問いを立て直そうとするわれわれにとっては、任意ではなく必要不可欠である。被投性の二重の呼び声の中でつねに途上であることの自覚ゆえにこそわれわれは存在を問い続けること、自らの本来性への持続的批判という意味での本来性へと至る。ハイデガーの主張する「存在の問い」とは一度設定すれば完了するわけではなく不断に問い直されねばならないものである。しかしハイデガーは、現存在の、そして自らの全き開示性、本来性の希求において存在問題を「学的」に再構築する方向へと踏み出す。

そして、非本来性から本来性への移行が「存在の歴史」における「最初の原初」から「別の原初」への移行として捉え返されていく中で、二つの様態の排他性は温存されていく。この排他性、そして全き本来性という最終目的への憧憬は、後期における形而上学の超克から耐え抜きへの変化、また自らの思索の道性格の自覚の深まりの中で、ようやく明確に批判されることになる。

被投性と企投、その内的連関の種類分け

以上を踏まえつつ筆者は、被投性と企投、そしてその内的連関に関して、以下のような種類分けを試みる。(30)

まず、被投性は存在の捉え難さ／他性を表すか否か、そうして存在を問われるべきものにしているか否かという基準において非根源的・頽落的被投性と根源的・本来的被投性に分けられるが、この区分は固定的ではなく、存在を問うこと＝本来性の深まりに応じて、そのつど相対的に不十分に根源的であるような被投性が非根源的被投性となり、その内実はずれゆく。そして根源的被投性は自らの存在の他性のみならず、他の存在者の存在の他性をその内に孕んでいるものであり、それが軽減された被投性は相対的に頽落的被投性となる。この区分を企投

との連関から捉えるならば、従来の企投を根本から覆しうるような被投性（根源的被投性）と従来の企投の単なる制約あるいは強化となるような被投性（非根源的・頽落的被投性）となるであろう。

次に、企投もさしあたり存在の捉え難さ／他性を捉えているか否かという基準において非根源的・頽落的企投と根源的・本来的企投に、あくまで暫定的に分けられるが、両者はそれぞれ「（あえて）企投すること」（決断的・選択的企投＝試み）と「企投してしまっていること」（非決断的・非選択的企投＝企投性＝被投性）の二重性においてのみある。「あえて企投すること」は「企投してしまっていること」へと刻々変化しつつ、「企投してしまっていること」は「あえて企投すること」を構成している。そして哲学研究、すなわち自己解釈的な学的企投（被投的企投に関する実存的かつ実存論的企投）も――それが非根源的・頽落的であれ根源的・本来的であれ――決断的・選択的企投と非決断的・非選択的企投との二重性においてのみ為されている。すなわち選択的企投と非選択的企投の区分は、実存的企投と実存論的企投の区分に該当するわけではなく、「あえて企投すること」も「企投してしまっていること」もそれぞれ実存的・実存論的でありうる。加えて、現存在の被投的企投とハイデガー自身の被投的企投が複雑に絡み合っているのであり、『存在と時間』周辺の著作ではそのずれ、あるいは無自覚、曖昧さが顕著である。

「企投してしまっていること」を構成している二重の被投性（非根源的被投性と根源的被投性）において存在の捉え難さを構成する根源的被投性を企投してしまいながら（根源的企投）、そのようにして問いうるという状態にありながら、根源的被投性をどれほど損なわずに学的に企投できるか、すなわち実際に存在を問うことが開始できるか、またその「あえて企投すること」という試みとしての自らの学的企投の内に根源的被投性の洞察の不十分さ（非根源的・頽落的被投性）、すなわち問いえていなかった状態を批判的に見出し（企投）、いかにそれを踏まえて再度あえて学的に企投できるか、つまりどのように（以前と異なって）既在的な問いを「反復」できるかによって存在の問いの深度は規定されるのであり、批判的態度の徹底が求められる。

3　第一章の結論

以上、『存在と時間』以前から『存在と時間』の時期における被投的企投を詳細に検討してきた。論点は、被投的企投のいかなる点に存在を不問に付す危険性が潜んでいるのか、またいかなる点において存在の問いの萌芽が既に含まれていたのかということであった。『存在と時間』以前の時期の被投的企投の前身である「解釈」、「把握性／概念性」においては、了解よりも現事実性、情状性が問いの基盤としてより重視されており、それと連関して、その「先-構造」において先視よりも先持に重点が置かれつつ、「先-」の意味も既在性を意味していた。それに対して、『存在の問い』の再設定という目的を明確に掲げる『存在と時間』の時期に近づくにつれて、解釈の「先-構造」において「先視」に重点が置かれ、「先-」の意味も次第に超越性という意味を孕むようになる。この理由については、存在の問いの再設定を学的企投として、全き本来性の希求において目論むがゆえに、被投性の不安定さを捨象するという意図からではないかというのが筆者の考えであった。

他方で、『存在と時間』の存在の問いの再設定においても現事実性、被投性の重要性は見て取られていたのであり、そうした両義性を『存在と時間』は孕んでいた。

現存在分析論においてハイデガーは「徹底的に被投的な企投」が「存在を問う」というわれわれ人間のあり方であるということを既に看破しており、そのために根源的被投性の経験に適合する仕方での学的企投を模索し始めていたと言える。可能性の企投は、不可能性という現事実性の内への被投性と不可分であり、こうした被投的企投を通して、存在の他性、捉え難さは保護されようとしていた。「企投してしまっていること（企投性）」を構成している非根源的・頽落的被投性と根源的被投性という二重の被投性において、存在の捉え難さを構成する根源的被投性をどれほどあえて選択的に／学的に企投できるかによって存在の問いの深度は規定される。しかし学的企投において従来の学的企投を根本から覆しうるような被投性（根源的被投性）を軽減せずに確保することは困難を伴う。こうした被投的企投に含まれている両義的な萌芽が『存在と時間』以降いかに展開していくのか、そうして存在の問いの生起へ準備していくのか。この点を次章以降明らかにしていく。

注

（1）序論注（23）等参照のこと。

（2）「存在／存在了解」について。現存在の「存在」と「存在了解」は基本的に同じ事態であり、『存在と時間』においては特に区別されていないことが多いため、「存在」のみ、あるいは「存在了解」のみの表記が妥当かと考えたが、第三章で論じるようにその後この区別が顕著になり、まさにその点に関して後に自己批判が加えられるようになるので、ここではまだ二重の意味でどちらも使われるという意味を込めてスラッシュで併記することにした。以下においても同様。また「実存／存在了解」についても同様。

また他の「／」や「＝」の記号に関してもそれにより接続されている二つの用語は基本的に交換可能である。

（3）『存在と時間』がいかなる点で「存在の問い」の準備となっているかに関して解き明かそうとする先行研究がそれほど多くないのに応じて、『存在と時間』における「存在の問い」の不到来の原因を被投的企投の謎に見定め、詳細に吟味している先行研究も、管見の及ぶ限りあまり見受けられない。その中で序論で述べたとおり細川氏、嶺氏、von Herrmann 氏等は被投的企投に関して比較的詳しい分析を加えているが、筆者ほど詳細ではなく、また被投的企投と「存在の問い」の準備の連関に関しては明瞭にはされていない。このことはハイデガーの形而上学性及び自己批判が先行研究においてたいてい等閑視されていることと呼応する。

（4）「解体」とは、存在論的伝統を、根源的諸経験めがけて、その積極的な諸可能性と諸限界において標示することである（vgl.

SZ 22)。

（5）　別言すれば、現存在は、それを根源的に規定しているところの「現（das Da）」に応じて、空間的・時間的に多様な意味をもつ。まず空間的には「現」は「ここ」や「あそこ」や「そこ」といった位置関係、また「こなた（此方）」や「あなた（彼方）」、「そなた（其方）」、「手前」といった人称代名詞、すなわちそれによってその人自身を指し示すところのその人が居る場所、それらを包摂する場所を示している。次に時間的には「現」は「このとき」、「あのとき」、「そのとき」といった様々な時点を包括する時間を示している。また「現に〜である」と述べられるように実際の状況をも指し示す。

（6）　ここでは、現存在の存在のもう一つの構成契機である頽落について言及していないが、被投的企投と頽落の関連については後に論じる。しかし、基本的に筆者は頽落を非本来性という様態かつ被投的企投に潜む構造であると捉えている。

（7）　この議論に関しては、須藤訓任「解釈学的状況の出生」、及び同原稿の発表の場であった関西ハイデガー研究会での須藤先生への安部先生のご質問に非常に示唆を受けた。両先生に多謝申し上げる。

（8）　以下の引用も参照のこと。「企投と被投性は『存在と時間』では極めて重要な用語だが、それ以前の講義ではまったく使われていない。（中略）第一部第一編の清書の段階で初めて同書に取り込まれた」（轟孝夫『ハイデガー『存在と時間』入門』（二〇一七）三九六頁）。

（9）　以下の引用も参照のこと。「本来的存在へ向けて、解釈学的問いの投入を通して、現事実性は先持の内へと立てられる」（Bd. 63 16）。

（10）　この被解釈性に関しては現在と歴史性・既在性の両側面が見て取られており（Bd. 63 79）、『存在と時間』におけるそれと異なり、もっぱら頽落的意味合いにおいて捉えられているわけではない。他方で頽落は「現事実性（実存）の仕方」（Bd. 63 17,31）として既に捉えられている。

（11）　ここで「先-持」・「先-視」・「先-握」の連関は以下のように描かれている。「先-持」は、「或る特定の先-視の内へと先行的に既に立てられている」（Bd. 18 275, 357）。「先-視」は、「先-持の内部で先-持を我がものとする仕方」、「それへ向けて先-持が洞察され、問われるところのもの」である（Bd. 18 357）。すなわち「先-持」と「先-視」の関係は、「先-持」の内で「先-視」が「先-持」を自らの観点において獲得し直すというものであろう。

そして、「先-持」及び「先-視」と、「先-握」との連関は、「先-持と先-視は先-握に従っている」（Bd. 18 358）というものである。

すなわち、「先-握」が「先-持」と「先-視」を根本的に導いていると言えよう。しかしそれでは、支配的な了解にどこまでも従うだけであり、いつまで経っても存在の問いを再設定しうるような新たな了解には至らないのではないかという疑問が生じる。そして、ハイデガー自身も同様の疑問を持ち、『存在と時間』において先視の優位を主張するようになったと考えられる。

(12) 情状性の詳細な分析としてはジャン・グレーシュ氏、陶久明日香氏の論が挙げられる。

(13) 以下の引用も参照のこと。「というのも、認識が開示しうる諸可能性の及ぶ範囲は気分の根源的な開示と比べれば、あまりにも狭小であり、気分のうちでこそ現存在は現としてのおのれの存在に当面させられているのである」(SZ 134)。

(14) 加えて、この情状性にはいかなる場合にも「間主観的な次元が伴っている」(グレーシュ)。というのも、情状性とは「他者たちとの共情状性」(SZ 142) だからである。

(15) この点をグレーシュ氏は「被投性の特徴は、それ自身を見ることができないという点にある。なぜならそこでは視覚に関わるものの次元を超越する事柄が問題になっているからである」(『存在と時間』講義 S. 206) と表現しており、企投の視的性格との対比における的確な洞察であると評価する。

(16) この点に関しては Mattias Fritsch 氏の「被投性は自らの存在に関して母親を排除しようとする概念では」との指摘が示唆的であった。以下の引用も参照のこと。「被投的であることにとって、被投性の創始者としての投者は与えられていない」(フォン・ヘルマン『マルティン・ハイデガーの自己解釈』S. 70)。

(17) フォン・ヘルマン氏も被投性を「即自という構造契機」、「常に既に開示性の内へともたらされていること」、「開示性の現事実性」と分析している (S. 69)。

(18) 轟氏は Sein-können を「存在可能」ではなく「存在能力」と訳している (轟前掲書)。筆者は、企投がカント由来の概念であるという観点からそうした訳も可能であることは否定しないが、以下に議論する可能性の可能性性格を重視するため賛同しかねる。またフォン・ヘルマン氏も「存在可能」を「存在能力」と捉えている。同氏はカントの「空間、時間、カテゴリーを必然的に企投し、それによって存在者を現れさせる主観の能力」との対比においてハイデガーの企投概念を区別しているものの、結局その違いを有限性の違いに見ている。カントの能力概念の有限性は「物自体の次元に人間は到達できず、主観性の内部にのみ止まりうる」という意味での有限性にすぎないが、ハイデガーにおいては「人間の能力は真理と世界の所与性」によって条件付けられており、そうした有限性を持つとする (フォン・ヘルマン前掲書 S. 71, 72)。

(19) 実存的・実存論的了解の区別は以下の通りである。「実存的（existenziell）」了解とは、実存を通して実存の仕方を開示することであり、その際に実存の構造の前理論的見通しは伴うが理論的見通しは伴わない（vgl. SZ 12）。それに対して「実存論的（existenzial）」了解は、実存の構造の解明・開示・分析であり、実存の構造の理論的見通しである（ebd.）。つまり了解は、実存論的了解を伴わない実存的了解か実存論的了解を伴う実存的了解かのいずれかに分けられる。この区分は第三章で重要になる。

(20) ハイデガーは、了解の企投性格が、哲学の伝統における存在者と存在への接近様式としての「視」（SZ 146）、「見て取ること」（SZ 147）の根拠であると示すことにより、直観の優位＝眼前的存在者の伝統的存在論的優位を奪うことができる（ebd.）としている。以下の引用も参照のこと。「哲学の伝統は、初めから第一次的に、存在者及び存在へと近づく通路の様式としての「見て取ること」に定位している」（SZ 147）。「哲学の伝統との連関を保つためには、ひとは「視」と「見て取ること」とをきわめて広く定式化することで、存在者へと近づくあらゆる通路と、存在へと近づくあらゆる通路とを通路一般として性格づけるような、普遍的な術語を得ることができる」（ebd.）。この試みの是非如何に関しては以下の論述を参照のこと。

(21) 企投は、「～の企投／～を企投すること」と「～への企投／～へ企投すること」の二重性においてある。それは後述する被投的企投の構造、先述の先-構造の超越性と歴史性、地平との連関と密接に関わっている。そして「自らを可能性へ／可能性を地平へ企投する」とハイデガーが述べるとき、筆者の考えでは、これは既に自らと可能性、可能性と地平が別物であるかのようなミスリードを含んでいる。

(22) ちなみに現存在は可能存在として、可能性と切り離された現実性のみによって規定されるところの眼前存在よりも不断に「より多く」存在しているが、他方で自らの現事実的存在よりもより多く存在しているわけではない。というのも、現存在の現事実性と可能性は不可分であり、可能存在とは現事実的可能存在だからである（vgl. SZ 145）。

(23) フォン・ヘルマン氏も企投を現存在が開示しているということ、対自という構造契機であると述べている。「対自の内部で存在をいかに規定するかは決断しうるが、対自自体を選ぶことはできない」（前掲書 S. 69, 70）。

(24) 細川氏は、企投概念をハイデガーによるカント哲学の「理性の企投（Entwurf）」、「自然の数学的企投（Entwurf）」との対決から生まれたとしており（『意味・真理・場所』一三六頁）、「確かに『純粋理性批判』の序における「企投」は「存在者の了解、存在への企投」（GP 437）の次元に属する。しかし、この構造をハイデガーは「存在の了解、時間への企投」へと次元を高めた」としている（同書一三八頁）。

(25) 田鍋良臣『始原の思索』（二〇一三）等を参照のこと。

また、以下の引用も参照のこと。「存在の意味は存在者と、あるいは存在者を担う「根拠」としての存在と、決して対立させられることはできない。というのも、「根拠」は意味としてのみ近づきうるから」（SZ 152）。

(26) 以下の引用を参照のこと。「［世人は］死亡することを更に隠蔽しつつ、死の確実性を弱め、そして死の内への被投性を軽減する」（SZ 255）。それは世人が「日常性において現存在から［決断や責任といった］荷重を軽減する（entlasten）」（SZ 127）こと、そのような「存在の軽減（Seinsentlastung）」（ebd.）により、「その執拗な支配を維持し確実にする」（SZ 128）ことに基づく。

(27) 筆者は博士論文の段階では無自覚にももっぱら本来的・根源的被投性のみを論じていたため、公聴会（2017.1.26）で筆者の当時の指導教官であった安部浩先生に頽落の位置付けの不明瞭についてご指摘頂いた。当時はお答えできなかったが、ここに分析を加えることで、不十分ながら遅ればせのお答えになれば幸いである。

(28) 以下の引用も参照のこと。「傾向と衝動は現存在の被投性の内に根づく諸可能性である」（SZ 196）。他方で、「存在一般の意味への問い」の仕上げは「現存在自身に属している本質的な存在傾向、前存在論的な存在了解の根源化」（SZ 15）としてなされるとも述べられていたことに鑑みれば、「傾向」にも本来的存在了解へ繋がるような傾向と、頽落傾向の二重の意味があると言える。人間の自然において本来性と非本来性両方が「傾向」として具わっていると言えよう。

(29) 本来性は第一義的には「おのれ自身である可能性」（SZ 42, 43）であり、すなわち現存在の存在構造である被投的企投において存在を問いうるという可能性であると解釈できる。それに対して、非本来性は「おのれ自身ではないという可能性」（SZ 176）であり、存在を不問に付す可能性である。そして頽落は「非本来性のより鋭い規定」（SZ 176）として基本的には非本来性と同じものであると考えられる。頽落は「普遍的な現存在了解内容を持っているという思い違い」（SZ 178）、「本来的な諸可能性の企投から了解を不断にもぎ離し、万事の所有や達成という思い誤りの内へ引き入れる」（ebd.）。

また、筆者はハイデガーの自己批判という観点から、前期から後期への思索の深化において存在を問うべく試みる本来性の様態においてあるはずのハイデガー、その本来性、そして非本来性の意味のずれをここで論じているが、『存在と時間』における本来性と非本来性の二分法への疑問に関しては、貫井隆氏の指摘からヒントを得られたように思う。感謝申し上げる。

(30)　フォン・ヘルマン氏は『存在と時間』の時期における被投的企投における被投性と企投の連関の分析を詳細に行なっている数少ない先行研究者の一人である。同氏は被投性を「世界と真理の内への被投性」という二重性において捉えており、企投の諸可能性はそれによって条件づけられていると分析している。また世界が歴史的世界であることから、それは歴史的な先行規定性でもあり、これが本質的な有限性であると述べている。加えて、企投の内への被投性にも言及しており、「こうした多様な企投の被投性の内に人間の有限性が休らっている」としている（前掲書 *S.* 72-74）。しかし本文にて述べたように、専らハイデガーの弁護という立場から論じており、また存在の問いとの連関は不明なままにされている。

第二章

最初の歩み——存在の窮迫の所在

1　第二章の問題設定

第一章で明らかにされた被投的企投の展開可能性と問題点を踏まえて、結局のところ、「企投優位」とされる[1]『存在と時間』において「存在の問い」はどの程度準備されていたと言えるだろうか。それは筆者の考えでは先述のとおり、根源的被投性の萌芽がどれだけ育まれたか、他方でいかなる点でその生育が阻まれたかということを分析・考察することを通して明らかにされる。

まず、「存在の問い」の準備と根源的被投性の経験との連関について。それ自体被投的に引き起こされる「不安」という経験において、現存在の存在構造である被投的企投が開示され、存在不可能性という可能性の如何ともし難さ、そうした「死」の可能性の現事実性が、「誕生」の現事実性の如何ともし難さとともに、人間存在自体の根拠の無さ（脱底）という根源的被投性、すなわち存在の把握し難さ、問いの余地を構成していることが明らかになる。それは他方で、実存／存在了解の可能性を選択する際の被制約性となる先達の実存／存在了解の仕方、そうした「伝統」、とりわけ「遺産」の内への被投性である限りの「歴史性」と連関している。こうした根源的被投性の多奏性及び圧倒性の中でなおも企投している限りで、現存在はかろうじて自らの実存の根拠であり、根拠でなければならない。こうしたほとんど根拠ではないような根拠存在という脱底的存在、被投的企投という謎めいた現存在の存在に関しては、後期の思索に到るまで基本的には一貫しており、存在の問いの準備となっていると言える。

次に、「存在の問い」の妨げと根源的被投性の軽減との連関について。後期への見通しにおいては、『存在と時間』には他方で、「存在の問い」の成立の妨げとなっている洞察も内包されている。まず被投性、とりわけ「死への先駆」において見落とされがちな「死の内への被投性」は、「無の内への被投性」と相まって、自らの存在の他性のみならず他の存在者の存在の他性を含蓄するものとして、また歴史性との連関においてさらにその洞察が深められていかねばならない。そして歴史性は「研究対象」である現存在の歴史性のみならず、「研究者」であるハイデガー自身の歴史性が加味され、最終的にはハイデガー自身が巻き込まれている「存在の歴史」に至るまで深化して捉え直されねばならない。こうした被投性の洞察の相対的な不十分さと連関して、『存在と時間』における企投は、可能存在・将来優位（vgl. SZ 38, 144, 329）において、上述の根源的被投性の自覚の役割を担う以外に、時間地平の超越論的先行性を構成し、存在問題の基礎づけの際に超越論的企投として第一次的な役割を果たすことになる。だが、こうした限りでの学的企投の方向性は後に放棄されねばならない。こうした問題点は、第三章及び第四章で述べられるところの現存在の存在／存在了解の基礎づけの試みと共に、明確に浮き彫りにされてくる。以下、被投的企投を軸に『存在と時間』における不安の経験の両義性——すなわち存在の問いを促す側面と妨げる側面——を明らかにしていく。

2　存在の問いの準備としての被投的企投

不安における無の内への被投性の経験

現存在が世界及び歴史への頽落的没入から「方向転換／離反（Abkehr）」（SZ 186）し、とりわけその本質である「存在の問い」、すなわち「現-存在」としてあるのは、さしあたりわれわれを不意に襲ってくる「不安（Angst）」（厳密には「不安（A）[2]」）においてである。「不安」は、情状性がその本質的な役割である「被投性、全世界内存在（世界、共現存在、実存）、世界の世界性の開示」（vgl. SZ 136, 137）を果たすところの根本情状性、本来的開示性である。「不安」

が襲来するとき存在者全体はおしなべて日常的・社会的規定を失い、「無規定性（Unbestimmtheit）」・「無意義性（Unbedeutsamkeit）」（SZ 186）において現れるようになる。(3) ここで自らを含めた個々の存在者のそれぞれの状態はもはや主題的にならず、意味をもたない代わりに、それら存在者同士の関わり合いを支えていた指示連関（世界）が「唯一まだ差し迫ってくる」（SZ 187）。先に言及したとおり、非意味的であるものだけが反意味的でありうるのであり、ここで意味を喪失している存在者全体は今、意味を持たないだけでまたすぐに意味を付与されるのではなく、意味付与を拒みうるもの、つまり「問われるべきもの」でありうる。

現存在が世人自己としてつねに既に慣れ親しんでいたはずの世界と自らの存在が、見知らぬもの（「無」）として、そうした意味で「問われるべきもの」として現われてくる。「不安」とは、さしあたりこのような「不問に付すこと」と「問うこと」との狭間の状態であり、そうした意味において「本来性と非本来性の可能性への自由」（vgl. SZ 191）である。その際の被投的企投の変様について詳細に描写するならば、「不安」において、指示連関の有意義化の機能である限りの従来の世界企投及び存在企投が明らかになりつつも拒まれて停止しており、同時にその企投を支えていた頽落的被投性も明らかになりつつ拒まれて停止している。こうした情状性が「不安」と名づけられるのは、一つには自らの従来のあり方が揺らいでいるからである。また、自らがただその内へと投げ込まれる限りでの無意義的な世界とその内での存在、こうした現存在の根源的な現事実性の内への被投性が浮き彫りになり、自らの存在がそうした根源的被投性によって構成されていること、そうした被投的企投という存在構造を持つことへの心許なさゆえである。(4) ここで、世界と自己と他者は自らにとって同様に如何ともし難い存在として現われている。ただし、従来的企投が停止しているとしても、この不安の状況を経験している現存在は日常性とは別様にではあれ、やはり何らか企投しているという点、またそうした現存在の状況を解釈し、陳述するハイデガー及びわれわれも被投性の経験を経験として、すなわちメタレベルの視点で学的に企投しているという点に注意さ

れたい。(5)

そして、現存在の実存／存在了解の根源化による「存在の問い」の成立のためには、上述の現存在の現事実性の内への被投性の経験、存在者が全体において「問われるべきもの」としてみなされる事態が、さらに現存在の存在のそのつどの極限である「終わり（Ende）」と「始まり（Anfang）」の内への被投性の経験との関連において根源化される必要がある。そうして、現存在の「死（Tod）」の可能性と「誕生（Geburt）」の現事実性が問題となるのだが、現存在の存在が際立った意味で可能存在であることと関係して、現存在の存在構造の全体性は、とりわけ可能性との連関から「死への存在（Sein zum Tode）」／「死への先駆（Vorlaufen）」として捉えられている。(6)「死への先駆」は基本的には可能性の本来的企投であるが、筆者の考えでは、死の可能性を可能性としてあらしめるためにはそれは「死の内への被投性」（SZ 251, 255）の経験としても十分に際立てられるべきである。(7) 不安における世界内存在全体の内への被投性の経験は、さしあたり内存在の内への被投性としては、死への存在の実存的・実存論的経験において根源的になりうる。

死への先駆に基づく学的解釈の試み

次節以降論じていくとおり、死への先駆は、とりわけその可能性の企投の被投性に着目する限り、存在を問いうるようになるために重要であると筆者は考える。(8) ただし、「死への先駆」は「存在一般の意味への問い」のためにさしあたり「現存在の存在全体性の統一の意味への問い」（SZ 232）を準備するものでなければならないことに注意されたい。死への先駆において、「現存在の存在の諸構造契機の統一」を予め目がけている「先視」の主導において、「現存在を先持の内へともたらす」（ebd.）。つまり、死への先駆とそれに基づく学的企投における先持（被投性）に対する先視（企投）の優位が主張されている。この先視の先行性がもはや既在性というよりも超越性を意味していることに注意されたい。すなわち、企投を構成する視が先視として被投的企投においてその歴史的被制約性を払拭されている限り、「先-構造」の「先-」は超越論的意味を持つようになる。ここで死への存在における先視の主導、企投優位ゆえに世界、他者、自己の他性の内への等根源的な被投性は軽減され、弱められてしまうという懸念があり、筆者の考えではここに、被投的企投の、存在の問いの生起の内なる一つの「窮迫」、一つの「危機」が存する。

このように改めて現存在の存在全体を先持の内へともたらそうとする学的企投において、自らがその内へとたえず巻き込まれているところの先持、被解釈性はいったん保留されているだけではなく、同時に払拭しきることのできないはずの歴史性もろとも払拭されてしまっている、あるいは少なくとも弱められてしまっている。先視の主導のもと、現存在の存在の全体が先持の内へと改めて取り込まれ、先持の範囲が先視に見合うように調整されている。こうして本書第三章、第四章にて論じる「超越」の議論への接続が準備されている。しかし、こうした先持の保留の仕方や先視による現存在の存在の超越論的統一がいかなる正当性を持つのか、別様の仕方はないのか、そして解釈学的循環の内への真性な飛び込みになっているか否かは、実のところ不明である。すなわち現存在、そしてそれを論じつつ自らも当然現存在であるところのハイデガーの先視がどこから獲得されたのか（ハイデガー自身の歴史性）が本来であれば問われねばなるまい。他方で、企投優位（すなわち決断的・選択的企投の主導）にも一定の意義がある。それは自らの決断の重要性、自らの思索の力を軽んじないという実存主義的意義である。あくまで試みとして、問いとしてなされるということが十分強調されるのであれば、決断的・選択的企投の重視はむしろ存在の問いの生起へと導くであろう。

このようにハイデガーは『存在と時間』において、存在問題の再設定という課題の決定的な点で、先持よりも先視を、被投性よりも企投を重視しているのだが、以下、そうした中でも汲み取られうる限りの根源的被投性の萌芽を追求し、『存在と時間』がどの程度後期の議論への準備として機能するかを探究する。それは、「死への先駆」において「死の内への被投性」が重要な役割を果たしていることと連関している。

死という現事実的可能性の経験

われわれは日常的には自らの死の時期や死に方を平均寿命等に基づいて算段しうると捉えており、その際密かに自らの死と存在を「平均的人間」という架空の人物（「世人」）の死と存在とすり替えている（死の忘却）。そのような仕方で「代替可能性（Vertretbarkeit）」（SZ 239, 318）がわれわれの生を全般的に支配しているように見え、人間存在はまるで「いくらでも替えがいる」かのようである。他人の死や自分の死でさえも日常的・社会的配慮の対象として有意義性連関の内部で捉えられている限りは代替可能である。例えば、故人の死亡原因や葬儀日程や参列の際の服装、仕事の引き継ぎにおいて他者の死を考える場合、あるいは平均寿命から自分が死ぬ年齢を予想する場合がこれに当たる。その際、有意義性連関の目的である自らの存在可能の企投の方向・様式は依然として不動であり、予定可能な範囲内で自らの死も他者の死も捉えられている。われわれは驚くほど無邪気に明日の予定、それどころか来年の予定や十年後の予定まで立ててしまえるが、それは自らの死もやはり「遠いいつか」の時点に予定として入っているからであろう。

しかし、自分が実際に死の危険に曝されたり、親しい人を亡くしたりした経験があるならば、あるいは大切な人がいるのならばすぐに思い当たるように[9]、個人の死は日常性に回収しきれるものではない。他者の死や自らの死は――ということはつまり他者の存在も自らの存在も――ありふれた日常の現実「以上」でありうることはもちろん、人生で何度か出会う通過儀礼「以上」のものでさえありうる。個人の存在もその喪失も、本来決して平均化できるような出来事ではなく、それに直面したときには存在／存在了解の仕方の根幹が揺らぎうるようなものである。なぜならば、その際われわれは、他者の存在がどこまでもその他者自身だけのものであり、自らの存在が自分だけのものであるということを実感せざるをえず、それぞれの存在の固有性、すなわち「いくらでも替えが効く」どころか「全く掛け替えがない」ということを思い知るからである。その際には、これまでまるで万能であるかのような態をしていた代替機能も停止せざるをえない。或る人が亡くなれば、その人が担っていた社会的役割は補填されるかもしれないが、その人の存在の喪失自体は本来決して埋められるものではないだろう。個々の存在とその喪失は完全に消失することのない波紋のようなものである。その波紋はそれぞれの形で広がり続け、なかなか消失しない。それが世界内存在であるということであろう。

　このようにして、自らに固有の死と存在が「問われるべきもの」となり、有意義性連関の目的である自らの存在可能を不変で磐石な基盤とする日常的な想定としての企投がその機能を停止しつつその方向・様式自体が揺らぐときに、われわれは初めて先述の頽落からの方向転換に至っている。「不安（A）」において、日常的企投は、「生じつつある不断の脅威（Bedrohung）」（SZ 265）であるような可能性、まさに「可能性としての可能性」に直面して揺るがされ、「可能性への先駆（Vorlaufen）」／「死への先駆」（SZ 262）としての企投へと変様する。そうした企投の変様は、実存の可能性が宙に浮いたものではなく現事実的であり、現実化しないかもしれない中で現実化しつつあること、「可能的な実存不可能性という無」（SZ 265, 266）の内への被投性に基づいてなされる。ここで浮かび上がってくるのは自己存在の可能性の不可能性への揺らぎであり、その揺らぎを支えている不可能性の現事実性と可能性の不可分さである。[10]

非‐存在の可能性——実存不可能性という如何ともし難さ

自らの死の可能性に直面して、死を「そのつどおのれ自身で引き受けなければならない」唯一の存在、他の誰でもない自らの固有の可能存在全体が明らかになる〔「最も固有な（eigenst）」可能性（SZ 250)〕。「死（Tod）」は「もはや-現存在-しえない」（ebd.）という「自己放棄」（SZ 264）の可能性である。死の可能性の企投はこのように、「つねに自己として存在しうる」という日常的・頽落的な被投的企投の「〜ない＝非／否定」、すなわち「被投性の実存論的意味」（SZ 284）である「非性（Nichtigkeit）」を帯びて現われてくるのであり、そうした日常からの方向転換（＝転回《ケーレ》）を促す「非性」が死の内への根源的被投性として現れているということが、「死への先駆」において重要である。「終わりへの存在は現存在の被投性に本質上属している」（SZ 251）のである。死という可能性は、「その内でそのつど現存在の存在そのものが脅かされているがゆえに一層重要となるところの固有の存在可能性」（SZ 240, 263）であるために、「自らの存在において自らの存在へと関わる存在」である実存、すなわち「存在を問いうる存在」であることが際立って開示される「或る存在の仕方（eine Weise zu sein）」（SZ 245）である。言い換えれば、現存在は自らの存在を「存在するか否か」のはざまの不安定さ・不確定さにおいて捉えながら存在する。こうした観点からすれば、先駆は少なくとも「自己存在を問うこと」へと繋がる。

　現存在は現実化した死〔「現存在が世界から出ていくこと（Aus-der-Welt-gehen）」（SZ 240）、「終わりに-達して-いること（Zu-Ende-sein）」（SZ 245）〕以前から、「誕生すると同時に」現事実的に、死の可能性につねに「切迫（*Bevorstand*）」（SZ 250）されており、つねに既に死につつある。[11] われわれ人間は「死すべきもの」であることを選択的に企投したわけではないが、「死すべきもの」として自らの死をも自らの存在の一部として引き受けねばならない。すなわち実存の不可能性は可能存在として引き受けざるをえないものであり、そうした不可能性と不可分であるという可能性の現事実性、その内への被投性が、一つの根源的被投性としてここで経験されている。その不可能性は実存自体の不可能性であると同時に、あり方を規定するものとして、さまざまな日常的実存の仕方の不可能性でもある。

この「最も固有な可能性」において現存在は、他者との日常的・社会的な関わりから、ひいては自己存在の代替可能性から解放されている〔「没交渉的な（unbezüglich）」可能性（SZ 250）〕。すなわち、他者と世人的に関わることができないため、死ぬことを代わってもらえると想定することもできない。ただし後述するように、現存在が「単独化」されるのはあくまで「共存在として他者の存在可能を構成するというようにのみ」（SZ 264）であることに注意されたい[12]。つまり、没交渉的な可能性において現存在は他者や事物や自己への頽落的・没入的関わりから解放されているだけであり、一切の関わりから解放されているわけではない。もしも、ここで「単独性」を他の存在者との一切の関わりからの解放として捉えるならば、現存在はもはや「世界内存在」ではなく他者や世界を排除した「無世界的な主観」へと逆戻りしてしまうだろう。むしろ単独化の経験を経てもなお排除されない他なるものとの関わり、そうした最も固有な現事実性、そうした意味での歴史性こそが、世界内存在という存在体制が示すところのものと考えるべきである。もしも単独化された現存在を狭義の自己へと押し込むのであれば、それは企投の自己同一化傾向の助長でしかなく、主観化へと導かれる。そして先述のとおり、死への先駆における企投及び先視の優位において企投の同一化傾向が強調されるならば、存在問題の体系化のための学的・超越論的企投はその企投方向とよく接続してしまうだろう。その場合、死の意味するところも、「存在者としての現存在の死」でしかなくなってしまうだろう。他方で、単独化された現存在を広義の自己（世界内存在全体＝世界、他者、自己の他性を抱える自己）として捉えるならば、それは自己の非閉鎖性、非同一化の余地、すなわち脱底を確保するものである。これは前者に対して、「存在としての現存在の死」であると言える。そして、死への存在が「存在の問い」の成立へと繋がるためには、後者の死が考えられていなければならない。世界内存在、現の内への被投性はここまで徹底して捉えられるべきである。そしてその限りで死への存在は無の内への被投性とよく接続する。

それと連関して、死は——他の諸可能性が経験可能であるのに対して——現存在が存在している限り実際に経験することができない「最も極端な（äußerst）」（SZ 250）可能性であり、他者の死亡事例によって死を何らか経験したような気になっても、決して自らの死を経験してはいない。こうした可能性の企投においては、「ひとはやはりいつかは死亡する、しかし当面はまだ死なない」（SZ 255）として「死の確実性を弱め、死の内への被投性を軽減する（erleichtern）」（SZ 255, 256）（強調は筆者による）こともできず、「規定性を貸し与えることで死の無規定性から逃避する」（SZ 258）こともできない。死は他の諸可能性と決定的に異なり不可避的であり、しかもその時期や仕方に関して前もって規定できるわけではなく「いずれの瞬間にも可能である」（ebd.）〔「確実性（Sicherheit）」と「無規定性（Unbestimmtheit）」（SZ 255, 256）〕。現存在に属している死の可能性は、「絶えず可能である」という意味における可能性であり、「私は今のところはまだ生きていられる」と確信できるような瞬間はわれわれのものではない。ハイデガー自身は明示していないが、死への先駆において以上のような「〜ない」という表現によって示される実存の仕方／選択的企投の不可能性は、以下に述べる根源的被投性の「非-性格（Nicht-Charakter）」、それに基づく頽落的・日常的企投及び被投性の方向の否定とそれによる「方向転換＝転回《ケーレ》」の促しであると考えられよう。すなわち死への先駆において死の内への被投性が重要な役割を担っているのであり、また被投性には、第一章で述べた通り、頽落への誘いと同時に反頽落への誘いが含まれている。われわれの存在可能性の内には、それ自体を脅かす存在不可能性が現事実的に、常に既に含まれてしまっている。非存在としての死は存在から区別されるのではなく、むしろ存在に属している。現存在が存在するということは「死につつ存在する」ということである。

こうした意味で、さまざまな可能性の中でもとりわけ死という可能性への存在において「可能性は可能性として弱められずに（ungeschwächt）了解され」、「耐えられなければならない」（SZ 261）。それは言い換えれば、先述した可能性の現事実性、可能性と不可能性の不可分さが存分に発揮されなければならないということである。

現存在の本来的実存を構成する「可能性としての可能性」は、それに不可能性が属するという現事実性ゆえに、或る事柄がいついかにして現実化しうるかを予測して意のままにしようとすること〔「可能的な現実化」(SZ 262)〕によっては捉えられない。こうした可能性と不可能性の不可分さゆえに「この可能性は何ら拠り所を与えない」(ebd.)、つまりそれに基づいて予定の立案ができるような前提、不動の拠り所にはなりえないのである。

非-存在の現事実性――実存の現事実性の如何ともし難さ

ところでハイデガーは、こうした死の可能性と対である誕生の現事実性について軽く言及しながらも、何故か[13]詳細に分析を展開することはなかった。しかし、以下に論じるように、現存在の存在の開始である誕生の現事実性は、存在を「問われるべきもの」として扱うための重要な契機である。「被投性と（中略）死への存在との統一において、誕生と死は、現存在にふさわしく連関している」(SZ 374)。加えて、死の不可避性もやはり「死すべきもの」としての誕生の現事実性に由来する。では、誕生の現事実性、その内への被投性はどのように捉えられるだろうか。

われわれは自らの意志決断によって存在し始めたわけではなく、存在したいと欲する前に既に存在してしまっている。決して世界へともたらされないということも十分にありえたにもかかわらず、われわれは偶然にも存在している。[14]ただ自分が今、存在しているという事実だけがわれわれに与えられている。生まれるか否か、あるいはどのような時代にどのような存在者として生まれるかということは、われわれの選択の範囲外に留まっている。また、世界内存在や歴史性といった現存在の存在体制もその有限性もわれわれが選択したわけではなく、そうした存在体制の内へとわれわれはただ単に偶然に投げ込まれたのである。そして、われわれは現存在として世界内存在であるがゆえに、われわれの誕生以前から既に存在している他の存在者の只中に存在してしまっている。われわれは他の存在者の既なる状態に沿ってのみそれらと関わりうるのであり、自らが存在し始める以前に遡って他の存在者の存在や状態を左右することはできない。しかし、日常的にはわれわれは、こうした自らの誕生の不可思議さに関して考察することもなく、生物学的・歴史学的・因果的な説明によって納得し、「存在していること」そのもの、そして「他でもなくこのように存在していること」を当然のこととして生活している（誕生の忘却）。そして、以上のような「〜ない」によって示される、誕生の現事実性にまつわる決断的・選択的企投の不可能性も、やはり後述される根源的被投性の「非-性格」に基づいており、被投性の内に含まれている頽落的・日常的な被投的企投の方向の否定とそれによる「方向転換＝転回《ケーレ》」の促しであると言えよう。誕生の忘却は死の忘却と連関している。つまり、われわれはわれわれの意志により存在し始めたわけでも存在し続けられるわけでもなく、このような意味においてわれわれは根本において根拠無しに生きており、決して自らの存在を掌握しきれない。自分の存在は、そのつどやはり何らか自分のものであるにもかかわらず、である。

徹底的に被投的な企投①――根拠無き根拠存在

そして、以上の多奏的な根源的被投性、つまり決断・選択的企投の不可能性・否定性は、「被投性の実存論的意味」（SZ 284）としての「非-性格（Nicht-Charakter）」（ebd.）、「責め（Schuld）」（SZ 283）、「非性（Nichtigkeit）」（ebd.）として総括される（ここから被投性と存在の非的／否定的性格、他方で企投と存在の是的／肯定的性格が連関づけられる。この点は不可能性と可能性、非存在と存在、存在の把握し難さと把握可能性等によって既に暗示されていた）。つまり、現存在自身によって「現の内にもたらされたのではない（*nicht*）のに」（ebd.）（現＝被投的企投という存在構造を持つという現事実性の内への被投性）、また現存在自身によって「存在可能が与えられたわけではない（*nicht*）のに」（ebd.）（可能存在であるという現事実性の内への被投性）、そのように誕生の現事実性において自己存在に関して決定的な制約を受け、自らの選択・決断の可能性の余地がない「無い無い尽くし」の中で、現存在はそうした自己として被投的に企投しつつ存在しなければならない。現存在は被投的企投という存在構造を自ら選択したわけではなく、あくまでその内へと投げ込まれているという被投性によって根本的に規定されている。そして、その最たるものである実存自体の不可能性としての死は「現存在の正真正銘の非性（Nichtigkeit）」（SZ 306）であると言われる。[15]

　こうした意味で、現存在は「それ自身で〔自らの存在の〕根拠を置いたのでない（*nicht*）」（SZ 284）ために「最も固有な存在を決して（*nie*）根底からは（*von Grund auf*）支配しえない」（ebd.）（存在の支配不可能性の内への被投性）。自己原因である神、全知全能の唯一神であれば、自らの存在の根拠も自ら置くことができ、自らの存在を掌握しきっているであろう。それに対して、われわれ有限的存在者は、誕生するか否か、いかなる世界・歴史のもとに誕生するか、いかなるものとして誕生するかを自分で選択できない。しかしそうした根源的被投性こそが自己を成立させているのである。ゆえに現存在の存在は、そうした意味では自らの実存の根拠であるとは言えない。そして、根源的被投性は以上のような意味だけでなく、企投構造自体の非性も規定している。企投構造自体の非性とは、現存在が可能存在として実存的にはそのつど一つの可能性しか選べないということ、その他の諸可能性は放棄せざるをえないということ、実存的には決断的にしか企投できないということである。[16] ただし、ここでハイデガーは「実存的には」と企投に対する非性（被投性）の優位を限定し、「実存論的には」その点に関して保留とすることで、被投性に対する企投の優位を守ろうとしている点に注意しなければならない。とは言え、さしあたり現存在の存在は「その本質において徹底的に非性によって浸透されている」「非性の（非的な）根拠-存在」（SZ 285）であり、すなわち徹底的に被投的な企投であるということである。[11]

　ここに自らの存在の、ひいては自らのみならず他の存在者の存在の、存在そのものの把握し難さ（「脱-底」）が暗示されており、存在が「問われるべきもの」として捉えられ始めていると言える。ここに筆者は後期の「投げ」

に繋がりうるような、暫定的な根源的被投性の経験を見出す[17]。しかし、こうした根源的被投性の圧倒的な威力にもかかわらず、「現存在は実存しつつ根拠存在を引き受けなければならない」（ebd.）。というのも、現存在は「固有の企投」（SZ 284）をしつつ存在しうるからである。つまり、現存在はいくら徹底的に被投性によって制約されていようとも、その徹底的な被投性を引き受けるという固有の企投をしつつ実存しうる限り、現存在の「存在可能の被投的根拠」として根拠存在及び自己存在を引き受け、「非的存在に対する根拠であること――非性の根拠存在（Grundsein einer Nichtigkeit）」（SZ 283）として、「現存在の存在の根拠（Grund）」（SZ 277）〔「最も固有な責めある存在（Schuldigsein）」（SZ 283）〕と成りうる。ここで非性としての被投性と企投の争いが見られるが、根拠が企投に先行するか否かは非性の深度と共に曖昧なままである[18]。被投性の重奏性を十分に汲み取らなければ、企投はその自己同一性の傾向を強めることになり、存在は「問われるべきもの」とはならないだろう。

徹底的に被投的な企投②――「選択の選択」という企投

以上、「不安（A）」の襲来における被投性の圧倒性の経験について論じてきたが、こうした徹底的に被投的な企投についてももう少し別の角度から見ていこう。「不安（A）」において開示された「根源的に被投的な自己存在」はまた、日常的には名づけられないような「それ」（es）」（SZ 275）として、「私から（*aus*）、しかし私を超えて（*über*）生じている」（ebd.）ところの「良心の呼び声」の主でもある。つまり、見知らぬ無意義的自己が「それ」となって、日常的に親しまれた自己に、おのれ自身へと成るべく企投するよう呼びかけてくるのである[19]。こうした根源的被投性の呼び声を聴き取ることが、不安における企投であり、「最も固有な本来的な責めある存在可能へと自らを企投すること」（SZ 287）〔「良心を持とうと意志すること（Gewissenhabenwollen）」（SZ 269, 288）〕である。この実存論的企投に基づく実存的企投は、企投に孕まれていた「汝がそれであるところのものに成れ！」という命令と呼応するであろう。つまり、この根源的被投性の呼び声は「呼び進めつつ呼び戻す呼び声（vorrufender Rückruf）」（SZ 287）である。現存在は根源的被投性の内へと自ら呼び戻されつつも、あくまで可能存在として、現事実性を引き受けるという可能性の内へと自らを呼び進めるのであり、そうした仕方で最も固有な存在可能へと自らを企投している（vgl. SZ 287, 291）。この根源的被投性の引き受けにおいて、現存在は「不安（A）」の襲来の受容という根源的被投性に応じた企投において、不安の次なる襲来に対する持続的受容を準備している、決意的・選択的に企投していると言えよう。このような準備的な決意・選択が保護しているのは、「現存在の開示性の際立った様態」（SZ 297）[20]、つまり被投的企投の際立った様態である「徹底的に被投的な企投」〔「決意性（Entschlossenheit）」（SZ 270, 297）[21]〕である。

　この選択的企投は、「選択の選択」（SZ 268）として最も固有な存在の最終決定的な選択の場（「不安（B）[22]」＝本来的／最終的不安）を開くという準備的な役割を担っている。ここで開示されているのは、最も固有な存在の可能性と現事実性の隠蔽と暴露（真理）についての選択を迫られているという自らの「状況（Situation）」（SZ 307, 382）である。それゆえ現存在の「自己の不断性（Ständigkeit）」（SZ 322）は、そうした自己存在の可能性の絶えざる選択的・決断的企投、自己の根底／脱底の不断の更新であって（SZ 323, 375）[23]、主観の存在の持続性とは根本的に異なる。現存在の存在は、徹底的な被投性を帯びているがゆえに「絶えず問われ直されるべきもの」かつ「問いうるもの」として、絶えず自らを「問うこと」へと誘っているのであり、そこに自己の不断性が存する。

　そして、この「決意性」という「本来的な開示性」（SZ 297）において、現存在は世界内存在として本来的であり、世界における事物と他者の開示性は最も固有な存在可能性から規定され、修正される。決意性は、率先垂範的・解放的顧慮において他者の最も固有な存在可能性を共に開示し、その存在可能性、その他性においてあらしめるという「本来的な連帯」の可能性を開いている。こうして、「決意した現存在は他者の「良心」となりうる」（SZ

298）。そしてこれが後述する歴史的伝承の基盤となる。

しかし、筆者の考えではここで述べられている決意性と決意、被投性と企投の曖昧さに、被投的企投の、存在の問いの生起の一つの「危機」が存する。というのも、「不安は本来的にはただ決意的な現存在においてのみ立ち昇って来る」（SZ 344）、「落ち着いた気分は、〔全体存在可能の可能的な諸状況へ向かって（auf）瞬間的に存在する〕決意性から生じる」（ebd.）とあるように、この決意性の決意・選択は、不安の襲来と不安における存在の問いの生起の偶然性を損なう主観的、恣意的企投となりうるからである。しかし、それは学的企投であれば他に致し方のないことであり、存在の問いの生起を妨げる障害にはならないのではないか。そもそもなぜ存在の問いの生起自体がそこまで徹底的に被投的になされねばならないのだろうか。そうした意味での被投性の軽減が、存在が「問われるべきもの」であることを損なうのだろうか。この点にハイデガーの思索における一つの「窮迫」が存すると考えられるため、後にもう一度取り上げる。

死につつ誕生しつつあること：「歴史性」[24]

ところで先述のとおり、現存在の存在は「死」のみならず「誕生」によっても限界づけられており、「誕生と死の間（zwischen）」（SZ 373, 385）である。この「間」は完了した誕生と未了の死亡の「間」の生を意味するのではない。現存在は、現事実的に実存するという仕方で存在するために、そのつど現事実性の始まりとしての誕生と可能性の終わりとしての死を含み込みつつ存在しており、また絶えずそのときの世界の内に投げ込まれ直し、そのときの世界の内で存在し始めるという仕方で「誕生」し直しつつ、同時に、絶えずそのときの世界から出て行くという仕方で「死」につつあるというように存在している。それゆえに、そうした自らの諸可能性と諸現事実性、そして他の存在者の諸可能性と諸（現）事実性の間で、現存在の存在は「伸び拡げられつつおのれを伸び拡げていること（erstreckt Sicherstrecken）」（SZ 375）という「生起／経歴（Geschehen）」（ebd.）・「歴史性（Geschichtlichkeit）」（ebd.）として特徴づけられる。[25] また、この生起は「相互共存在の内で「過去的」でありながら「伝承され」、影響を及ぼしつつある生起」（SZ 379）として、今まさに現存在の実存として生じつつある生起として「歴史（Geschichte）」（ebd.）である。こうした連関から、確かに「死への先駆」（時間性の有限性）が「現存在の歴史性の隠蔽された根拠」（SZ 386）であると言える。

徹底的に被投的な企投③――遺産の伝承としての歴史的企投

現存在は、さしあたりたいてい今日において流通している平均的な実存／存在了解の諸可能性（「被解釈性」[26]）から、自己企投の諸可能性を無自覚に汲み取っている（vgl. SZ 383）。しかし「不安A」＝決意性において、現事実的な世界・歴史の内への被投性が開示され、現存在の従来の実存／存在了解が被解釈性という被投性に基づくものであったことと共に、従来とは別様の実存／存在了解（本来的実存／存在了解）の諸可能性が開示されるのだが、それらは先達としての既在的共現存在から伝承された本来的実存／存在了解の現事実的な諸可能性である「遺産（Erbe）」（SZ 383）から開示される（「被投性へと決意的に戻り来ること」に含まれる「伝来の諸可能性の自己伝承（*Sichüberliefern*）」（ebd.）」。そして、「遺産」の内のどの実存／存在了解の可能性を「反復（Wiederholung）」（「明確な伝承」）（SZ 385）するかが選択される（SZ 384, 385）。この「反復」は当然ながら模倣ではなく、先述の決意性における「選択の選択」と重なると考えられ、「闘争しつつ反復可能なものに追従すること及び忠誠を誓うことへの解放」（SZ 385）であると言い換えられている。この意味は、自らの実存／存在了解の頽落傾向及びそれを強化するところの既在的共現存在の平均的な実存／存在了解と闘いながら、「遺産」の内に覆蔵されている「英雄（Held）」（ebd.）による存在への本来的な関わり方を共有しつつも、現存在の固有の状況において自らの存在／存在了解の可能性を選択するということであろう。(27) このことは、ハイデガー自身が、そしてその「遺産」を受け継ごうとするわれわれ自身が、開拓すべき「諸々の道（Wege）」（Bd. 1, 1）の中でどの道を切り開きつつ歩もうと決断するのかということと密接に連関している。これに関しては第六章にて詳述する。

非-自己-存在という自己存在の他性——共存在の射程の再考

遺産の伝承はまた、死への先駆において現存在の最も固有な存在が、他者とのあらゆる関連から解放された存在としてではなく、ただ世人への没入である頽落的な関わりから解放された世界内存在及び共存在として単独化されるということに基づいている。むしろ、最も固有な存在においてのみ、他者との「本来的な連帯」（SZ 122）も明らかになる。

つまり、現存在と同様に世界を企投しながら存在する共現存在は、現存在が存在する限りその内に住まうところの世界（「共世界」）の内に同様に存在している。そして、既在的な共現存在が既に企投したところの世界の内へと投げ込まれながら、やはり世界を企投しつつ、現存在は存在している。そのように、現存在の存在には共現存在の存在がつねに不可分に関わっている。また、現に生きている共現存在だけでなく、まだ生まれていない誕生前の「共現存在」（将来世代）あるいはもはや生きていない死後の「共現存在」（既在世代）も、現存在の共存在の或る仕方においてやはり「存在」すると言える。しかし当然ながら、誕生前及び死後の「共現存在」は、生きている共現存在と同じ存在体制を持つのではない。そうであるならば、いかなる意味において現存在は、今は現実的に存在しない「共現存在」と「共に」存在すると言えるのだろうか。「死者はわれわれの「世界」を去り、そして後にわれわれの「世界」を残していった。そうした世界に基づいて（*aus ihr her*）、［世界の内に］留まっている者はまだ死者と共に存在（*mit ihm sein*）しうる」（SZ 238）。死した「共現存在」は確かに、生きている共現存在と同じように世界の内で被投的に企投しつつ存在することはできない。しかし、このことはすぐさま、死の以前にその共現存在の存在を構成していた世界が完全に消え去ってしまったということを意味するわけではない。というのも、その他者と共に存在していた現存在は、その他者の死後もまだ被投的に企投しつつ世界の内に存在するからである。それゆえ、現存在がその内に現に住まう世界、その内で共現存在も存在者として存在していた世界は、まだ現事実的に実存している現存在による被投的企投によってやはりまだそのつど形成され直しつつ存在しているのであり、このようにして世界において現存在は「共現存在」と「共に存在」しつつ「共に企投」し（共企投）、「共に投げ込まれて」（共被投性）いる。

すなわち、もはや世界の内で実存していない「共現存在」は、現存在の被投性が既在的な「共現存在」による既在的な「被投的企投」を含みながら、現存在が世界の内で被投的に企投しつつ存在する限り、世界の内に「存在」し続けるのである。死者は完全に過ぎ去ったのではなく、現に生きている現存在の被投的企投において「存在論的に厳密な意味において」「現に-既在している（*da-gewesen*）」（SZ 380）[28]のであり、同様に、生まれ来る者はまだ決して存在していないのではなく、言わば「現に-将来している（da-zukünftig）」のである。

このような本来性における現存在の共現存在との共存在が、先述の「遺産」の伝承の根拠となっている。先述のとおり、現存在は自らの存在諸可能性を伝統において開示しつつ歴史的に存在している。伝統はここでは、現存在が実存しつつ既在的な共現存在からそのつどそれを受け継ぐところのものであり、伝統の内実は、世界あるいは世界企投（実存／存在了解）の仕方である。それは言うなれば、生きている共現存在も生きていない「共現存在」も含んだ「共現存在」の存在の、いわば「合奏」としての世界及び歴史が、被投性を介して現存在の存在を根底から構成しているということである。このように現存在の存在は他者を暗示する共存在によって根本的に構成されている。それゆえ、現存在は世界内存在として、好むと好まざるとにかかわらず、ただ存在するだけで、既在的他者の存在の仕方により規定されながら将来的他者の存在の仕方を規定しつつ存在する。

ここで示されているのは、共存在の内への根源的被投性の圧倒性であり、それゆえの捉え難さである。そしてこのような被投性の経験において徹底的に被投的に企投するとき、そうして存在を問い始めるとき、現存在は将来的な共現存在の「良心」として「問うことと選択すること」（SZ 21）へと導く。自らも見知らぬ自己という「良心」にのみならず、既在的共現存在という「良心」に導かれたように。そして、このように共現存在を「存在を問うこと」へと促すことも含めて、「存在を問う」ということは為されるのではないか。そして、われわれが今行なっていることも、ハイデガーの思索を「良心の呼び声」とし、存在を問うことを試み始め、そうして願わくば自らも他者の「良心の呼び声」であらんとする試みであると言えるのではないだろうか。「存在の問い」の準備はこのように、将来世代による伝承を待望しつつ、既在世代の、そして自らの既在的な被投的企投を反復（被投的企投）しつつなされる。

『存在と時間』における歴史性の位置づけへの疑問

以上、歴史性も含めた被投性の圧倒性について議論し、『存在と時間』における存在の問いの萌芽を浮き彫りにしてきた。他方で先述のとおり、『存在と時間』における被投性及び歴史性の根源性にはやはり不十分な点がある。この点は次章以降主題的に論じていくが、歴史性の不十分さに関して言及しておくならば、歴史性は『存在と時間』においてまず第六節の形而上学の解体の構想の箇所で登場したにもかかわらず、現存在の経験の場面としては第七二節~第七七節において「時間性の具体化」（SZ 382）として登場するのであり、基本的に企投の基盤である時間性（テンポラリテート）の二次的な役割しか見て取られていなかった。この点は、企投優位、そして先の存在問題の再設定のために獲得されるべき解釈学的状況において、先視が先持に対して優位を持つようになっていたことと連関する。しかし、そもそも実存／存在了解の基盤である歴史性を論じることとは、「被投性の背後へ遡ること」（SZ 284）になるのではないのか。そうではあるまい。むしろ多くの伝来の存在／存在了解の中で、さしあたり存在の他性を損なわないような実存／存在了解の仕方が「遺産」であり、その伝承はむしろ存在の脱底性を保護するものである。こうした歴史性と脱底性の関係については、覆蔵性の議論において一応の決着をみるだろう。歴史性の位置づけの曖昧さと連関して、『存在と時間』の議論の順序には疑問が残る。ハイデガー自身の存在の問いの経験の場面としては、本章で述べられた不安の経験が最初であり、それに基づいて本書第一章の現存在の存在構造（被投的企投）の洞察、分析（学的企投）も、本書序論③「本論の前に」で述べられた形而上学の歴史との対決における存在問題の再設定の企て（学的企投）も可能になると言える。

そして実際、『存在と時間』以後の議論はこれと同様の順序において進行すると言える。「被投的企投しつつある世界内存在の存在の問いを改めて設定する」（SZ 148）という予言通り、まず形而上学期において不安の経験に基づいて被投的企投が捉え直され、それから存在問題の再設定が存在の歴史との連関において再度試みられていく。この点に関しては、第四章以降に議論する。

3　第二章の結論

以上、『存在と時間』における存在の問いの準備としての現存在分析論を被投的企投という観点から見てきた。現存在分析論においてハイデガーは「企投が徹底的に被投的であること」が「存在を問う」というわれわれ人間のあり方であるということを既に看破しており、そのために根源的被投性の経験に適合する仕方での学的企投を模索し始めていたと言える。では、存在の捉え難さを構成する根源的被投性をどれほど保護しつつ企投できていたのだろうか。それによって存在の問いの深度が測られる。それは議論を先取りすれば、「転回《ケーレ》」が既にどれほど生じ始めていたかということである。

まず、上述の被投性と企投の多義性をまとめるならば、被投性は第一義的には「現存在の存在（誕生）の現事実性の内への被投性」である。そしてこの被投性を詳細に見れば、その内には、現存在の存在構造としての「世界内存在（世界）、歴史性（歴史）、存在了解（公共的被解釈性・遺産）の内への被投性」が相互に連関しながら存するのであり、また「現存在の存在の終わり（死）の内への被投性」が存する。加えて、こうした被投性の実存論的意味は「非性」に集約される。またこうした被投性は実存的に捉えられれば「存在者の只中への被投性」でもある。

対して、企投は第一義的には「存在諸可能性への存在者としての現存在の企投（存在への存在者の企投）」であり、その内に「存在不可能性（死の可能性）への存在者としての現存在の企投」も存する。そしてこの存在者の企投は「時間性への現存在の存在の企投（時間への存在の企投）」に基づいて可能になっている。

こうした被投性と企投の連関は経験の場面としては以下のように描ける。「現存在の存在の現事実性の内への被投性」において現存在はつねに既に世界・歴史内存在として存在者への関わりの内で存在しており、それと連関して存在者から存在を了解するという特定の日常的な傾向としての存在企投の「方向」（存在者企投と同じ方向）を持っている（頽落的被投性）。その際自らの存在構造としての被投的企投は自覚されていない。それが不安の経験において日常的な被投的企投が停止され、「自らの存在と死の内への被投性」・「世界と歴史の内への被投性」という根源的被投性が露わになる中でその被投性のもつ促しにより企投方向も転じられうるようになる。そして被投的企投という自らの存在構造自体が明らかになりつつ、自らの存在を根底からは支配できないという根源的被投性に応じて企投すること、しかもそれを遺産の反復として企投することが可能になる。これが先駆的決意性の一つの側面である。他方で、死への先駆は先視（企投）の優位をもたらしつつ歴史的被制約性を払拭されている限り、超越へと接続するようになるのだった。その際根源的被投性は軽減されていると言わざるをえない。このように、不安における死と歴史への関わり、その被投的企投の内に、ハイデガーの前期の思索における一つの「危機」が存していると言えよう。

別言すれば、存在の問い＝「転回《ケーレ》」は、自らの存在の根拠の無さという根源的被投性に応じた企投方向の転換という意味ではここで既に生じ始めていたが、被投的企投の歴史的「窮迫」という意味での根源的被投性は洞察されずじまいであり、そのために存在の問いの生起も不十分なままであった。すなわち根源的被投性を企投しつつ問いうるという状態に移行しつつありながらも、学的企投としてそれを損なっている側面があるということである。

こうした準備に基づき、いざ「存在と時間」との連関を示しつつ存在問題の再設定（つまり存在の学的な企投）を主題的に論じる段になり、ハイデガーは現存在の存在を殊更に「超越」として捉え直しつつ超越論的企投へと向かう。それは、「ただ現存在がそのときどきに何をどのような方向においてどの程度どのように暴露して開示するのかだけが、現存在の自由の事象である。つねに現存在の被投性の限界においてではあるが」（SZ 366）と述べつつも、被投性の軽減と密接に連関している。この点を第三章にて論じる。

注

（1）　本書序論注（17）を参照のこと。

（2）　ここで「不安（A）」と名づけているのは、後述する「不安（B）」と区別するためである。「不安（A）」は準備的な選択の場としての不安であり、「不安（B）」は最終決定的な選択の場としての不安である。

（3）ハイデガーはこうした根本情状性として、後に「深い退屈（Langweile）」や「愛することの喜び」、「慎ましさ（Verhaltenheit）」、「驚き」なども挙げている。

（4）不安における無の経験を前期から後期に至るまでのハイデガー哲学全体の根本経験と見定める安部氏の主張（安部『現』）に筆者も基本的に賛同する。実際、以下の論述、特に本章と第四章にて存在を問う現場としての無の経験に関して詳細な議論が行なわれる。しかしその際に筆者はハイデガーの自己批判を参照しつつ『存在と時間』や「形而上学とは何か」における無の洞察の曖昧さに関して批判を加え、無の経験は覆蔵性の経験から捉え直される必要があることを指摘する。

（5）『存在と時間』においてはこうした「研究対象」としての現存在と「研究者」としてのハイデガーが完全には一致しておらず、ずれが生じている。

（6）基礎的存在論における「死への存在」の重要性の指摘として以下の先行研究の引用も参照のこと。「「死への存在」という現象をめぐって、不安、現存在の有限性、現存在の脱自的時間性、超越、存在論的差異という一連の事象が相互に連関し、本来的実存の根本体制に向かって収斂していくのである。したがって、「死への存在」は、たんにハイデッガーの実存思想のみならず、存在の意味一般を問う彼の存在論の構想をも取り纏める一つの大きな結節点を形成しているのである」（嶺『存在と無のはざまで』五三頁）。

（7）岡田氏も「ハイデガー自身明確に分けて論じていないが、死について被投性と企投の契機を区別しなければならないのではないのか」、「了解は死のこの被投性を掬い取ってこそ「死への存在」、すなわち死の自己本来的了解である」（『ハイデガー研究』五六頁）と述べている。

（8）というのも、存在の問いへのさしあたりの「窮迫」、「内的切迫性」という点では、死の可能性の分析ほど説得力のある議論はないからである。しかしハイデガー研究者内部でもこの概念を低く評価する人は少なくなく、実存主義的な読み方が廃れた現在、その傾向はますます強くなっている。

（9）岡田氏はこの二人称の死、友人の死について「「私は親友に死なれた」という面白い日本語の受動形」（前掲書六〇頁）との連関を指摘している。

（10）現事実性と事実性／現実性の違いを重視するのに応じて（本書第一章参照）、筆者による可能性の現事実性の強調は、あくまで可能性の可能性性格を守るために両契機の連関を重視するという意図を持つのであって、可能性の現実化を意図することとは正反対のことである。

(11) 森一郎氏はこの「「終わりに-達して-いること」から「終わりへの存在」への転轍」に関して「死亡すること」と「死」の関係と重ねて解釈している（『死と誕生』一四八、一四九頁）。「死そのものは死亡することの相関者として分かち難くも分岐しつつそのつど同時に生起して」おりながらも、「死亡すること」が「生の遂行」であるのに対し、「死」は「いわば最終決定項」であり、区別しなければならないとする。そして「「死亡すること」と「死」は「反照規定」の間柄にある」（一四九頁）という秀逸な分析を加えている。筆者もこの見解に賛同する。「死への存在」において死は「生きられる死」であるのみならず、やはり「生の終わり」としての死でもある。この両義性ゆえに死の可能性は切迫しうる。

(12) 仲原孝『ハイデガーの根本洞察』（二〇〇八）を参照のこと。

(13) あるいは、可能存在であることを重視する中で現事実性の位置づけに関する迷いが誕生の分析の欠如に現れているのかもしれない。ハイデガーは「私は現存在の探求にさいして死のみを問いに引き入れ、誕生をもそうしていないのはどうしてかとひとは既に私に（中略）尋ねた。私がそうするのは、誕生は単に現存在の別の端であって、死と同じ問題設定で取り扱われうるし、それが許されるという見解を持っていないからである」（Bd. 40, 124）と述べている。筆者も被投性と企投の非対称性に応じて誕生と死は非対称的であると考える。

また誕生と被投性に関しては、森一郎氏が『死と誕生』（二〇〇八）において、九鬼周造の偶然と出生の議論（『偶然性の問題』）、またハンス・ヨナスが世界への転落、沈下、捕囚というグノーシス的モチーフを被投性の概念と重ね合わせて解釈していること、また和辻哲郎の『風土』を取り上げつつ「風土」とは空間論の掘り下げではなく「最も魅力的な概念であった被投性の一展開」であるとし、「この書の中で打ち出された「被投性」というカテゴリーが、いかに深甚な影響を二〇世紀思想に及ぼしたかがよく分かる」（一五頁）とし、ハイデガーの被投性概念の重要性を一定程度評価している。他方で森氏はハンナ・アーレントの「出生性」概念（『人間の条件』）は「被投性」にゆかりがありながらも、むしろ「始まりへの存在」として「自由」、「企投」を表しているとして、アーレントをより評価している。

(14) ただし被投性のこの意味、すなわち「存在しないこともありえたということ」に関しては、森氏によれば、全集二七巻『哲学入門』（一九二八／二九）において初めて指摘されることであり、それゆえに『存在と時間』よりも一層進んだ規定であるとしている（九六頁）。

また周知の通り、偶然性に関しては九鬼周造『人間と実存』（一九三九）の「偶然の諸相」の秀逸な分析を参照されたい。その中で九鬼氏は、われわれが日本人であること、人間であることの偶然性に関して、百年に一度海から頭を出す不死で盲目の亀が頭を出した瞬間、海中に漂う浮木の孔にたまたま遇うということであるという譬えを用いつつ、この譬えの「形而上学的の味」を言う。「原始偶然は形而上学的遊戯の賽の目の一つである。原始偶然は「我」に対する原始的「汝」である。しかもその「汝」はまず最初に「我」の中に邂逅する「汝」である」（一四七、一五二頁）。

（15）　こうした「非-性格」や「非性」に関しては、『哲学入門』にて捉え直されている。現存在の自己了解には「そもそも存在しないこともありえたということが属するのみならず、もはや実存しなくなることも不断にありうるということも属する」（EP 321f.）ということと関係して、現存在は「不断にこうした非に沿って実存している」（EP 322）として捉え直されている。

（16）　ハイデガー自身はここで「絶えず現存在は別の可能性ではなく（*nicht*）して、そして別の可能性を実存的企投において放棄してしまっている。企投はただそのつど被投的企投として根拠存在の非性によって規定されているだけではなく、むしろ企投自体として（*als Entwurf*）本質的に非的（*nichtig*）である」（SZ 285）というように、企投自体の非性を被投性と区別しており、あたかも企投自体の非性は被投性に属していないかのように論じているが、ハイデガー自身が非性を被投性の実存論的意味としていることに鑑みるに、企投自体の非性も被投性の一種であると捉えるべきである。加えて、この非性は「頽落における非本来的な現存在という非性の可能性にとっての根拠」（SZ 285）、つまり非本来性の根拠でもある。すなわち、先に述べたように、非性は無意義的自己の呼び声、死への先駆と連関して本来性、責めある存在への誘いでもあるのだが、他方で、そのように自らを掌握していない、変動しうる脱底的存在であるからこそ、非本来性・本来性という様態の変化も生じるということであろう。これはまた、被投性の二重性に呼応する。

（17）　グレーシュ氏もこの非性、「〜ではない」の「存在論的地位」に関して「この問題は、「形而上学とは何か」において別の文脈で捉え直されることになる」（『『存在と時間』講義』三三八頁）と述べている。また森氏もハイデガーが「現行『存在と時間』の最深部とも言うべき良心論において、現存在の根底に「非力さの根拠であること」（SZ 283, 285）という意味での深淵が幾重にも口を開いていることを見出した」（森前掲書七三頁）と述べ、被投性の深部がこの点にあることを指摘している。

（18）　フォン・ヘルマン氏は被投性が過去分詞で表されていることを、「常に既に置かれている根拠に基づいて現存在が存在する」

という現存在特有の根拠の様式に由来すると捉えており（S. 74）、「企投と被投性の内的連関、被投性による企投の条件付け」は責めある存在にて「最も鋭く表現されている」としている（S. 75）。この結論に関しては筆者の見解と同様である。ただし、同氏は根拠が企投に先行していると解釈しているが（S. 76）、論拠は不明瞭である。

（19）グレーシュ氏、ひいてはリクール氏が主張しているとおり、「少なくともハイデガーから受け継ぐことができるのは、良心を他者の他性に還元できない独特の他性（および受動性）の一源泉として認めなければならない、という論点である」（『存在と時間』講義』三四九頁、『他者のような自己自身』三八三頁参照）。

（20）ただし、このとき現存在はあくまで選択の場に自らを引き戻したに過ぎず、「真理（決意性＝世人に支配的な被解釈性への喪失からの自己の取り戻し）と非真理（非決意性＝世人への喪失）の内で等根源的に保持されている」（SZ 298）。そのため、「現存在はそのつどすでにそしてその後でおそらく再び非決意性の内にいる」（ebd.）。

（21）決意性は「実存的無規定性」及び「実存論的規定性」（現存在のあらゆる実存的な存在可能を可能化する実存論的規定性）によって特徴づけられると言え、決意（そのときどきの現事実的可能性の企投）としてのみ「ある」。

（22）本章注（2）を参照のこと。

（23）この自己は主観との対比において捉えられねばならない。ハイデガーによれば、カントは自我を「我何かを思う」ではなく単なる「我思う」として捉えたため、「何か（を）」（「我思う」のアプリオリな内容）の付随の存在様式としての世界現象を明示しなかった。ゆえに自我は「存在論的に完全に無規定的」であり「諸表象に伴う孤立的・無世界的な主観」へと戻ってしまう（SZ 321）。そして主観の存在論的概念はつねにすでに眼前なるものの自同性・存続性・実在性（SZ 320）であり、諸表象と自我の不断の共眼前存在（SZ 321）である。そしてこうした自己了解は世界から自己を了解する日常的自己解釈（ebd.）に基づく。自己はその際、被投的企投の眼前なる根拠であるかのように見える（SZ 322）。

（24）本文で論じているように、歴史性はさしあたり死への先駆に基づいて現存在の実存の全体性を構成する実存的契機として位置づけられる（「現存在の歴史的実存としての了解は実存的了解である」（GP 393））。ただし「（実存論的構造である）時間性の具体化」でもある歴史性の位置づけは曖昧であり、徐々に実存論的・存在論的な次元へと深められていく。そしてこのことが前期から中期・後期への移行と密接に連関している。

（25）以下の引用も参照のこと。「現存在の生起の種別的動性（Bewegtheit）と固定性（Beharrlichkeit）という種別的伸び拡がり（Erstreckung）の分析でもって、研究は時間性の発掘以前に無規定的なままにしていた「自己の不断性（Ständigkeit）」の問題へと戻る」（SZ 374, 375）。それは「将来的に既在する反復」、「先駆しつつ反復する瞬視」という「既に伸び拡げられている本来的・有限的な時間性」から生じる「伸び拡げられた不断性（die erstreckte Ständigkeit）」である（SZ 390, 391）。

（26）「被解釈性」とは、現存在がさしあたって不断に委ねられているところの平均的な了解（SZ 167, 168）であり、新しい発問や対決を抑止する（SZ 169）。以下の引用も参照のこと。「こうした日常的な被解釈性のうちへと入り込んで、現存在はさしあたって生育してゆくのだが、そこから現存在は決して脱け出ることはできない。この日常的な被解釈性の中で、またこの日常的な被解釈性から、またこの日常的な被解釈性に抵抗して、すべての真の了解すること、解釈すること、伝達すること、再び暴露することや新たに我がものとすることが遂行されるのである」（SZ 169）。

（27）以下の引用も参照のこと。決意性とは「特定の決意（被解釈性への没入）の放棄（Aufgeben）への自由」（SZ 391）である。また、現存在の生起は「共同体（Gemeinschaft）・民族（Volk）・「世代（Generation）」の生起」としての「共同運命／歴運（Geschick）」（SZ 384）である。「〔共同運命／歴運によって〕諸々の運命は先行的に既に導かれていた」のであり、個々の現存在の「伝達と闘争」において「共同運命／歴運の力（Macht）は自由になる」（ebd.）。そして「現存在の運命的な共同運命／歴運は、その「世代」において現存在の完全な本来的生起を構成する」（ebd.）。すなわち現存在の生起は共存在に基づいた共生起であり、先人の生起によって導かれている。

（28）ここで述べられている既在的・将来的他者は、原理的に同時代人、そして以前の／将来の自分自身を排除しないことに注意されたい。

第三章

過剰な歩み——超越と歴史

1　第三章の問題設定

本章では、『存在と時間』（第一部第二篇「現存在と時間性」）とその周辺著作における議論展開の問題点、すなわち『存在と時間』のいわゆる「挫折」の原因を、第一章で指摘した被投的企投の問題点との連関から明らかにする。周知のとおり、『存在と時間』の「挫折」とは『存在と時間』当初の構想に組み込まれていた第一部第三編「時間と存在」以降が書かれないままにされたことを指す。[1] そして、ハイデガーは後に「挫折」の原因について「形而上学の言葉の援用」（Wm 327, 328）を挙げている。では、何が「形而上学の言葉」に当たり、いかにして「その援用」によって「時間と存在」の議論、すなわち存在の問いの生起が阻まれたのか。筆者の考えでは、存在の問いの生起のためには、「地平」や「可能性の条件」、「超越」といった伝統的形而上学の言葉のみならず、「企投」、「現存在」、「実存」、さらには「被投性」といったハイデガー自身の用語、そうした「形而上学の言葉」と密接に連関する学的企投の方向と様式が修正されねばならないのだが、そのためには、とりわけ被投性の意味が、有限性や歴史性の解釈と共に修正されていかなければならない。[2] すなわち、解釈者であるハイデガー自身の次元での被投性が学的企投においても免れない被投性として真剣に自覚されねばならないのである。

さらに言えば、筆者の考えでは、『存在と時間』のいわゆる「挫折」は、その後も繰り返しなされていく思索の試行錯誤と自己批判の一環でしかなく、『存在と時間』だけの固有の問題であるわけではない。「自ら挫折の中に立って思索する仕方」、「自ら挫折しつつ思索すること」は「存在から思索に届けられうる唯一無二の贈物」（Wm 343）[3] であり、「挫折」は、自己批判と組みになって、言わばハイデガーの思索のスタイルの一つである。ハイデガーの著作は、ハイデガー自身が自己言及するとおり、「試み」＝「道」であり、その原理上全てが「未完」であり全てが「挫折」である。全ての著作が他の著作と補い合い、内容を豊かにし、加えてわれわれによる議論展開を、試みと誤りを待っている。無論、このことは解釈学的に見れば、全ての書物、全ての事柄に該当することである。だが、それを極めて自覚的に、しかも存在の問いを問い進める一環として行なったという点に、ハイデガー特有の思索の一貫性と真摯さが伺える。ハイデガーは形而上学解体のみならず、自身の思索の解体を行なっていくと言えよう。

こうした問題意識のもと、本章では、『存在と時間』の時間論、そして『存在と時間』と同時期に書かれ、その議論の補完であるとされている『現象学の根本諸問題』(一九二七)[4]、『論理学の形而上学的始原』(一九二八)等を参照し、前章までに示された被投的企投の意味がいかに展開したかを論じる。具体的には、まず現存在の存在と時間の「脱自性格」を論じ、第一・二章にて詳述された存在の問いの生起の準備が『存在と時間』の時期に最終的にどこまで整っていたかを示す(第2節)。その上で、現存在の時間性の「脱自性格」と対である「地平性格」に対する疑問を「可能性の条件」や「超越」と企投様式及び領域との連関において論じ、その修正の必要性を示す(第3、4節)。最後に、その修正の方向性を時間の有限性としての歴史性の内への被投性の捉え直しに見出し、中期・後期における「存在の歴史」との連関を示唆して、第四章・第五章の議論へと導く[5](第5節)。

2　現存在の存在と時間の連関——時間性の脱自性格

現存在の日常的な存在と時間

まず、「存在と時間」の日常的経験に関するハイデガーによる分析を確認しておこう。存在と同様、時間が日常において主題的に捉えられることはめったになく、現存在のあれやこれやの用事のためにたえず利用されている〔「世界時間（Weltzeit）」（SZ 414）〕。そして、そのように日常的に親しまれた時間が主題化される場合には、時間は時計によって数量的に測定されうるところの均一化された「今の連続」として了解されることが常である〔「今・時間（Jetzt-zeit）」（SZ 417）〕。「今・時間」においては、「世界時間」において部分的に明らかにされていた現存在との連関、つまり世界ないし世界内部的存在者との連関、誕生と死及び過去や未来との連関が捨象されているため、時間は始まりも終わりも持たず、「無害」（SZ 425）で「無限（unendlich）」（SZ 424, GP 385, 386）であり、眼前存在するかのように捉えられる（時間の有限性の忘却[6]）。

そして、こうした時間の有限性の忘却に基づいて存在忘却がなされる。現存在は自らが今の連続を「次々と跳び渡ってゆく」（SZ 373）ように存在していると考える。それゆえ、現存在の存在は、未来と過去との不可分さが捨象された「現在」との連関において、可能性と現事実性の不可分さが捨象された「眼前存在」として了解される。「死すべきもの」としての自己認識にもかかわらず、われわれは「今」の自同的連続性に対応する自己存在の自同的連続性（存在の存在者化）に基づいて未来を予定する。つまり、われわれは通常、「過去」はかつて生じたがもう済んで「現在」が生じており、「未来」がいずれ来るというように、そのつどの「今」が次々と来着しては過ぎ去るというように時間を捉えている。

現存在の存在と時間の脱自性格

しかし、第一章にて議論したように、われわれが「死すべきもの」として「過去」に誕生しただけでなく「死すべきもの」であることを自ら引き受け直すことで死につつ誕生しつつあり、つねに既に「未来」における死の可能性によって不断に構成されることを経験する限りにおいて、「未来」も「過去」もわれわれ人間存在に属す時間、すなわち「将来（Zukunft）」（SZ 325）と「既在性（Gewesenheit）」（SZ 326）となる。つまり、もはや世界の内に存在しえず時間を持つことができないという可能性（死）が了解されることにより、まだ世界の内に存在しておらず時間を持っていなかった状態があり、そこから世界の内に投げ込まれ、時間を与えられたという自らの現事実性（誕生）へとそのつど連れ戻され、自らの存在と時間を自ら把握しきっているのではなかったということが明らかにされる（時間の内への被投性）。ここで被投性と企投、現事実性と可能性がそれぞれ明確に時間的に特徴づけられている。

そのように「将来」と「既在性」の「合奏」において自らの「存在と時間」の有限性が明らかにされることで、今、私が時間を持ちつつ存在しているのは当然ではないということが了解される〔「現在（Gegenwart）」としての「瞬視（Augenblick）」（ebd.）〕。そこでは「決意性が開示する現前するものを自らに偽らずに出会わせること」（ebd.）（GP 407）がなされる。つまり、他の存在者のもとで、あるいは他の存在者と共に自らが存在しえないということも十分ありえたにもかかわらず、そして今まさしくあるのではない仕方でありえたにもかかわらず、私は今――言わば奇跡的に――世界と時間を共有しつつ他の存在者と一緒にこのように存在している。他方、この状態がいつまでも続くこと、自己や他者の永遠存在をどれほど望んでも叶わない。人は、世界は、たえず密やかにその姿を変えていく。

このように「将来」、「既在性」、「現在」という不可分な三契機〔「脱自態（Ekstase）」〕から成る、現存在の存在を規定するところの時間は「時間性（Zeitlichkeit）」（SZ 326）と名づけられる。時間性は「おのれに即してかつおのれに対して（an und für sich）、根源的な「おのれの-外に（Ausser-sich）」脱け出ている脱自それ自体」（SZ 329, GP 377）であり、時間は「脱自的（ekstatisch）」（SZ 329）に「存在」する。脱自存在は「それがそれでないところのものに成る」という自らではない別の何かへの生成変化、運動であり、「おのれを時熟させる（sich zeitigen）」（ebd.）というそのつどの成熟である。そうした成熟は、眼前なるものがそれに基づいて閉鎖的・静止的に「存在」するところの「それがそれであるところのものである」という「自同性」ではなく、「それがそれであるところのものでありながら、なおかつそれでないところのものである」という「自異性」を表していると解釈しうる。現存在の有限的で脱自的な「存在と時間」には、自同性、「今-連続」を拒むもの、それゆえに現存在の存在が問われるべきになるところの「他性」が属す。現存在の「存在と時間」はつねにその内に「異同」を抱えており、それゆえにたえず問われ直されねばならない。

こうした「存在と時間」の脱自性格の分析は、筆者の考えでは、第一章、第二章で分析した被投的企投＝存在を問いうることの生成運動構造の時間的観点からの強調である。企投の特徴づけとして用いられていた「汝がそれであるところのものに成れ！（werde, was du bist!）」（SZ 145）は、こうした「それがそれであるところのものでありながら、なおかつそれでないところのものである」という「自異性」として先鋭化される。そして、被投的企投の生成運動こそがやはり存在を同一視できないもの、不安定で問うべきものであらしめていると考えられる。

3　時間性の地平性格への疑問

時間性の地平性格への疑問

ところで、現存在の存在と時間の「脱自性格」は「脱出の「何の内へ（Wohin）」」（SZ 365）、「脱出方向」（GP 435）としての「地平性格」（「地平的図式（das horizontale Schema）」）を持つ（SZ 365, GP 378, ML 256）。そして、確かに地平は予め定められ与えられているものではなく、諸脱自態が自らを変様させつつ時熟する仕方に従ってそれ自体を変様させる（vgl. GP 428, 435）。

しかし、「脱自性格」と区別されていることから既に明白であるように、「地平性格」は「脱自性格」と異なる特徴を持つ。そして、後期に至るまで徐々にその意味が変化しながらも議論され続けた存在の「脱自性格」[7]とは対照的に、ハイデガーは後年、『存在と時間』第八節における同書の構想の、実際には書かれなかった第一部第三篇「時間と存在」の注釈として（SZ 39欄外注記b）「地平そのものの克服（Überwindung des Horizonts als solchen）」（SZ 440）と書き付けているのであり[8]、実際に意味地平については徐々に論じられなくなっていく。では、時間性の地平性格のいかなる点が克服されねばならなかったのだろうか。筆者の考えでは、地平の克服の問題は最終的には地平形成にて主導的な役割を担うところの企投の方向・様式の修正という問題、第一章で指摘していた被投的企投の問題点へと繋がる。まずは地平概念について分析していこう。

地平は、上述のように脱自運動と連動する一方で、「脱自態を超え出て存するもの」（GP 428, 435）、「視圏の周域」（ML 269）、「脱自態がそれ自身を囲い込み線引きするところの脱自域（Ekstema）」（ebd.）として特徴づけられる。囲い込まれた領域としての地平は、当然ながら囲い込みの外部を排除することによって成立する。例えば、将来はそれ自身を囲い込むことによって「将来性一般、すなわち端的な可能性」（ebd.）、「その内部で或る限定された可能的なものが何か期待されうるところの可能性一般の地平」（ebd.）を生み出す。ここで将来性及び可能性が将来性及び可能性「一般」となっていることに注意されたい。既在性及び現事実性と不可分で考えられている将来性及び可能性は将来性及び可能性「一般」というように一般化しては捉えられないのではないだろうか。同時に「存在一般」という表現への懸念も高まる。つまり、これは先に現存在に相応しい時間性格ではないとして退けられた、既在性を排除した将来、あるいは現事実性を排除した可能性ではないかと疑われる[9]。もしそうだとしたら、こうした地平の統一も、脱自的統一であるとされているにもかかわらず脱自性格と相反するものであり、自らの内に閉鎖的・固定的な眼前存在、自同性への傾向を持ってしまうと考えられる。言い換えれば、時間性の「地平性格」

の強調はむしろ、現存在の「存在と時間」の把握しきれなさを軽減し、現存在と主観との区別を曖昧にしてしまい、存在の問いから目を背けさせる危険を有するのではないだろうか。慎重な吟味が必要である。

「可能性の条件」としての時間地平

そして、こうした脱自性格の軽減への懸念がさらに深まるのは、地平が「現存在の存在と存在了解の可能性の条件」（SZ 324, GP 377, 429）として明確化されるためである。存在問題の再構築――ちなみにこの課題はここでは存在了解の学的遂行として「存在の主題化／対象化」（GP 322, 398）と言い換えられているのだが――に向けて、現存在の存在の「可能性の条件」のみならず、「現存在自身の実存と共現存在の実存、世界内部的存在者の存在（眼前存在・手元存在）」（GP 395, 396）、「最広義での眼前存在という意味での存在」（GP 429, 430）[10]である「存在一般」の「可能性の条件」、ひいては現存在における「存在一般」の了解（「存在論的・実存論的了解」としての「存在了解（Seinsverständnis）」（GP 395-398））の「可能性の条件」が明らかにされねばならないとされる（GP 323, 324）（ML 171, 196-198）。ここで「存在の主題化／対象化」という表現とともに「眼前存在」という表現が使われていることにも注意されたい。ハイデガーは存在一般を捉える段になって存在者全体における存在の他性を軽減しつつ、企投を、学的企投として明らかに主観作用へと近づけようとしている。そして、細川氏等が指摘するとおり、存在了解の可能性の条件である地平、「テンポラリテート（Temporalität）」は「存在者の了解、存在企投、存在了解、時間への企投といういわば互いに直列に接続し合って層を成している一連の諸企投の可能性の根源／根本条件」として「それ自体において根源的な自己企投そのもの」（vgl. GP 396-398, 434-439, 444, 452）、「〔存在者への関わりの可能性や存在了解の可能性といった〕あらゆる可能性（「ア・プリオリ」）を可能にする可能性それ自体、可能性一般の根源、根本条件（「ア・プリオリ」）」、「本質性」（vgl. SZ 419, GP 461-463）であるとされる[11]。

つまり、存在／存在了解の「可能性の条件」としての時間地平は「可能性一般」、「諸可能性の根源」であり、存在／存在了解が「何でありうるか」というあらゆる可能性の汲み尽くしとしての、存在／存在了解が「何であるか」という伝統的形而上学における本質（歴史的実存に先行する固定的な本質）の先行的想定に限りなく近くなっており、むしろハイデガー自身がそれを明確に示していると言える。別言すれば、ここで述べられている「可能性の条件」の「可能性」は、先述した現存在の固有の存在可能性の企投における、現事実性と不可分であるところの「可能性性格」を持つ「可能性」とは異なる意味になってしまっている。

確かに、この「可能性一般」・「ア・プリオリ」は「先行性という時間規定」（GP 462）ゆえに「無時間的」ではなく「時間的」（ebd.）であるとされているが、こうした時間了解は「以前と以後の地平の内で出会われる運動の数えられるもの」（アリストテレス）（vgl. GP 333-361）といった伝統的形而上学における時間の想定（「無時間性」）に再び巻き込まれている。というのも、地平が「時間的」であるとする論拠としての「先行性」は、実存に先行するために実存によって左右されずに「絶えず可能化する」「可能化の機能性格」（GP 462）という意味でのア・プリオリで超越論的な「先行性」でしかなく、人間の実存に根ざした有限的な時間性からはもはやかけ離れ、伝統的形而上学における実存と本質の枠組みにいつのまにか戻りかけてしまっているとさえ言えるからである。別言すれば、この「先-（Vor-）」の意味するところは、既在性、歴史性ではなく超越性へと変化していると言えよう。「存在の問い」の生起のためには、存在／存在了解の訝しさが捉えられねばならず、そのつどの実存と呼応する存在の本質の変動の可能性が視野に入られねばならないのだが、「可能性の条件」としての「地平」という「形而上学の言葉」による「存在の問い」の基礎づけ、時間地平の先行性（超越性）の確保の目論見においては、それは困難だったと言えるだろう。

存在を時間という地平に基づいて基礎づけようとする試みの困難は、そもそも先の時間性の脱自性格の議論において、存在の時間性格、「存在の時間」を議論する際に、既に否応無しに「時間の存在」としての「時熟」について言及せざるをえなかったこととも密接に関わる。「存在と時間」は少なくとも一方向的な形而上学的基礎づけ関係にはない。確かに、ハイデガー自身『存在と時間』第三編で「時間と存在」について論じることで双方向的な基礎づけを論じようとしていたのは明らかである。しかし、あくまで「可能性の条件」として時間を設定してしまうという基礎づけの仕方ではこうした双方向的な基礎づけには辿り着けなかったと言えよう。ここにおいて、存在の問いの生起のためにはいかに学的に企投すればよいのかという問いに関する一つの「「解決」」（SZ 148）が示され、それによって「真に挫折」（ebd.）することができた。では、どのように修正すればよいのだろうか。それはやはり、「被投的企投しつつある世界内存在の存在の問いを改めて設定する」（ebd.）こと、すなわち世界内存在、被投的企投を捉え直すことである。とりわけ世界内存在と時間地平の二重構造が時間的な世界地平、すなわち歴史という「地平」として捉え返されていかねばならないのであり、実際にこの後ハイデガーはそうした修正の道筋を辿るのである。

では、何故ハイデガーは自身の諸可能性において、さまざまな思索の道の中でこの方向の道へと一歩踏み出したのだろうか。筆者の考えでは、ハイデガーはやはり存在問題の再構築を学的に遂行するために、存在了解の基盤を学的に磐石なものにしようとし、実存との呼応や頽落と切り離しえない現事実性の内への被投性といった不安定で意のままにならない契機を削ぎ落す方向へと突き進んだが、それによりかえって「存在の問い」の生起から離れてしまっている。「存在の問い」の生起のためには、存在了解の基盤はあくまでそのつど揺らぎをもつものとして捉えられなければならず、それどころか一方的に基礎づけるものとしての基盤の放棄が必要となる。そして、ハイデガー自身がテンポラリテートに関して「われわれはここでは時間の有限性の問題に入って行けないため、これ以上根源的にこれを基礎づけることはできない」（GP 437）と述べ、テンポラリテート解釈における時間の有限性の議論の不十分さを自ら認め、この解釈の限界を示唆する。こういった点にハイデガー自身の被投性の自覚と、絶えざる自己問答というハイデガーの思索の姿勢が伺える。

4　企投及び被投性の洞察の修正の必要性

企投の修正の必要性

では、テンポラリテートによって可能になるところの、そしてまたテンポラリテートを存在了解の可能性の条件として明らかにするところの「明確な企投」（GP 399）、つまり地平獲得としての企投はいかに特徴づけられるだろうか。ただしハイデガー自身は、以上の、そしてさらに以下に論じられる存在了解の地平の確保は「無規定」、「不確実」、「暗中模索」（GP 458, 459）であると当時既に認めており、実験的に試みることをわざわざ表明している。なぜなら、それは無論「必然的に存在者への日常的な関わりに反する或る企投方向の内で動くこと」（GP 459）になるため、ハイデガー自身にとっても不案内で不慣れなものだからである。「現存在それ自体の歴史的実存においては結局誤った解釈が遂行されざるをえないため、テンポラリテートの解釈の内にもやはり誤った解釈が覆蔵されているはずである」（GP 458, 459）（強調は筆者による）。ハイデガーの絶えざる自己批判には目を見張るものがある。彼は新たな思索の道を切り開きながら、その最中に自らの歩みを誰より批判的に吟味していた。こうした前提においてではあれ、ハイデガーがいかに地平企投を特徴づけたのかを以下に見ていこう。というのも、こうした「迷い道」、あるいは「迂路」の「修正を通して初めて本来的諸現象に至る道が獲得される」（ebd.）のであり、形而上学的傾向を持ち、かつ形而上学的伝統に曝されているわれわれが存在を問うためには、このように行きつ戻りつしながら進むしか道はないのだから。

地平への存在の企投と存在論的差異の明確化

そして、地平への存在の企投は、存在了解において「存在者の了解（存在への存在者の企投）を可能にするところの或るもの（時間地平）への存在そのものの企投」（GP 396-398）としてつねに存在への存在者の企投と「パラレルに」[12]なされる。それゆえに地平への存在の企投には「存在と存在者の区別（「存在論的差異」）の遂行」（GP 454）（ML 193, 199）がつねに伴う。ここで存在了解は第一章で論じられた実存における「存在的・実存的了解」としての、「存在可能性への存在者としての現存在の自己企投」（GP 392）、「実存という意味での存在の了解」（GP 395）としての素朴な「存在了解」とは明確に区別され、「存在論的・実存論的了解」（GP 396-398）として、存在構造の「理論的見通し」（SZ 12）としての学的な了解として捉え直される。学的・理論的企投の基盤を確保しようとするがゆえに、「実存的・実存論的」および「存在的・存在論的」という区別、そしてそれに応じて実存と存在了解の区別が強調されつつ、まず「基礎的存在論」において実存論的・存在論的な存在了解のみが取り出されることになり、「存在の問い」の基盤としての存在了解は実存から切り離されていくことになる。別の見方をすれば、それゆえにまた伝統的な超越論的企投の「反復」が可能になるとも言えよう。しかし、超越論的企投はいかなる被投性に従っているのか。その自覚が徹底されねばならない。

第一章で述べたように、そもそも企投は了解の構造として「了解の基盤」＝「意味」と不可分であり、企投基盤＝意味は、企投における主題化傾向を強めた解釈、その「解釈の根底に潜んでいる企投の追跡により開示されうるようになる」（vgl. SZ 324）のであった。企投はその構造からして現事実的実存を超えつつ絶えず可能化する超越論的基盤を与えることに容易に結びつくのであり、実際にハイデガーはその方向へ思索の歩みを進めたと言える。

地平への存在の企投とプラトン的企投

存在了解の可能性の条件としての地平への存在の企投について論じる際、ハイデガーは――「哲学はその重要な問いにおいてプラトン以上には前進していない」(GP 399, 400) と述べながら[13]――「より先なるもの」として「実存／存在の彼方に超出している」善のイデア(光)のプラトンによる学的企投(GP 401-405)を引き合いに出す。「存在の主題化」としての存在企投は、われわれがかつて神と共に存在者を超えて見ていた頃に見たことがあるが、忘却しているところのイデア、存在企投を可能化するところの「より先なるもの」の「想起(アナムネーシス)」(プラトン『パイドロス』)として描かれる(GP 463-465)[14]。すなわちハイデガーは、明確な存在企投のまさにその瞬間において、プラトンを自らの「英雄」として選択しつつ、いわゆるイデア的な基礎づけ、形而上学的企投の方向へと向かうのである。

「基礎的存在論」と「メタ存在論」――被投性の経験の深化の必要性

他方で、こうした「実存論的・存在論的」次元に関する「基礎的存在論(Fundamentalontologie)」／「形而上学的オントロギー(Ontologie)」の議論と同時期に並行して、「実存的・存在的」次元に関する「メタ存在論(Metaontologie)」／「形而上学的オンティク(Ontik)」の議論が行なわれていることには注意を払わねばならない。そもそも「基礎的存在論」とは端的に言えば、現存在の実存／存在了解の根源化により「存在の意味への問い」を立てるために、現存在の実存／存在了解がそれに基づいて為されているところの時間性という超越論的基盤を問い求める議論であった。それに対して、「メタ存在論」は、現存在の存在了解が現事実的実存に、ひいては「存在者の可能的な総体性」の既在としての「自然の現事実的な眼前存在」(ebd.) に基づいて成立しているため、「存在者全体の主題化」もやはり問題としなければならないという「独特な問題系」（ebd.）を指している〔「メタ存在論的-実存的な問いの領域」、「実存の形而上学の圏域」（ebd.）〕。そして「メタ存在論」は「基礎的存在論」の時間地平の徹底化・普遍化における「〔「基礎的存在論」に〕潜在的な転換（Umschlag）」、「転回《ケーレ》（Kehre）」（ML 199-201）として成立するとされるのだが、これもひいては被投的企投の内的連関の変様の問題である。

では、「メタ存在論」は実際のところ「基礎的存在論」のいかなる転換であると言えるだろうか。それは、「基礎的存在論」の枠組み自体を揺さぶるような転換（「基礎的存在論」からの転換）であろうか、それともあくまで「基礎的存在論」の枠内での調整程度の何らかの転換（「基礎的存在論」における転換）であろうか。

「基礎的存在論」と「メタ存在論」の統一はいかにして為されるのかと言えば、まだ現事実的に実存していない「現存在一般」の「形而上学的本質」（ML 172-174, 232）〔「現存在の形而上学」（ML 175, 176）〕、あらゆる存在者を予め飛び越えていることとしての「超越（Transzendenz）」（ML 212）[15]においてなされるとされる。

「超越」において現存在は自らの内的諸可能性全体を世界として自らに与える（ML 172-174, 232, 247, 252）[16]。その諸可能性全体は、その諸可能性の過剰の或る「制限」、「実現」、「不足」として露になるそれぞれの（現）事実的存在者（現存在としての存在者も現存在ではない存在者も含めた広義の自然）よりも本質的に「それ以上」であり、それらを凌駕している（ML 248-251, 280）。確かに、こうした超越も「存在者の世界への進入（Welteingang）」（ML 249, 251, 272, 280）[17]において（現）事実的存在者が全体において暴露にされ、そうした存在者の「抵抗」（ML 247）に対する形而上学的「無力」（ML 254, 279）を経験する可能性を含んでおり、そうした意味ではやはり被投的ではある。加えて、「存在者の世界への進入」は、それが現存在と（現）事実的存在者との出会いである限りで「原歴史（Urgeschichte）」（ML 270）であるとさえ名づけられる。

「メタ存在論」において評価されるべきは、被投的企投における存在者全体の内への被投性に焦点が当てられ、その際の存在者が『存在と時間』においてのように基本的に「存在者から存在を了解してはならない」とされるときの乗り越えられるべき存在者（いわゆる存在者）としてではなく、存在の問いの生起にとって或る種積極的な意味で捉え直されているという点である。そしてそれは『存在と時間』において既に「反意味的なもの」、「自然の脅威」、「了解不可能なもの」といった仕方で暗示されていた。また、「メタ存在論」において歴史の意味の捉え直しが開始されているという点も看過されてはならないだろう。そしてそれは、筆者の見るところ、後の「大地と世界の争い」としての「存在の歴史」へと繋がっていく。

だが、「存在者の世界への進入」という被投性はあくまで「超越」という「原企投（Urentwurf）」（ML 247）の枠組みにおいてのみ与えられるのであり、ゆえに「存在者の世界への進入」の内実は、現存在にとっては存在者の既在の内への被投性、すなわち第一章にて既に捉えられていた根源的被投性の多奏性が限定されてしまった「存在者の只中への被投性」でしかない。つまり「メタ存在論」における被投性は、確かに現存在の固有の存在に限らず存在一般の「（現）事実性」を視野に入れて捉え直され始めているが、他方で先述の現存在の存在の多奏的な被投性の深化どころか、被投性を実存的レベルでのみ捉えようとする根源的被投性の軽減になってしまっている[18]。それゆえ、この被投性は超越の様式自体を変様させるほどの力を持っておらず、むしろ超越という企投様式の「支え（Halt）」（ML 247）となっていると言える。この被投的企投の方向は「根拠の本質について」（一九二九）においてさらに明確に展開されるのだが、これに関しては第四章にて詳細に論じる[19]。

こうした被投性と企投の連関に応じて、「メタ存在論」は基本的に「基礎的存在論」の枠組みの内部での転換であると考えられる。言い換えれば、「メタ存在論」はそもそも「基礎的存在論」の「実存論的」基礎づけを補う「実存的」基礎づけとして導入されているため、「実存的・実存論的」および「存在的・存在論的」という区別も、「基礎的存在論」を支えている超越論的な枠組みも維持されたままである。「メタ存在論」は「基礎的存在論」において獲得される存在了解の基盤を補助しつつ支えるところのものでしかなく、先述の歴史的に実存している個々の人間存在の現事実性の重奏性を捨象した地平獲得としての超越に基づいた（現）事実的存在者の捉え方に留まっている。

ちなみに、こうした超越＝世界内存在が存在了解でもあるのは、世界が「眼前なるもの／存在者-でないもの」として「根源的無」であり、存在者を存在者として了解させるという意味において存在であるからである（vgl. ML 252, 272, 282)。つまり、「根源的無」としてここで問題にされている存在は、超越において存在者が乗り越えられ、存在者と区別されること（存在論的差異）により明らかにされる存在である。こうした存在は、やはりどこまでも（いわゆる）存在者の側から捉えられた存在（眼前存在）であり、「存在問題を問うことを妨げる柵になる」(BP 250)。つまり、われわれが現存在の存在と時間の脱自性格を遵守するために批判的に検討してきた「存在論的差異」および「超越」を担う企投は、やはり後に克服されるべきものとして明らかにされていく。そうした意味では、やはり「企投」自体が——そして「企投」と対である「被投性」も——「形而上学の言葉」として捉え直されていくと言えよう。これについても第四章及び第五章で詳述する。

5　歴史性から「存在の歴史」へ——ハイデガー自身の被投性の自覚の深まり

存在企投の有限性と歴史性の連関

以上、「可能性の条件」として機能する地平への存在の企投がその有限性＝被投性からもう一度捉え直されねばならないことが確認された。何故ならば、上記の存在企投は——「メタ存在論」を考慮に入れても——地平の固定化、現行の存在企投の絶対化であり、「存在の問い」の遂行としての被投的企投から離れてしまうからであった。では、存在企投の有限性は、第二章で述べた死から規定されるところの有限性であろうか。存在企投の有限性は、「死という難問と連関して」（GP 387）いながらも、死による現存在の存在の有限性とは別の「時間性の固有の有限性」（GP 386）であることが示唆されている。他方で、「時間の有限性」はまた、テンポラリテートの議論の限界として、「われわれは時間の有限性の問題に入って行けないため、これ以上根源的にこれを基礎づけることはできない」（GP 437）とのみ述べられていたのであった。では、テンポラリテートへの存在の企投を絶対化から救い、その根源的な被投性へと立ち戻らせるところの有限性とはいかなるものであろうか。それは、死と連関するもの、かつ「時間性の具体化」であり、まさにその捨象、あるいはそれとの区別により「超越」や「地平」の学的企投が可能になったところの、先述した歴史性の内への被投性であろう。ただしその場合、歴史性は、第二章で述べたように『存在と時間』においてはまだ基本的に現存在の実存の歴史性として論じられ、また「メタ存在論」においても「世界への存在者の進入」としての「原歴史」も実存的なものとされていたため、「存在了解の歴史性」（ML 197）の次元において改めて捉え直されねばならない。『存在と時間』では時間性が根底にあり、そこから「時間性の具体化」として歴史性が導出されるとされていた。しかし、世界と時間の二重構造が修正されるべきであるのと同様に、歴史と時間の二重構造も解消されるべきである。われわれはあくまでこの世界・歴史の内に留まりながらしか、「存在の問い」を立てることはできないのだから。「存在了解の可能性の条件」としての「テンポラリテート」というハイデガー自身の学的企投、そうした「存在と時間」の企投が、歴史的に規定され変動の可能性を含みながらも、いかなる変動の過程にあるかは覆蔵されているということ、何らかの意味では未だに被解釈性から逃れられないということ、つまりこれこそが最終決定的な本来的企投であるとは言い切れず、「存在の問い」を問うことが完了したと言い切れないという意味で「有限的な」ものとして捉え直されねばならない[20]。それは、「存在の問い」のいわゆる「基礎づけ」の試みを放棄することに他ならない。他方で後述するように、何らかの別様の基礎づけ、つまりいわゆる「基礎づけ」を放棄させるような「基礎づけならぬ基礎づけ」、「脱-底的基礎づけ」は必要である。ハイデガーでさえ陥った現存在の形而上学的傾向の強さに鑑みるに。

存在了解の歴史性と「存在の歴史」

存在了解の歴史性は、顧みれば、『存在と時間』の冒頭の形而上学の「解体（Destruktion）」について論じる時に既に示唆されていたのであり、また先述のとおり超越論的企投を進んで行なっていた一九二八年においてさえ言及されていたのだが、先駆的決意性や歴史性と形而上学の解体との連関は明示的には展開されないまま保留にされていた。別言すれば、だからこそ超越論的問題設定へと突き進むことが可能になってしまったのであり、『存在と時間』の「挫折」に繋がったと言えよう。そして強いて言えば、それに続く二四巻と二六巻も以後の著作も何らかの点で「未完」であり「挫折」している。その理由の一つは「存在と時間」の連関に関する学的企投の際に、「存在論の歴史の支配的な扱い方」への「批判」（SZ 22, 23）、「存在の問いの本質的な具体化」としての「存在論的伝承の破壊の遂行」（SZ 26）、「存在了解の歴史性に基づいて、伝統と闘いつつ、西洋哲学の始まりという本来的遺産に変遷の機会を与える解体」（ML 197）がなされねばならなかったという点に存する。しかし、同時にハイデガーは以下のようにも述べている。「われわれはごく稀にしか［存在の問いという］問題系全体を通覧することはできず、その［存在の問いという問題系の］変遷の可能性において受け取ることもできない。［そして］もしもその変遷可能性を受け取ることができるとしても、同等に本質的な他の可能性のために全く新しく呼吸するだけの力を持たない。［そして］もしもそうした力を持つとしても、伝統からの切り離しは根本においては内的な不可能性であるため、存在の問いの仕上げはより困難である」（ML 198）[21]。こうした自らの存在了解の歴史性への或る種の自覚を持ちながらも、当該問題を考え抜き、「存在と時間」の連関に関する自説（「基礎的存在論」及び「メタ存在論」）も存在了解の、しかも形而上学的存在了解の一つのヴァリエーションでしかないということ、このことを構造的に明示するために超越論的基礎づけの試みを放棄すること、つまりは「解釈学的循環の内へ正しい仕方で入り込むこと」は先延ばしにされた。しかし、後に「存在了解の歴史性」、そうした歴史性の内への被投性は、「存在と時間」を時代的・歴史的な変化に富む「贈与（Gabe）」として「与える」ことによって時代を規定する「存在の歴史（Seinsgeschichte）」／「歴運（Geschick）」（ZSD 10-13, 22, 24）として捉え返されることになる。最終的にはこうして、「解釈学的循環の内へ飛び込むこと」、「地平そのものの克服」がなされる。

「根源的散乱」としての根源的被投性

他方で、先の「メタ存在論」の後期の議論へと繋がる側面と連関して、この時期のハイデガーの被投性の洞察においてもう一つ特筆しておくべき点がある。ハイデガーは先の『論理学の形而上学的諸原初』において現存在を「まだ実存していない」「中立性（Neutralität）」において捉え直し、「形而上学的な孤立化」を図っているという点で、上述の「超越」との連関においてやはり現存在の現事実性を軽減／保留しようとしていると言える（vgl. ML 171）。

しかし同時に、逆説的ではあるが、現存在にはその「中立性」の「内的可能性」、「そのつどその現事実的な具体相」として、「身体性」、「性差」、「空間性」、「共存在」といった「個別化・多様化された現事実的現存在」への「現事実的な分散（Zerstreuung）」が存しており、この「分散」は「現存在自体に属す多様化」、現存在一般の本質に属す「或る根源的な散乱（Streuung）」が特定の観点において限定されたものであると主張される（vgl. ML173）。そして「現事実的な分散」は「［時間における伸張としての現存在が生起する限りでの］最広義の歴史性の構造に従っている」（ML 173）のであり、「現存在の根源的性格の一つである被投性に基づいている」（ML 174）のである。

すなわち、ここで「最広義の歴史性」という捉え返された被投性が「根源的散乱」という「現存在自体に属す多様化」の内に見て取られている。そしてこの「根源的散乱」は被投的・現事実的な分散としての「広義の自然といった存在者」によって「自らを支配させせうること」の「前提」であるとされる〔「原始的・神話的現存在（ML 174）」〕。これはその内実からして『存在と時間』で述べられていた被投性の規定、①自己、②他者、③世界の他性の内の③世界の世界性の他性〔「自然の脅威のような存在者の他性」〕の内への被投性の捉え返しである[22]〔また被投的分散は「特に共存在の内に暗示されて」（ML 174）おり、「共存在がその形而上学的な根本規定である」（ML 175）と述べられているとおり、とりわけ②他者の他性の捉え返しである〕。こうした被投性と『存在と時間』におけるそれとの違いは、その歴史性との連関の明確な強調とその根源性の明示であろう。ただしこの「根源的散乱」の根源性も「超越論的散乱」として「中立的現存在の形而上学的本質に属している」（ML 174）ために、やはり先述のとおり超越の中立性が基本的な枠組みの内部のものであると言える。

6　第三章の結論

ここで被投的企投は、超越論的企投とそれを支える被投性として、「問うに値するもの」として存在を捉えるところの被投的企投ではなくなっており、変質してしまっている。超越は主観の主観性を基礎づけるという仕方で主観性の形而上学を乗り越えようとする存在了解であったが、その基礎づけという手法の、伝統的・学的企投の形而上学性によりかえって、いわゆるプラトニズム（イデアや固定的・先行的本質の想定）という意味での形而上学（「形而上学の形而上学的探究」）へと歩みを進めるものであった。しかし後述するように、存在問題の再構築にはこうした形而上学的手法の超克、さらには耐え抜きこそが必要だった。しかし、この時期のハイデガーはまだそのことに十分に自覚的であるわけではなく、これ以後自らの形而上学性との悪戦苦闘が被投的企投の変様という仕方で開始される。

注

(1) とは言え、それは『存在と時間』としては書かれずじまいだっただけで、以後の著作はやはり『存在と時間』の続きであると筆者は考える。

(2) ハイデガーの形而上学期における超越の議論に関する批判は、(ハイデガーの自己批判も含め) さまざまあるが、ハイデガーは「現存在の存在了解の事後性を軽んじている」(嶺『存在と無のはざまで』二〇頁) とする嶺氏の現存在の被投性を重んじる主張に、筆者も賛同する。ただし、嶺氏の批判は「根拠に連関した様々な概念、例えば「本来性」、「根源性」、「源泉」、「基礎」などの概念は「超越」と並んで、あなた (ハイデガー) の思索がなお形而上学的ディスクールの中で動いていることを指示するものに他なりません」(同書二〇頁) というように、ハイデガーの「根源性」や「根拠」といった概念にまで及ぶ。その限りで、脱底等の概念の導入によって根拠等の形而上学的概念の意味を「徐々にずらす」という仕方で形而上学の内部で形而上学と闘うというハイデガーの姿勢を評価する筆者は、嶺氏とは異なる立場であると言える。

(3) 「『存在と時間』において若干の歩みを試みている思索は、『存在と時間』を越えて外へと、今日においても脱け出してしまったのではない。むしろ逆に、もしかしたらその間にその思索は若干の点でその眼目を成す問題事象の中へと入り込んで行ったと言ったほうが良いであろう。」(Wm 343) も参照のこと。

(4) 細川氏は『現象学の根本諸問題』を『存在と時間』の構想の「挫折の現場」(細川『意味・真理・場所』二五七頁) としており、それは存在者の了解と存在の了解をパラレルに扱っており、存在を存在者化しているからであると主張している。その論拠として『存在と時間』の基本的問題設定の内在的批判、すなわち「存在が存在者に対して完全に異質であるが故に存在者に関して可能である問いが存在者の存在へと単純に転用されるわけではないことが要求される」(GA 31, 49) という箇所が引用されている (同書二六二頁)。筆者もこの立場に賛同するものである。また細川氏は「存在了解の可能性の条件が存在の可能性の条件である」というハイデガーのテーゼに、カントの「経験一般の可能性の条件は同時に経験の対象の可能性の条件である」（*Kritik der reinen Vernunft*. A158=B197）という「すべての綜合判断の最高原則」を見出し、「［ハイデガーが］可能性の条件を問う限りカント哲学の意味で「超越論的」である」と主張する（同書二一六頁）。

（5）また本書の議論はハイデガー自身の自己批判的注釈を参照しつつも、それらは単なる手がかりとして用いるのみであり、あくまでハイデガーの「存在の問い」の準備として、いかなる点が内在的に批判されるべきであるのかを吟味することを目標とする。

（6）以下に言及するように、ここで「存在の時間」ではなく「時間の存在」（眼前存在）について論じられている。「今の連続としての時間は眼前性の理念の地平において見られ、即自的に眼前存在する」（SZ 423, 424）〔時間の恒常性（Stetigkeit）（SZ 424）〕。また以下の引用も参照のこと。「現存在は眼前なるものから眼前存在を了解する傾向を持つため、時間（の存在）をもまた眼前なる諸々の今（の眼前存在）として了解する」（GP 385）。

（7）「ヒューマニズム書簡」（一九四六）等を参照のこと。

（8）『存在と時間』の注釈は一九二九年以降から晩年に至るまでに付されたが、どの年にどの注釈がなされたかは不明のままである。近年公刊された『黒ノート（*Überlegungen*）』との整合など、今後の課題としたい。

（9）筆者と同じ立場の先行研究として、以下の引用も参照のこと。「ハイデッガーは現存在の時間性の解釈において彼の言う将来の優位性を脅かすような既在性の支配力、つまり、現存在の存在可能性を根本から規定している被投性の圧力を、あまりにも軽視しているのではなかろうか」（嶺『存在と無のはざまで』七九頁）。

（10）またハイデガーが時間性を「眼前なるものと眼前存在の対象化の可能性の根本」（GP 456）であると言い換えていることにも注意されたい。

（11）以下の引用も参照のこと。「存在了解の可能性の根源（テンポラリテート）は、その根源から発源しうる全てのものよりも必然的にいっそう豊富な内容を孕んでいる」（GP 438）。細川氏は「テンポラリテート」を「現象的地盤がない」ために「形式的に導出され」たものとしており、またそれは先述のとおり存在者の了解を存在了解に「形式的に転用することによって導入されている」としている（細川前掲書二六三頁）。こうした見解は筆者と異なる論拠に基づく、筆者と同様の見解であると言える。

（12）以下の先行研究の引用を参照のこと。「「時間への存在の企投」という構造は存在の了解を存在者の了解とパラレルに扱ったこと、すなわち存在を存在者化していることに由来する。（中略）『存在と時間』第三編（『現象学の根本諸問題』）が「時間への存在の企投」を語るのは、存在者への問いの構造を存在への問いに単純に転用したことによる」（細川前掲書二六二、二六三頁）。「「存在の意味への問い」が主観性の堅固化の危険があることに対応して、この問いが「表象」の内を動いていることが批判される。それは「存在者―存在」の関係（存在者性への存在者の企投）を「存在―存在の意味」の関係（存在の真理への、存在としての存在者性の企投）へと適用することである（GA 65, 450）」（同書四四一頁）。

（13）細川氏も同様の箇所を援用しつつ「「存在の意味への問い」を根本的問いとする『存在と時間』はプラトンの「存在の問い」を取り返す試みである」（同書二二四頁）、「我々はここで『存在と時間』の問題設定とイデア論」という問題に突き当たっている」（同書二二五頁）と主張している。

（14）存在はまた「既に与えられているものとして与えられているもの」、「ただ唯一の「即-自」にして真なるそれ、暗い意味におけるより先なるもの」（ML 186, 187）であるとも言い換えられている。

（15）また、存在者としての現存在自体が「主観」（GP 425, 445）と言い換えられ、「超越論的な存在の学」において「より根源的に了解された超越・超越論的地平・時間」からカントの超越論的哲学を解明する（GP 460, 461）と述べられ、「存在問題一般／超越にとって、主観の主観性が中心的な問いである」（ML 194）とも述べられることにも注意されたい。とは言え、現存在の存在を構成する「超越」は無論「主観がそこへと超え出るところの諸客観」（GP 425）を意味するのではない。むしろこの超越は「主観性と主観的なものの概念を根底から変革する」（ML 252）という意図を持つところの「主観の主観性の根源的な体制」（ML 211）であり、主観や客観、あるいは自己や他者をそれにより初めて可能にするところの「世界内存在自体」（GP 425, 426）（ML 213）であり、「無世界的な主観」の存在とは異なる。

（16）「超越」としての世界内存在は、その「起源」（ML 252, 256, 269, 270, 272）、「現存在がより-豊か-在ることの根源的な内的可能性」（ML 273）の内に「テンポラリテート」をも含むところの諸可能性全体の企投として捉え返されている。

（17）「存在者の世界への進入（Welteingang）」とは端的に覆蔵されていた存在者が存在者として暴露されること（ML 249, 251, 272, 280）である。それは、眼前なるものが世界内部的なものとなり、その「即自（Ansich）」において現れること、また現存在が眼前なるものをその即自において経験・把捉できるようになることである（ML 251）。

（18）細川氏もやはり形而上学期において被投性は「全体としての存在者の只中への被投性」として捉えられているとしている（前

掲書三三五頁）が、残念ながらそれ以上の言及はなされていない。

(19) 他方で、ここで全体における存在者の他性の保護が試みられていることには一定の評価が与えられねばならない。しかしそれは、第四章、第五章にて明らかになるように、超越論的企投の「破り抜き」としての覆蔵性、存在の歴史へと耐え抜かれねばならないのである。

(20) 嶺氏はこの問題点を「現存在の時間性とその解釈の時間性との間の亀裂」であると指摘する。以下の引用を参照のこと。「彼の実存企投に含まれる内的困難は、現存在の存在理解を可能にする地平として時間性を解釈する際に、この時間性をいわば既に追い越してしまった点に存する。現存在の時間性と、その時間性を解釈する彼の解釈の時間性との間には、じつは覆い難い亀裂が生じている」（前掲書八三頁）。

(21) 以下の引用も参照のこと。「問いと思索に特有の危険は除去されえず、哲学の中心的諸問題を一度は見損ないつつも、気づかぬうちにその犠牲とならないよう努力し、普遍化／徹底化された中心的諸問題の内で自らを決然と再び見出すこと」（ML 197, 198）。

(22) 森一郎氏によれば、この「分散」の洞察は、『哲学入門』（一九二八／二九）においても、現存在がそのつど「事物のもとでの存在」、「他者との共存在」、自己存在へと「分-散」しているというように保たれている（vgl. EP333）。そして森氏は、同書において現事実的分散や「妥協と調停」（EP 333）といった仕方で露呈する「現存在の根源的な非性」（EP 336）の問題次元が強調されていることを指摘し、そこから「『存在と時間』において獲得された被投性の概念がこの書の公刊後も掘り下げられ深化を遂げていったという事情を紛れもなく示している」（森前掲書一〇〇頁）と述べ、それは「一切の「選択」、「決意」に先立って、それどころか選択の後ですら「根源的散乱」は優勢であり、優勢でありつづける」（ebd.）としている。

第四章

退歩Ⅰ——無から覆蔵性へ

1　第四章の問題設定

第三章にて論じられた超越論的問題設定における企投と被投性に関する迷いは、「根拠の本質について」（一九二九）と「形而上学とは何か」（一九二九）の両論文においてより明確に展開される。第三章で扱った一九二七―一九二八年の著作と同様、両論文における現存在の存在了解（被投的企投）も、現存在において存在者を超えて存在へと向かう根本運動としての「超越」として論じられる。確かに、両論文において超越論的時間地平という論点が保留され、存在了解が――とりわけ被投性と企投の内的関連に関して――いかなるものかということがもう一度論じ直されており、一九二七―一九二八年の問題設定が、とりわけ「存在の「テンポラールな」解釈の差し控え」（BP 451）という点で見直されようとしていると言える。[1] しかし、ハイデガーは後に「根拠の本質について」、「形而上学とは何か」において捉えられた存在（無）に関して「やはりまだ形而上学的に存在者から述べられている」（Wm 306）、「存在の覆い」（Wm 312）（一九四三）であるなどの否定的言及を加えている。[2] その理由に関して、残念ながらハイデガーは詳細な説明をしておらず、また先行研究においても何故かたいてい等閑視されてしまっている。[3]

だが、ハイデガーの存在問題の独自性は形而上学的存在了解の傾向との闘いの中で捉えられるのであり、とりわけハイデガー自身の内に潜んでいた形而上学的傾向こそ、ハイデガーにとって最も乗り越え難い「形而上学」であると考えられる。そして、そうした「形而上学」との対峙のためには、第三章にて詳述した超越論的企投と被投性の問題点と「ヒューマニズム書簡」における自己批判（Wm 328, 329）、後期思想への展開に鑑みるに、被投的企投の様式の形而上学性に着目することが有効である。筆者の考えでは、『存在と時間』と同様に、「形而上学期」における超越も「眼前存在」＝「現前性」としての存在了解を覆すほどの（存在／存在了解の根源的な非性の内への）被投性とそうした被投性に応じた企投にはなっていないため、その存在は「存在者に即した存在」＝「眼前存在」＝「現前性」としての存在了解と明確には区別されないものになってしまっている。つまり、徐々に「基礎的存在論」と「メタ存在論」における根源的被投性の洞察の不十分さ（頽落的・形而上学的被投性）が明らかになってくる。「現前性」としての存在了解からより明確に距離を取りつつ存在問題をより十全に展開するためには、根源的被投性を捉え直すこととの連関の中で前期の超越論的企投をいかに修正しなければならないかということが、他ならぬハイデガー自身にとって重要な論点となっていった。ちなみに何故「存在者に即した存在」＝「眼前存在」が「現前性」と言い換えられるのかと言えば、「現前性」は、完全に脱蔵されて今目の前に現れている存在者という現前するもの（眼前なるもの）に即して了解された存在を意味するからである。そして「現前性」は、突き詰めれば今と同様に常に現前し続けることとしての「存続的現前性」を意味する。加えて、本書ではこうした「現前性」を「現前性（A）」として、「現前性（B）」と区別する。以下に明らかにされるが、「現前性（A）」が相対的な覆蔵性のみを含む脱蔵性・現前性としての存在を指すのに対して、「現前性（B）」は根本的かつ絶対的な覆蔵性に基づいた脱蔵性・現前性を意味する。

具体的にはまず、「根拠の本質について」において超越における「有意義化」による存在者への関わりの基礎づけが論じ直され、それが脱-底的なものとして明らかにされる点に着目して、被投的企投の変様について考察する。しかしこうした脱-底的な基礎づけにおいて、「脱-底（Ab-grund）」という存在／存在了解の非性が非常に制限された意味でのみ捉えられ、その結果、「現前性（A）」としての存在了解を許容してしまう事態となっていることが明らかにされる。しかし、「根拠の本質について」と対の論文である「形而上学とは何か」において前者の「脱-底」の否定を補うかのように超越における「無（das Nichts）」という存在／存在了解の非性の内への被投性が描かれているという点は見過ごされてはならない。先行研究[4]においてもここで論じられる無がまるで後期における存在自体であるかのように扱われてきた。だがそうした先行研究は、ハイデガーによる先の自己批判を等閑視している。筆者の考えでは、無は存在との対比というよりは存在者との対比（存在論的差異）において描写されるがゆえに、「現前性（A）」としての存在了解を拒絶するには至っていない。それに対して、形而上学期直後になされた講演に基づいて成立し、ハイデガー自身が後に「決定的な歩み」（Wm 202）と評した論文「真理の本質について」（一九三〇／一九四三）[5]において述べられた「覆蔵性（Verborgenheit）」という存在／存在了解の非性とその内への被投性は——これまで不問に付され、かつ超越論的地平の想定によって隠蔽された存在の開示性自体の運動、「アーレーテイア（脱-覆蔵）」という真理における脱蔵と覆蔵の運動の内への被投性の発見、ひいては「存在の歴史」の発見として——「現前性（A）」という「被投的企投」の明確な拒否となっている。そして、これが「「「真理の本質について」の」5節と6節の間に［性起において本質現成する］転回《ケーレ》の内への跳躍がある」（Wm 193）（一九四三）と述べられる事態であり、それゆえに「一九三〇年に思索されて打ち明けられていながらようやく一九四三年になって初めて印刷された「真理の本質について」という講演が『存在と時間』から「時間と存在」への転回《ケーレ》の思索の内部を窺わせる若干の洞見を与えている」（Wm 327, 328）とハイデガー自身によって評されている。覆蔵性の洞察によって、存在者のみを日常的に扱っているわれわれが存在自体を捉えようとした時にその間の裂け目がどれほど深いのか、そして何故その際の存在了解の変化が跳躍的であるのかということが十分に示される。「真理の本質について」（一九四三）によって後期の被投性、すなわち「投げ」の次元が顕にされ、第三章にて前期の問題点として浮き彫りにされた「超越」や「地平」、「存在論的差異」、「企投」、さらには「被投性」の内なる存在問題の遮蔽が突破される。そうした仕方によってのみ、ハイデガーが目指すところの、存在の捉え難さを捉えるような別様の存在了解がより十全に準備される。

2 「脱-底」の不十分さ——「根拠の本質について」（一九二九）より

超越における脱-底的な基礎づけ

先述のとおり、現存在の「超越」は基本的には「現存在において存在者を超えて存在者への関わりを可能にするもの（世界＝存在）へと関わる運動」であり、つまり世界内存在＝存在了解である。ただし、超越において主題となるのは、現存在の存在としての実存に限らず、全体における存在者において浮き彫りにされる「存在一般」である。以下に扱う三論文において、有意義性、無意義性、それらの開示自体の運動というそれぞれの観点から「超越」とそれによって開示される存在が明らかにされる。本節では、まず有意義化として存在者への関わりを基礎づける超越とそれを構成する被投性の不十分さに関して論じる。

超越において、現存在はそのつど存在者への関わりに先行して自らの存在のために指示連関を有意義化し、そのような仕方で世界における存在諸可能性を形成している（Wm 138, 139）。そして超越は、それに基づいて存在者への実存的関わりが可能になるという意味で、存在者への関わりの「基礎づけ（das Gründen）」である。そしてこの基礎づけは、伝統的形而上学における主観や客観を存在者とみなすハイデガーにとっては主観や客観の存在の基礎づけであり、基本的には第三章で論じた存在問題の再構築のための超越論的基礎づけ〔「主観の主観性の根源的な体制」（ML 211）の基礎づけ〕の試みと重なると言える。ただし、この基礎づけは「根拠の-無いもの（das Grund-lose）（脱-底（Ab-grund））、無-底（Un-grund）」（Wm 165）であるとされる。

ここで存在の非性、つまり「脱-底」の内への被投性が「存在者に即した存在」、「現前性（A）」という形而上学的存在了解の妨げとなっているか否かは、以下の点に着目することによって明らかになる。まず、存在（現前）

しているものが存在（現前）しないものになりうるという存在（現前）不可能性が可能性に常に属するということを、「脱-底」が意味しているか否かということである。そしてまた、そうした意味において企投に先行して企投自体を脅かすような企投不可能性の内への被投性が存在への現存在の関わりに属しているということを、有意義化としての超越が明確に示しているか否かということである。以下、超越の構成契機としての被投性と企投の関連の分析を通してこの点を検討する。

超越の構成契機としての企投と被投性の確認

先述のとおり、現存在は超越において存在者への実存的関わりに先行して存在諸可能性を企投している（「建立（das Stiften）」）。企投は、実存に先立つ「意志」（Wm 163）として、人間の側からの存在への関わりを意味している。そして、企投は被投性に対して「優位」（Wm 165）を持つため、超越の「第一」（ebd.）契機であるとされる。超越の第二契機としての被投性は、現存在が「企投するものとしてやはり既に存在者の只中に存在する」（Wm 166）ことを指す。現存在の存在諸可能性の企投は、存在者の既在の内に投げ込まれているという被投性によって制限を受ける。つまり、企投優位においてさしあたって現事実性と無関係に企投された諸可能性の全体は、存在者の既在の前に遡ってその存在者の存在を左右することはできないという現存在の選択の不可能性によって制約されており、それは「存在者による捕捉性（Eingenommenheit）」（Wm 167）とも言い換えられている。

注目すべきは、ここで先述した多義的な被投性がやはり――超越において存在一般の了解に焦点が当てられていることと連関して――「存在者の只中への被投性」に限定されているということである。それに対して、現存在がそもそも存在しないということもありえた（誕生の隠れ）し、存在しなくなるということもありうること（死の隠れ）、また現存在に対して現前しているものが現前しなくなるということもありうること（存在了解の変動の隠れ）といった如何ともし難さとしての根源的被投性は、ここで少なくとも明確には見て取られていない。それゆえここでの被投性は、存在者の過去から今にかけての事実存在、つまり存在者の既在と従来の存在了解の仕方の如何ともし難さ（安定性）の内への被投性になりうる。

被投性の制約により実存的に力を持つ企投

そして、企投の力は被投性による上述の制限によって弱められるのではなくかえって強められる。というのも、被投性による制限によって、企投された諸可能性の全体から現実化不可能な可能性が排除され、現実化可能な可能性のみが世界（存在諸可能性）として現存在に「所有」（ebd.）されるようになり、その内で初めて実存的な関わりが可能になるからである。「（現事実性による特定の諸可能性の）奪い去り（Entzug）が、「現実的に」把握しうる世界企投の諸可能性を、初めて世界として現存在に対向的にもたらす」（ebd.）。そして、企投された諸可能性の全体（今現在そうではないことも含めた、そうでありえたかもしれないこと）と現実化可能な諸可能性の中から実存的に選択された可能性である現事実性（今現在そうであること）との差異が了解され、「こうした存在了解の明るみにおいて、初めて存在者がそれ自体において開示されうるようになる」（Wm 169）。ここで、存在者は別様ではなく此様であるものとして、存在（現前）しないのではなく今存在（現前）しているものとしてわれわれに現れてくる。そして、このような可能性と現事実性の間で初めて「何故此の様であって別様ではないのか」、「何故これであってあれではないのか」、「何故存在者が存在し、何も無いのではないのか」（Wm 169）と問いうるようになり、[6]「あらゆる存在者は（何故それがそのようであるのかという）根拠を持っている」（Wm 172）というライプニッツと同様の結論に至る。

ここで再び注意したいのは、被投性が事実存在の内への被投性として、先述した諸可能性全体の企投の単なる制限かつ現実化可能な諸可能性を支えるための単なる基盤へと限定され、矮小化されてしまっているということ[7]、それに応じて可能性の企投も歪められてしまうということである。すなわちこの可能性は、現実に基づきつつ現実化に焦点を合わせられた「可能性」、つまり過去から現在にかけての存在者の事実存在に基づいた、現在から未来にかけての存在者の存在（在り方）の計画・予定とその実現という意味における「可能性」になってしまっている[8]。しかしそれは「現前性（A）」という固定的な存在了解に陥らないために重要である、存在了解の持続の不可能性を含んだ可能性ではない。このように、現存在の可能性の企投は、存在了解の持続の不可能性の内への被投性によってそれ自体が常に脅かされているはずであるにもかかわらず、ここではそうした意味で企投に先行する根源的被投性が明示されていない[9]。こうした存在了解が「現前性（A）」という存在了解と距離を取ることができているとは言い難い。

被投性のもう一つの意味

また上述の意味以外に、現存在の被投性は「超越という現存在の存在体制が現存在によって選択されたものではない」という意味で「無力（被投性）」（Wm 175）であること（決断的・選択的企投の不可能性）として規定されている[10]。この超越の内への被投性は、第一義的には存在体制としての超越の如何ともし難さを、つまり超越以外の仕方で存在へ関わることはできないということを意味する。こうした被投性の規定によって表されているのは、存在がわれわれに開示され続けること、企投してしまっていること、そうした企投性の如何ともし難さであり、それは「現前性（A）」の存在了解を妨げるどころか、むしろそれへと導くとさえ言いうる。この無力が「現前性（A）」の存在了解の妨げとなるためには、「無力」の上述の規定から以下のような意味が読み取られねばならないが、それは困難である。それは、存在が開示されることの如何ともし難さという規定から、存在が開示されるとは言っても――開示の持続不可能性という閉鎖性によって構成されているがゆえに――完全にはわれわれに開示されえないものとして開示されることの如何ともし難さという意味を読み取るということである。

「脱-底」の洞察の不十分さ

結局のところ、脱-底的な基礎づけの脱自性を支えるはずの被投的企投において、被投性は「存在者による捕捉性」という存在者の事実存在の如何ともし難さと、それゆえの現存在の実存的な選択の「有限性」を、あるいは超越という存在体制が現存在によって選択されたものではないという「無力」を直接的には指しており、また企投も予定・計画とその実現に変様してしまっていた。しかし繰り返しになるが、被投性は不可能性の内への被投性という意味を本来持っている。そして、こうした被投性に根本的に制約された企投、つまり非存在と不可分である存在の被投的企投だけが、自明の存続（自同性）という形而上学的存在了解に対抗しうると考えられる。[11] しかし、こうした被投的企投と「脱-底」については基礎づけとしての超越においては捉えられないため、ここでの存在は「現前性（A）」への誘導を残したものになってしまっている。それゆえこうした超越は、第三章で述べた主観の基礎づけという「過剰な歩み」、とりわけハイデガー自身が保留にしたはずの「テンポラリテート」の解釈へと再び容易に接続してしまうだろう。

他方で、同じく形而上学期に書かれ、「根拠の本質について」と対であるとされる論文「形而上学とは何か」（一九二九）において、無の内への被投性が描かれており、それによって「根拠の本質について」で欠落していた存在／存在了解の非性（脱-底）の本来的意味とその非性の内への被投性が当該論文の議論によって補われているかのように見える。そして先行研究においては当該論文を後期思想の被投性の次元の開始とみなし、重視する場合がほとんどである。[12] しかし本当にそうであろうか。ハイデガーの自己批判を等閑視してしまっていいのだろうか。以下、この点について検証していく。

3　無の不十分さ――「形而上学とは何か」（一九二九）より

超越における無への関わり

現存在の超越は、先述のように有意義化として存在者への関わりの基礎づけである一方で、「無の内へと入り込まされていること（Hineingehaltenheit in das Nichts）」（Wm 115）、すなわち無の内への被投性によっても構成されている。[13] この無の経験の持つ意味如何によって、上述の基礎づけとしての超越が「現前性（A）」の拒否でありうるか否かが決まるであろう。以下、無の規定を参照しつつこの点について検討する。

無の意味(1)――無意義性

まず、第二章にて既に言及した無の経験について確認しよう。先述のとおり、われわれは日常的には個々の存在者のそのつどの利用に先行して、自らの存在のために指示連関を有意義化しつつ世界（存在諸可能性）を形成している。しかし不安といった根本情状性の襲来により、自らの存在という目的の意味が失われて有意義化の機能が停止することで、われわれを含んだ全体における存在者が「或る奇妙な無関心さの内へと」（Wm 110）陥らされ、その日常的・存在的な意味規定を剥奪される〔「滑落（entgleiten）」（Wm 112）〕。こうして世界（存在諸可能性）が「無意義性（Unbedeutsamkeit）」において現れるのであった。無意義性において、個々の存在者の間の区別、それぞれの在り方はもはや問題とならず、存在者が全体として、つまり「存在しているもの」として浮かび上がってくる。

無の意味⑵──存在と区別されないもの

そして、この無意義性、すなわち無の開示においては、全体における存在者がことさら「存在するもの」として際立たせられるため、「その内で何にも縋れないところの（中略）純粋な現-存在（das Da-sein）だけがまだ現にある（ist noch da）」（ebd.）。つまり、ここで無の開示において存在が開示されているために、ここで述べられている無は実は存在を指しているのではないかと考えられるのであり、ハイデガー自身が後にそう自己解釈している。[14] 無の経験の内で失われるのは存在者に関する存在的規定であって存在自体ではない。『存在と時間』においても不安において現存在の存在構造である世界内存在が際立てられていたのであった。そして、存在的規定の喪失により、今ただ存在しているということが迫力を持って際立つようになり、われわれの意志にかかわらず存在しているという押しつけがましさでもってわれわれに迫ってくる。加えて、このように無が存在と区別されないということは、「不安の無の明るい夜において初めて存在者としての存在者の根源的開示性が生じる」（Wm 114）とあるように、無が存在者を存在者として可能にするという点からも洞察される。そして、無の内で存在者の存在が押しつけがましさを以て迫ることから、ここで経験されている無が本章2節で述べられた存在者の既在の如何ともし難さを、それゆえに従来と同様に現前し続けることとしての「現前性（A）」が想定されてしまうのではないかと懸念される。他方で、無はその原義からすれば存在自体ではなく、むしろ存在自体の否定であるはずであり、その限りでは先の存在／存在了解の非性を補うような意味を持ちうるはずである。ここで述べられている無は、「現前性（A）」という存在了解を打ち破るような、現前と不可分な非現前の可能性を示してはいないのか。

無の意味(3)——非-存在者

ところで、「無は存在者から区別される」（Wm 107）、「存在者は存在者であって——無ではない」（Wm 114）というように、ここで捉えられている無は存在との間においてではなく、さしあたり存在者との間において際立たせられている。[15] そしてハイデガーは後年、ここで述べられている無に関して第一義的には「非-存在者（das Nicht-Seiende）」（Wm 306）として規定されていると振り返る。さらにハイデガーは、ここで経験されている無（存在）は「あらゆる存在者への他」あるいは「非-存在者」として、「やはりまだ形而上学的に存在者から述べられている」（一九四三）（Wm 306）と認めている。そして、ここでさしあたってどのような観点から存在者と無の区別がなされているのかと言えば、われわれにとってそれ自体が今日の前に現れているものであるか否か、つまり現前するものであるか否かということである。そして、「非-存在者（現前しないもの）」としての無に関しては以下の三つの解釈が成り立つ。

① まず、無（現前しないもの）と存在者（現前するもの）との関連が強調される場合には——上述の存在者を存在者として可能にする無としての存在はまさにこれなのだが——、無はそれ自体存在者ではないもの（現前しないもの）だが、存在者（現前するもの）を存在（現前）させ続けるものとしての存在、すなわち「現前性（A）」であると了解されてしまう。

② また、無（現前しないもの）と存在者（現前するもの）との区別が強調される場合には、無は存在者（現前するもの）を非-存在者（現前しないもの）としての自らから遠ざけることによって、密かに存在者の存在（現前）を非存在（非現前）の可能性から切り離すことに成功する。まるで現前するものが現前しないものに成るということが起こりえないかのように。恒常的に存続することが存在することの意味であるかのように。

確かに、無は「非-存在者」として規定されうるのであり、こうした規定は誤りではない。しかし、「非-存在者」という規定は消極的であるがゆえに曖昧さを残すものである。またその規定は――否定を通してではあれ――あくまで存在者（現前するもの）との関連における規定であるために、現前するものが現前しているということの自明性、すなわち「現前性（A）」の強力さに巻き込まれてしまう危険性は高い。こうした無の内への被投性は、つねに現前させることとしての日常的な被投的企投を脅かすような被投性、つまりもはや現前させることができないという不可能性の内への被投性にはなっていない。別言すれば、ここでは存在の覆蔵性に対する不当な暴露がなされているとも言えよう。

③　他方でまた、「非-存在者」としての無は、存在者が存在しなくなるということ、あるいは従来の意味では存在しなくなるということはつねにありうるという、存在者の存在可能性に本質的に属すような存在不可能性（非現前の可能性）としても解釈されうるのであり、その場合は「現前性（A）」という存在了解を妨げると言いうる。しかしこの解釈は――「現前性（A）」という存在了解の根強さを考えるに――上の二つの危険を明確に遠ざけた場合にのみ可能であろう。[16] それにもかかわらず、「形而上学とは何か」の記述では上記の二つの解釈への誘導を残してしまっており、ハイデガーが後に反省している自身の「形而上学性」は、突き詰めればそうした点に認められるであろう。

無の意味(3)′――無の自らの拒否（覆蔵性の萌芽）

ところで、無は「非-存在者」としてだけではなく、「自らの拒否」（Wm 114）としても規定されている。こうした点において無は、自らの開示の拒否として、自ら現前するものとしての存在者からは類推されないものであり、「現前性（A）」としての存在了解を妨げるような非性として、次節にて述べられる存在の覆蔵性の萌芽であると言いうる。[17] ただし、「無の拒否」は「全体における存在者への（中略）拒否的な指示（abweisende Verweisung)」（ebd.）であるとされる。それによってさしあたって示されているのは、無が現前しないものとして隠れることによって、全体における存在者を現前するものとしてその現前において際立たせるということである。そのため、無の拒否は結局のところ、「非-存在者」と「存在者」との先の対比に戻ってしまっていると考えられる。このように無の拒否は、それが存在者（現前するもの）に対する先行的な否定として考えられている限りでは、存在者の規定に対する拒否、すなわち単なる無意義性として捉えられる。そのため、現前するものが常に現前することとしての恒常的な「現前性（A）」と無の隠れは残念ながら矛盾しないのである。無の隠れは、恒常的な「現前性（A）」自体の否定として明示されない限り、上述のような「現前性（A）」としての存在了解へと容易に回収されてしまいうる。それゆえ、無の自らの拒否によって存在の捉え難さが十分に述べられ、「存在の問い」が準備されているとはやはり言い難い。

存在問題において問われるのは、「現前性（A）」と区別されえないような存在ではない。ハイデガーの主張する「問うに-値する（frag-würdig）」存在とは、「現前性（A）」としての存在と「現前するもの」としての存在者を明確に脅かすような、現前させえないことも含んだ存在、現前させうるか否かについて無規定なままの存在であり、そうした意味において捉え直された「現前性」、つまり「現前性（B）」であると言えよう。われわれの存在了解の傾向である「現前性（A）」という固定的な存在了解は、存在了解の変動可能性の内への被投性、「存在の歴史」における「投げ」の了解（企投）によって妨げられねばならない。

無の不十分さと覆蔵性の根源性

以上、無の内への被投性の経験は、われわれの傾向である「現前性（A）」という存在了解への誘導を決定的に妨げるものにはならなかった。何故なら、そこではあくまで存在者（現前するもの）と無（現前しないもの）との区別に焦点が当てられ、「現前性（A）」（それ自体現前しないが現前させ続けるもの）と「現前性（B）」（それ自体現前しない上に、現存在の歴史性・有限性ゆえに現前させ続けるか不明のもの）との区別は十分になされていなかったからである。しかし、そのようにハイデガーの思索の形而上学的側面が浮き彫りになる中で――不十分ではあれ――無の自らの拒否という覆蔵性の萌芽が現れ、形而上学期後に成立した論文「真理の本質について」において――とりわけ一九三〇年のそれではなく一九四三年のそれにおいて――開示性の運動自体、現前性＝脱蔵性と同時に逆照射的に覆蔵性に目が向けられ、存在そのものは「現前性（A）」という固定的な存在了解では決して汲み尽くされず、根本的に覆蔵性に基づく「現前性（B）」であるということが明確に主張され始める。[18] それにより被投性も「現前性（A）」の被投的企投を脅かすような、覆蔵性の内への根源的被投性、「投げ」として捉え直されることになる。

4　覆蔵性の根源性――「真理の本質について」（一九三〇／四三）より

超越における脱蔵性・現前性への関わり

上述のように、有意義性及び無意義性から構成される超越はいずれにせよ、現存在が「その時々に存在しているものを、それがそれであるものであらしめること」（Wm 188）、そのような意味において「存在者を存在させること（Seinlassen）」（ebd.）であり、その点で三論文の超越概念はやはり共通している。ただし、ここで超越は「存在者の脱蔵性（Entborgenheit）[19]へと自らを関わり合わせていること／巻き込まれていること（Sicheinlassen）」（ebd.）、つまり現存在が存在者を脱蔵する／現前させるというよりは、現存在による関わりにおいて存在者が自らを脱蔵している／現前していることとして捉え直されている。また、「脱蔵性」において存在者が存在者として開示され、全体における存在者が覆われずに目の前に現れているものとして「現れつつ現前する（anwesen）」（Wm 190）。すなわち、ここで存在が「現前性」として、また超越が「脱蔵されて現前しているものを越えて現前性へ向かうこと」として明確に捉え直される。では、ここでの現前性は脱蔵されえない隠れが何も無い、完全に明らかな存在者としての現前するものから類推された「現前性（A）」を意味するのであろうか。それとも、そうした「現前性（A）」の否定としての、現前するものが現前しないものになりうるという完全な無規定性・覆蔵性を根源的に孕んでいるような「現前性（B）」を意味するのであろうか。

脱蔵性と覆蔵性

ところで、先の引用において存在者の脱蔵性への関わり方が「自らを関わり合わせていること／巻き込まれていること（Sicheinlassen）」（Wm 188）という二重の意味において述べられていたが、この二重性は企投と被投性を表していると考えられる。そうした超越は、被投性に照準が合わせられる場合には「全体における存在者」の「全体における」が強調されつつ、その脱蔵の内へと「巻き込まれていること（Eingelassenheit）」（Wm 192）であるとされる。この「全体における」は、「日常的な算段と調達の領野においては計算・把握されえないこと」（Wm 193）として現れるもの、「規定されていないもの、規定されえないもの」（ebd.）とされている。[20]さて、この無規定性は先述した全体における存在者の無意義性、つまり「現前性（A）」と明確に区別されていない存在の単なる言い換えであるように一見思われる。そうであるとすれば、この無規定性も先の無意義性の不十分さをそのまま引き継いでいると言えよう。また、この無規定性は「全体における存在者の覆蔵（Verbergung）」（ebd.）、あるいは現存在の超越における「覆蔵性（Verborgenheit）」（ebd.）と名づけられており、語義からしてもやはり先の無の「拒否」と重なりそうである。果たしてこの無規定性は無意義性の単なる言い換えなのだろうか。ところで、無の拒否の不十分さは「現前性（A）」自体の拒否になっていないという点にあった。それゆえ、もしもここで「現前性（A）」に対する拒否的な関連が明示されているならば、この覆蔵性は無の拒否の不十分さを補いうるものであり、「現前性（A）」という存在了解を妨げうるような存在／存在了解の非性の根源的経験であると言えよう。以下、覆蔵性の分析を通してこの点を検討する。

まず、全体における存在者の覆蔵性という無規定性は「あれやこれやの存在者のいかなる開示性よりもより一層古い」（Wm 193, 194）のであり、こうした洞察だけであれば、先述した個々の存在者の規定よりもより根源的であるところの、全体における存在者の無意義性へと導かれてしまうであろう。[21] しかし、この洞察には続きがある。覆蔵性という無規定性はまた、「（脱蔵しつつも既に覆蔵されて保たれ、その覆蔵へと関わるところの）存在させること自体よりも一層古い」（Wm 194）（強調は筆者による）のである。[22] 確かに、現前性という意味の存在であれ、存在させることは存在させると同時にそれ自体つねに既に隠れており、そうした意味において隠れに関わっている。しかし、ここで述べられている覆蔵性は、存在者を存在させると同時に存在させることを隠すようなそうした隠れよりも「より古い」、つまり存在者のようには現れないという意味においてのみ隠れている存在させること自体よりもより根源的で先行的であり、そうした存在の非性を指している。それゆえにこの覆蔵性は、存在させることとしても開示されえないような、存在させること自体を脅かすような無規定性であると解釈しうる。そして、この「存在させることよりもより古い」という覆蔵性の先行性は、現行の企投に組み込まれない、それを拒否するところの隠れの既在性、歴史性を表していると考えられるだろう。ここにようやく「存在了解の歴史性」、ひいては「存在の歴史」の次元の獲得が読み込まれよう。

覆蔵性と無意義性の違い

では、この覆蔵性を無との対比において解釈し直すとすれば、どのように描けるであろうか。先述のとおり、無という隠れは「現前するもの」を可能にしつつもそれ自体「現前するもの」として規定されえないという意味における無規定性に留まり、「つねに現前させること」という規定へと導かれてしまうのであった。それは、前項で述べられた覆蔵性に関する暫定的な規定である「これやあれやの存在者のいかなる開示性よりもより一層古い」（Wm 193, 194）ということ、すなわち存在させることをそれとして隠すような隠れと同じだと言えよう。それに対して、この覆蔵性という隠れは、「現前するもの」を「現前させること」を可能にしつつも、「現前させ続けること」としては規定しえないような、より先行的で根源的な無規定性である。つまり、覆蔵性とは「現前性（A）」に回収しえず、むしろ「現前性（A）」がそれに基づいてのみ可能であるようなものである。[23] 無も覆蔵性も隠れとして「現前するもの」を可能にしているという点では同じだが、無は単に「現前するもの」の先行的否定であるがゆえに、「現前するもの」としては開示されない隠れでありながら、「常に現前させること」（「現前性（A）」）として開示されるという結論へと導かれてしまいうる。それに対して、覆蔵性は「現前性（A）」自体の明確な先行的拒否へ深められているため、「現前するもの」としてだけではなく「つねに現前させること」としても開示されない隠れである。それゆえに覆蔵性は「現前させ続けること」ではなく、現前させうるか否かに関する無規定性としての隠れを指すと考えられ、言い換えれば歴史的運動として捉え直された無である。[24] その限りにおいて、覆蔵性は無よりも一歩進んだ、より明瞭な「現前性（A）」（という存在了解）の拒否であると言えよう。つまり、覆蔵性は存在者がそれに基づくだけではなく、存在させること＝存在了解自体がそれに基づくところの無規定性、すなわち現行の存在了解によっては捉えきれず暴露されないという存在了解の有限性であると明示されているために、無とは一線を画す。そのような仕方で存在は、覆蔵性を排除した完全な脱蔵性という「現前性（A）」ではなく、排除しえない覆蔵性に根源的に基づいた「現前性（B）」として浮かび上がってくる。このような根源的な覆蔵性によって、完全な脱蔵性という「現前性（A）」としての存在了解が妨げられ、存在が捉え難いもの、「問いに値するもの」として現れてくるのである。

こうした根源的な覆蔵性の洞察は、覆蔵性の無さを目指すア-レーテイア（真理）の脱蔵運動のみを真理として捉えつつ、存在の本質を存続的現前性として先行的かつ固定的なものとして想定する伝統的形而上学の伝承／歴史の否定となる。「存在の問い」の設定のために必要であるのは、脱蔵運動がどこまでも克服不可能な覆蔵性を孕みつつ生じるということ、そうした人間の存在了解の、「存在の問いの再設定」の有限性を受け入れることである。それは超越論的企投、固定的な本質の想定という基礎づけ、全き本来性における「存在の問い」の完遂の明確な放棄であろう。

「非-本質」としての覆蔵

ところで、覆蔵は真理＝「ア-レーテイア（脱-覆蔵）」の脱蔵のみを真理の本質として捉えていた伝統的形而上学にとっては真理の「非-本質（Un-wesen）」、ひいては「非真理（Unwahrheit）」である。ハイデガーはこの「非-本質」を積極的に捉え直そうとするのであり、この「非-」は先述した根源的被投性の実存論的意味に属する「非-性」と無関係ではない。「本質ではないもの」としての「非-本質」は、本質よりも劣ったものではなく、むしろ「普遍的なもの、その可能、その根拠という意味における本質にまだ陥っていない」（Wm 194）もの、すなわち「まだ経験されておらず、本質として捉えられないが、本質になりつつあるもの」である。それは、それが発見されるのであれば「本質」の従来の意味を変動させ、「本質」という事柄の枠組み自体を破壊しうるようなものである。そうした「非-本質」を含んだ「本質」は、従来の固定的な「本質（Wesen）」ではなく、生成変化する本質、「本質現成（Wesung）」（Wm 194）として捉え直される。このことは「問いの変化」（Wm 201, 202）としては以下のように表される。「真理の本質への問い」＝「真理とは何か」という問いにおいて本質はさしあたり名詞的に捉えられているが、「真理の本質への問い」が「本質の真理への問い」＝「本質は現代のわれわれにとっていかなる真理において捉えられているか」という問いによって補われることにより、本質が歴史的・動詞的に理解されるようになる（「転回《ケーレ》」）（Wm 201）[25]。そして、こうした「問いの歩みの連続」が「思索の道」（Wm 202）となる。

それは、問う者である現存在が歴史的に実存する人間であることと密接に連関する。現存在は、真理の本質及び非本質の開示の道に至ったとしても、自らの傾向と伝統に基づいて、既に非本質の開示か忘却かという「窮迫」への途上、あるいは非本質の忘却への途上という「迷い（Irre）」、そうした頽落的・形而上学的被投性の内にある（Wm 197, 198）。現存在はそうした「窮迫の内への絶えざる転換（Wende）」である（Wm 198）[26]。

覆蔵性の内への被投性と新たな存在了解に向けて

決して完全には明らかにはされないがゆえに「現前性（A）」の了解を妨げるような覆蔵性以上に、存在を自明視しえないものにする存在の契機があるだろうか。われわれ人間が存在了解の諸可能性を把握しきることはなく、現前するものは現前しないものになりうる。存在は根源的に覆蔵性を持つものとして、現前しているものを現前させ続けるか否かに関してつねに無規定的であり、「現前性（A）」もそうした覆蔵性に基づく「現前性（B）」として捉え直されねばならない。

そして、覆蔵性に唯一適切であるような開示は、現前させうるか否かに関する無規定性としての覆蔵性が覆蔵性自体として開示され、現前することである。[27] そうした意味における開示性は、覆蔵性が再び隠蔽されてしまわないために必要であり、無規定性に規定を与えてしまうのではなく無規定性をそれとして保護するという役割を担う。このように無規定性を無規定性として開示することによってのみ、存在の捉え難さは護られる。別言すれば、根源的な覆蔵性の内への被投性は確かに軽減されてはならないのだが、しかし根源的被投性だけでは存在の覆蔵性を護ることはできない。根源的被投性は被投性としてやはり何らかの企投（被投的企投）の内でのみ活きるのである。それはすなわち、根源的被投性である覆蔵性の企投不可能性を不可能性として企投するということ、「徹底的に被投的な企投」であろう。こうした企投は、先述の別の仕方での基礎づけ＝「基礎づけならざる基礎づけ」、「根ざすこと」を意味している（第五章・第七章参照）。

5　第四章のまとめ

論文「根拠の本質について」、「形而上学とは何か」において述べられた「脱‐底」と無の内への被投性によって構成された超越は、「脱‐底」と無という存在の非性の洞察の不十分により、「現前性（A）」という存在了解と明確に区別されないままになってしまっていた。それに対し、論文「真理の本質について」において覆蔵性の内への被投性とそれに応じた企投という観点から明らかにされた超越は、現前させること自体よりもより根源的である存在の非性としての覆蔵性ゆえに、存在を「現前性（A）」として脱蔵することを明確に否定している存在了解であるということが示された。存在／存在了解はその覆蔵性ゆえに、現前するものを現前させうるか否かに関して無規定であり、「現前性（A）」はそうした覆蔵性に基づくような「現前性（B）」として捉え直されねばならない。そして、そうした根源的被投性に基づいた企投にはもはや「超越」という「形而上学の言葉」はいよいよそぐわなくなり、以後使われなくなっていく。そのように存在は、現前する確固としたものとして通常了解されている存在者とは全く異なって振舞いうるため、存在者から類推されるようなものではない。それゆえ、存在の捉え難さを捉えるためには或る種の「跳躍（Sprung）」が必要である。これがハイデガーの言う存在の問いの生起の開始であると言えよう。それは先述のとおり「（性起において本質現成する）転回《ケーレ》の内への跳躍」（Wm 193）（一九四三）としてなされている。そしてこの覆蔵性の発見に基づく転回《ケーレ》の内への跳躍こそ、『存在と時間』において十分に描くことができなかった事態であり、それはやはり死の、そして無の内への被投性の経験の不十分、加えて存在了解の歴史性の洞察の不十分に起因するものであった。では、この根源的被投性の経験はいかなる企投において活かされるのだろうか。次章、この点を一九三〇年と一九四三年の間に書かれ、「第二の主著」と呼ばれるところの『寄与論稿』（一九三六―三八）における「転回《ケーレ》」の分析を通して考察していく。

注

（1）　以下の引用を参照のこと。「「根拠の本質について」において存在の「テンポラールな」解釈を差し控えること、存在の真理を「テンポラールな」解釈に依存することなしに「見える」ようにすることによって、存在の対象化を回避することが重要だった」が、「それでもまだ存在的-存在論的［という枠組み］が徹底的に保持されている」（BP 451）。またこれは渡邊二郎氏の「存在に至る地平としての現存在は、『存在と時間』では、いわば外から眺められて、その存在が解釈されていたにすぎない。（中略）しかし、二十九年では、現存在が解釈されるのではなく、解釈された現存在の中に具体的に立ち出でて、その中から存在が問われる」（渡邊『渡邊二郎著作集第二巻』二二頁）との主張にも示されているとおり、ハイデガー自身の被投性の自覚の深化によるものであろう。

（2）　また「根拠の本質について」の「脱-底」に関しては「まだ常に存在の真理の遮蔽のもとでその転回《ケーレ》における現-存在を考えるという無駄な試み」（Wm 174）（一九二九）という注釈が付されている。

（3）渡邊前掲書、小野真『ハイデッガー研究――死と言葉の思索』（二〇〇二）、Rosales, Alberto, *Transzndenz und Differenz* (1970) 等を参照のこと。また、本章注（15）～（17）も参照のこと。

（4）同上。

（5）周知のとおり「真理の本質について」は、一九三〇年の同題目の講演原稿に修正と注釈が加えられて第一版が一九四三年に、第二版が一九四九年に、第三版が一九五四年に出版され、その後全集九巻に収められた。以下の引用も参照のこと。「『存在と時間』の問題設定をより始原的に形成する、一九三〇年以来繰り返し企てられた試み」（ZSD 61）。

（6）両者は「第三の基礎づけ〔「根拠づけること（Begründen）」〕を共に時熟させる」のであり、「何故という問い一般の可能化」、「何故一般の超越論的可能性」（Wm 168）となっている。

（7）捕捉性が「地盤の受け取り（Boden-nehmen）」（Wm 165）と言い換えられていることにも着目されたい。ちなみに、嶺氏は「被投性を基づけの連関に組み入れることが既に、被投性の威力を弱めること、むしろ威力を企投性に転換することを意味する」（嶺『存在と無のはざまで』一一五、一一六頁）と主張している。被投性の軽減の批判という点では筆者と同じ立場だが、被投性が企投の補助となっている点や、被投性と企投の意味の変様にその根拠を精緻に読み取る筆者に比べ、その根拠づけは不明瞭であると言いうる。

（8）この現実化の重視は、超越における存在者への関わりの可能化の重視に基づくであろう。また渡邊氏も、ここでハイデガーが可能性を現実化との関連において捉えていることを批判している（渡邊前掲書一一八頁）。

（9）この事態を時間的に捉えるならば、可能性としての将来が不可能性と切り離されていることで未来に成り、現事実性としての既在性が非-現事実性と切り離されていることで過去に成り、現在がそれらと切り離された、脅かされない現在と成ることによって、存在と非存在との分離が支えられていると言えよう。

（10）これに関して嶺氏は、ハイデガーの隠された主体主義を暴こうとする文脈において、この無力が「まさにポテンツを高めた被投性の現われ」（嶺前掲書一二四頁）であり、「根拠の本質を論じる彼の超越的主体のディスクールのあり方（中略）を破壊するほどの力を示す」（ebd.）として好意的に評価している。無力が全てを支配下に置こうとする主体的存在了解を打ち破るということには筆者も賛同できるが、それだけでは「現前性（A）」の存在了解の妨げになっているとは言えないのではないか。

（11）ここで一見、今における存在と非存在、現前と非現前という論理学的二項対立を主張していると思われるかもしれないが、決してそうではなく、「後者」が「前者」の可能性としてあり、「両者」が時間的伸び拡がりにおいて不可分であることが、「現前性（A）」への対抗として重要であると主張しているのである。

（12）注（16）（17）を参照のこと。

（13）嶺氏はこの Hineingehaltenheit が後の箇所で sich hineinhalten に変更されていることから「被投性を企投性の内に取り込んでいる」（嶺前掲書一〇三頁）と主張している。被投性の軽減への着目は上述のとおり評価できるが、その根拠を受動態から能動態への変化に求め、それを企投と呼ぶのは少々強引ではないだろうか。

（14）この自己解釈に関しては以下の注釈の引用も参照のこと。「「無ではない」というのは、存在者一般の開示性の先行的な可能化である」、「つまり存在である」（一九四九）（Wm 114）、「現存在が（中略）先行的に無の内へと入り込ませられていないならば、現存在は決して存在者へと関わりえない」、「無と存在は同じ」（一九四九）（Wm 115）。また、渡邊氏も無の記述において「結局問おうとしているものは、存在者を超えて一切を支えている何物か存在そのもの」（渡邊前掲書五五頁）であるとしている。

（15）この点に関して「存在と無は共属し合う」（Wm 120）という言及は注目に値するが、それも「純粋な存在と純粋な無は同じである」とのヘーゲルの命題の正当化の文脈において述べられているため、この共属は上述の存在と無が同じであることの言い換えであると考えられる。また、渡邊氏も無が「存在者から己を異なるものとして退け隠す、その働き」として「存在者の側から経験された存在」だった（渡邊前掲書六一、六二頁）としているが、残念ながらそれ以上の論究はしていない。

（16）例えば Rosales 氏は、①や②の危険を回避することなしに③の解釈を採用してしまっている（注（17）を参照のこと）。また Fräntzki 氏も無と覆蔵性を安易に同一視している（*Die Kehre*, S. 78-86）。

（17）Rosales 氏は無の「拒否と指示」が「無の内での自己覆蔵と開示の統一」を、そしてこの覆蔵が「非存在の可能性としての覆蔵」を表すとし（*Transzndenz und Differenz*, S. 296-300）、「形而上学とは何か」にて既に「真理の本質について」において述べられる事態が表されていたと主張する。確かにこうした解釈は可能だが、「形而上学とは何か」に関するハイデガーによる後の自己批判の説明にはならないという点、それと関連して「現前性」との闘いという観点から捉えられていないために「現前性（A）」への誘導を放置してしまうという点で不十分である。筆者の考えでは、覆蔵性は「真理の本質について」

の一九四三／四九年の改訂により初めて明瞭に位置づけられる。

（18） 渡邊氏も「真理の本質について」を「はっきり後期思想への萌芽を孕んだ著作」（渡邊前掲書八〇頁）であり、「明らかに後期の思想に属すべき見解が籠められているのだが、同時に前期から後期への移行の論理的道筋を彷彿させる意見を含んでいる」（渡邊前掲書八三）と評している。

（19） 「脱蔵性（Entborgenheit）」はおそらくハイデガーの造語であり、ギリシア語の真理である「アーレーテイア」に基づき、「蔵すること（Bergung）」に「脱-（Ent-）」を加えること、あるいは「覆蔵性（Verborgenheit）」の „Ver" を「脱-（Ent-）」に置き換えることにより、「蔵すること」及び「覆蔵性」と反対の意味へと転化させたと考えられる。

（20） 全体における存在者の覆蔵性は、「後付け的に存在者の常なる部分的な認識の結果」（Wm 193）として生じるのではなく、また「その時々におのれを告げる範囲の様に傍らに認められる」（Wm 195）のでもないことにも注意されたい。

（21） 同様に「個々の態度における存在させることは、それへと関わる存在者をそのつど存在させ、それでもって脱蔵し、全体における存在者を覆蔵する」（Wm 193）、「存在させること自体が一つの覆蔵することである」（ebd.）といった五節までの洞察による、個々の存在者の脱蔵と全体における存在者の覆蔵との対比では無の規定と同様に不十分である。六節の洞察の深化ゆえに転回《ケーレ》が起きる。以下の引用も参照のこと。「五節（真理の本質）と六節（覆蔵としての非真理）の間に（性起において本質現成する）転回《ケーレ》の内への跳躍がある」（ebd.）（一九四三）。

（22） 「真理の本質について」の初稿（一九三〇）には「全体における存在者の覆蔵性は、脱蔵しつつやはり既に覆蔵されている存在させること自体と同じく古い」とあるとされている（Rosales, „Interpretation", S. 131）。この場合は、無と同様、存在者のようには現れないという意味において隠れつつ存在させることとして捉えうるため不十分である。つまり「同じく古い」のではなく、「より古い」のでなくては十分な洞察とは言えない。後のハイデガー自身によるこの書き換えは、無の経験の不十分さのもう一つの証拠となるであろう。また、Brasser 氏はこの書き換えを「超越論的方法の放棄」（*Wahrheit und Verborgenheit*. S. 287）として評価しており、筆者もこの見解に賛同する。

（23） この点に関しては、他にも「覆蔵性はアーレーテイアに脱蔵を拒み、アーレーテイアの強奪を許さず、アーレーテイアに所有物としての最も固有なものを保護する」（Wm 193）等を参照のこと。von Herrmann 氏もこの箇所から「覆蔵性は［脱蔵への］拒絶として、脱蔵の最も固有なものと所有物である覆蔵性としての自らを保護する。脱蔵はただ脱蔵を保護する覆蔵性からのみ生じうる」（*Wahrheit-Freiheit-Geschichte*, S. 148, 149）と述べている。

（24）これも一つの規定ではないかという反論が考えられる。しかしこの覆蔵性の規定は、あくまで現前性との関連において述べた場合の規定であり、覆蔵性が「現前性（A）」に取り込まれてしまわないための規定である。それゆえこれは、無規定性を保護するために唯一必要な規定であると言えよう。形而上学から距離を取ることを試みつつも今のところ「形而上学の言葉」を使うしかないわれわれは、このように語らざるをえないではないか（vgl. BP, BH）。

また、von Herrmann 氏の「完全な閉鎖性としての死と覆蔵しつつある覆蔵性は共属している〔この内的共属性については、物講演（Bd. 7, S. 180）で扱われている〕」（*Wahrheit-Freiheit-Geschichte*, S. 160, 161）、Rosales 氏の「非存在の可能性としての覆蔵」（*Transzendenz und Differenz*, S. 296-300）等も参照のこと。

（25）以下の引用を参照のこと。「「真理の本質について」というこの講演は、或る第二の「本質の真理について」によって補われるべきだったのであり、「ヒューマニズム書簡」において暗示されている諸々の根拠に基づいて失敗している。意味＝企投領域＝開示性＝存在者及び存在の真理への決定的な問いは意図的に展開されないままである。思索は一見形而上学の軌道内に留まっているように見えるが、妥当性としての真理から脱存的自由へ、そして脱存的自由から覆蔵と迷いとしての真理へと導く決定的な歩みの内で、形而上学の克服に属するところの問いの変化を遂行している」（Wm 201, 202）。

（26）現存在の存在様式が、脱蔵と覆蔵の運動の開示性としての「脱-存（ek-sistieren）」、そして自らの保全のために慣習に気を取られ、脱蔵されている従来のものに固執して覆蔵を見過ごす「執-存（in-sistieren）」〔「迷い（Irre）」（非-真理）〕から成ることに鑑みれば、このことは次のように言い換えられる。すなわち現存在は、「脱-存」かつ「執-存」という構造（Wm 196）に従って「脱存的執存」あるいは「執存的脱存」であり、そうした「絶えざる転換」である（Wm 198）。

（27）覆蔵性の開示性の必要性に関しては「真理の本質について」の七節の他、Fräntzki, *Die Kehre* S. 89-91 等も参照のこと。

第五章

退歩Ⅱ——拒否と企‐投

1　第五章の問題設定

第四章にて、存在は、存在者[1]を基準にして捉えられる無（「現前性（A）」）ではなく、むしろそうした「存在論的差異」において捉えられる存在を根源的に揺るがすような、脱蔵と覆蔵の歴史的運動を孕んだ「現前性（B）」であることが示された。今や「存在者を乗り越える超越ではなく超越自体を乗り越える」（BP 250）企投の模索が課題となる。ただしこの課題の遂行において本書の序論で示されたような、存在者と存在の素朴な違いという意味での存在論的差異自体が放棄されるわけではない。放棄されるのは、現行の存在者企投と同方向・同様式の存在企投、超越論的企投であり、「存在の問い」の発端となった存在論的差異の素朴な経験はその意味が変化しつつも維持される。そして、存在が「現前性（B）」であるという経験、覆蔵性を保護するような企投の様式は、「転回《ケーレ》への跳躍」と名づけられた。この「転回《ケーレ》の内への跳躍」という企投について、ハイデガー第二の主著と目されている『寄与論稿』が手がかりとなる。

他方で、われわれは「形而上学の言葉」という「存在者の言葉」を使いながらもそれによって直接は表されない事態に直面することで「最初の跳躍に到る」（BP 36）[2]。つまり『存在と時間』以降の超越論的問題設定も「跳躍への準備」（BP 228）として必要であった。唐突に従来の言葉を全く使わずに新しい言葉で語り始めることは不可能であり、それゆえに「さしあたって同じ言葉の力のもとで慣習的考えにつねに立ち向かい、その考えから広く距離を取って進むこと」（BP 83, 84）、すなわち形而上学の言葉をなおも使いながら批判的視座を持ち続けることが肝要であった。「転回《ケーレ》の思索」を通して「超越の地平」や「可能性の条件」、さらには「現存在」や「実存」、「企投」、「被投性」といったハイデガー自身の用語が語り直されることにより、前期ハイデガーの形而上学性は少なからず払拭されていく。

本章において論じられるのはこうした「転回《ケーレ》の内への跳躍」という企投であり、また根源的な「転回《ケーレ》」自体、すなわち「他のあらゆる諸転回《ケーレ》、諸循環の覆蔵された根拠」（BP 407）としての「性起（Ereignis）における転回《ケーレ》」（ebd.）である。「転回《ケーレ》」は存在による人間への「呼びかけ（Zuruf）」と人間による存在への「聴従（Zugehörigkeit）」の間において生じる「対向-転回（Wider-kehre）」（BP 407, 408）である。そして、この「転回《ケーレ》」とは実のところ「存在論的循環」として、被投的企投の変様である〔「被投的企投としての了解の内には転回《ケーレ》が必然的に潜んでいる」（BP 259）〕。この「転回《ケーレ》」はまた、伝統的形而上学において古代ギリシアから近代、そして現在に至るまでなされてきた存在了解〔存在の「それとして把握されることがない本質現成（Wesung）」としての「本質現前（Anwesung）」（BP 189）〕から別の存在了解〔「存在そのものの本質現成（Wesung）」（ebd.）〕への変様、「最初の原初（der erste Anfang）」から「別の原初（der andere Anfang）」への「移行（Übergang）」の重要な契機であり、形而上学的企投の超克のために不可欠な役割を担う(3)。

従来の研究においては、この「性起における転回《ケーレ》」は存在と人間との双方向的関わりであるという解釈が一般的だが(4)、問われねばならないのは、その双方向的関わりの内実であろう。筆者の考えでは、それはやはり被投的企投が「転回《ケーレ》」においてどのように変様しているのかを考察することにより明らかになる。つまり、第三章で論じたような「存在の対象化」へと繋がってしまうような被投的企投と、「転回《ケーレ》」における被投的企投がどのように異なるのかということである。

筆者の考えでは、「転回《ケーレ》」における被投的企投において存在が恣意的で一方的な対象化の「拒否（Verweigerung）」（vgl. BP 8, 178, 247, 475）として現れるということ、また「転回《ケーレ》」において「拒否」される思索の中に、これまで論じてきた前期ハイデガーの学的企投の形而上学的方向・様式も含まれるということ、そしてそのような仕方で

「最初の原初」から「別の原初」への移行が準備されるということが重要である。

「いかなる企投も被投的企投である。だが被投的企投、このことは何を謂うのだろうか。一つの企投はいついかなる仕方で首尾よく行くのだろうか」（BP 452）。ハイデガーは『寄与論稿』においても『存在と時間』と同様に被投的企投という「謎めいたもの」に悩まされていたと言えよう。そして『寄与論稿』において「性起における転回《ケーレ》」を表すような被投的企投に関して一つの答えを出すのだが、次章、最終章で見るように、実のところ「転回《ケーレ》」の企投の内にも過剰が含まれている。こうした意味において、筆者は『寄与論稿』を『存在と時間』の改訂版として読解する。筆者の見るところ、両者において最も大きく異なるのは歴史の洞察であり、その点における被投的企投の深度である。

以下の議論の手順としては、まず「転回《ケーレ》」において乗り越えられるべき形而上学的企投、それと対応しているわれわれの日常的・頽落的存在企投が『存在と時間』と比較してどのように捉え直されているか（第2節）、いかにしてそこから「形而上学」という従来の企投への「拒否」として「転回《ケーレ》」という被投的企投の変様が生じるのかを論じ、第四章における「転回《ケーレ》への跳躍」へと接続する企投を詳細に論じる（第3節）。

2　日常的・頽落的企投と伝統的形而上学
――「響き」及び「投げ送り」から「跳躍」へ

以下、これまでも頽落や形而上学的思索と名づけられてきたところの、ハイデガーが批判対象とする存在了解（頽落的・形而上学的企投）が一九三〇年代半ば以降にどのようにその意味をずらされながら捉え直されているかを分析していく。批判すべき形而上学的思索に関して、存在を不問に付すという基本的規定は保たれつつも、曖味さが取り除かれて先鋭化されつつ豊かさを増していく。無論、それは「退歩（der Schritt zurück）」でありながらまた或る観点からみれば「過剰な歩み」でもある。注目すべきは、いかなる点で企投の過剰さが取り除かれて退歩しているか、またいかなる点で退歩の内にもなおやはり別の過剰があるかである。

「存在に去られていること」と存在忘却

序論で既に述べたように、われわれは日常において存在者がそれぞれ存在しているということをことさらには意識せずに暮らしている。われわれにとって存在者は存在していることが当然の慣れ親しまれているものであり、それゆえにそうした存在者から導き出される存在も慣れ親しまれたものである（vgl. BP 110, 116）。しかし実際は、存在はわれわれにとって不明瞭で訝しいもの、問われるべきものであるため、われわれは日常において存在を全く捉えられていないことになる。この事態は、先にわれわれ人間の存在者への固執に焦点が当てられつつ「存在忘却（Seinsvergessenheit）」（Vgl. SZ 5）として捉えられていた。だが「存在忘却」は、われわれ人間の怠慢によるのではなく、むしろ存在そのものの自己覆蔵の運動に基づいて歴史的・時代的に規定されて生じるという点が強調され、「存在に去られていること（Seinsverlassenheit）」（BP 111）として捉え直される。他方で、「問われるべきもの」としての存在に去られている中で、自明なものとしてではあれ、われわれはなおも存在を了解している。そうした存在了解における存在は存在者に共通する一般的な特徴づけや性質の一つとして、存在者の「単なる追加」（ebd.）として、あくまで存在者に即して理解される存在〔「存在者性（Seiendheit）」（ebd.）である。

こうした「存在者性」への或る種素朴な批判は形而上学批判として『存在と時間』当初から述べられていたが、筆者が見るところ、今やここに「存在者から存在へ」という『存在と時間』における問題設定の素朴さゆえの曖昧さに対するハイデガー自身の自己批判が含まれている。ハイデガーは、「『存在と時間』の存在論的差異は存在者性／対象の可能性の条件としての対象性の軌道の上を歩んでいる」（vgl. BP 250）とし、「存在問題を問うことを妨げる柵になる」（ebd.）、あるいは「前提や条件への戻り行きは、被表象者としての存在者や存在者性の解釈の内部でのみ意味をもつ〔『存在と時間』、「根拠の本質について」を参照せよ、ここで存在の内への跳躍の試み〕」（BP 93）としている。[5] つまり「存在者から存在へ」という構図の学的・超越論的企投は「可能性の条件」や「超越」といった形而上学の概念と結びつき、存在を「問われるべきもの」にするどころか、むしろ不問に付すことに繋がる側面を持つということがここで明確に自覚されている。ハイデガーはこのように、自らの既在的思索の頽落的・形而上学的側面、そのつど見出しうる限りの自らの頽落的被投性を自らの逆説的道標としつつ思索の歩みを進めているのである。

ところで、われわれは既に前章において『存在と時間』以降の超越論的問題設定における企投の内に「現前性（A）」（すなわち「存在者性」）と「存在」との区別の曖昧さがあったことを確認した。主客の区別を前提とした主観的超越でも、存在者から存在へ乗り越える超越（存在論的差異）でもなく、「超越そのものを乗り越えること」（BP 250）、「存在論的差異でもって最初の解明を始め、それからまさに存在論的差異を跳び越えること」（ebd.）が今や重要になる。それはつまり、できる限り純粋に把握しようとして存在者から切り離して存在を考えようとするのではなく、存在者と同時的で不可分なものとして存在を経験することである（vgl. BP 288, 289）。

また、「存在者性」は「存続的現前性（beständige Anwesenheit）」（BP 191）とも言い換えられる。「存続的現前性」とは、文字どおりたえずわれわれの目の前に現れつねに現在において見ることができるということであり（BP 188, 209）、時間的・空間的に規定するなら、見えるものが非現前せず持続的に一定の空間を占めて存続すること（BP 269-275）である。この「存続的現前性」も既に第四章で論文「真理の本質について」の分析にて明確に斥けられた「現前性（A）」という存在了解と同じものである。すなわち、以前の問題設定は「存在者ではなく存在が問題である」というように曖昧だったが、「存在が問題であるとは言っても存在者としての存在ではなく存在としての存在、存続的現前性という意味での存在ではなく本質現成する存在が問題である」というように徐々に明確化されてきたと言える。

「存続的現前性」は、存在者がわれわれの存在／存在了解の仕方と無関係に不変的・恒常的に同様の仕方で存在し続けていることを意味するため「同一性／自同性（Identität）」（BP 199）と言い換えられる。こうした存在了解においても、われわれも他の存在者も変化するとされるが、そうした変化は不変の自己や物に付随する変化とみなされる。そうした存在了解を持つ人間は、他の存在者の存在であろうと自らの存在であろうと、全てを意のままになる対象として自らの内に一方的に取り込み、全てを一切合切含んだ自己として同一性を保つようになる。

「工作機構」

そうした「存続的現前性」という存在了解のもと存続的に現前する対象と化している存在者は、われわれによって算定・量化・予測・作成可能なもの、それゆえに、時間や場所、人を選ばず、一般的に誰もが利用可能なものとして捉えられるようになっている（vgl. BP 120, 126）。その際、それぞれの存在者に固有の扱いにくさや把握しえなさ、不安定さ、偶然性といった非意味的・反意味的な側面は隠されて、あるいは可能な限り排除されて、存在者は何の抵抗もなく簡単に扱える都合のよい事物、「流通するもの」、「濫用されるもの」（BP 115）と化している。こうした中、「もしも利益や装飾や楽しみを差し引いたら、植物や動物はわれわれにとって何なのだろう」（BP 276）とハイデガーは問う。これは『存在と時間』においては世界構造を捉えるために積極的な意味を見出されていた有意義性連関の公共的側面の危険性の先鋭化であろう。そして、このように扱われる事物をハイデガーはラディカルにも――「もはや存在しているとは言えないもの」という意味であろう――「非存在者（das

Unseiende)」（BP 7, 30, 100, 119, 238）[6]、「存在者の空洞化（Aushölung）」（BP 131, 495）、「「存在者」の人為的な仮象の青白さ」（BP 177）とさえ表現する。こうした事態は、先の「存在に去られていること」と連動しており、「存在者に去られていること」であると言い換えられよう。「人は存在なしで「うまくやっていく」ところまで来ている。人は今や直ちに存在者なしにもうまくやっていき、対象的なもので満足する」（BP 449）（強調は筆者による）。対象として捉えられている存在者は、存在の唯一性、尊さ、不可思議さを感じられるような「存在しているもの」ではもはやなく、「存在しているもの」と言うことさえ憚られるということであろう。

ここで注目されるべきは、存在者の了解全般から脱却して存在の了解へ向かうのではなく、また或る特定の存在の了解から脱却するだけでもなく、或る特定の存在者の了解からも脱却しなければならないというハイデガーの洞察の深化である。別言すれば、従来とは別様の、目指すべき存在の了解の仕方があるだけではなく、目指すべき存在者の了解の仕方があるということである。存在者の只中にあることから存在者と無関係の純粋な存在了解へ超越するのではなく、存在者の只中に在り続けながら「存在了解」を変様させ、それと同時に「存在者了解」を変様させることが重要であるということ、存在者から存在への跳躍は、存在から存在者への戻り行きを含むということが明確になっている。

そして、「非存在者」となった存在者への関わりの中でわれわれの算段によって予測不可能であることは何もなく、何かが現段階で算定不能であったとしてもいつかは算定されるべきものとみなされる。こうした意味で「人は「存在者」について不可能なものは何もないと確信している」（vgl. BP 120）。存在者に対するこうしたわれわれの見解ゆえに、存在者であるわれわれ自身も公共性において「迅速性・算定・大衆的なものの要求」（BP 119, 120）に曝される。それぞれに固有であるはずの経験が「露出・公開・卑俗化」（BP 123）される中で、あらゆる経験が個々人の固有の歴史的文脈から引き剥がされ、誰もが「体験」可能なものとして出回るようになる。その際「我々は誰か」、「我々は何であるべきか」といった問いは問われることなく、全てが決定済みで疑問の余地のないことのようである（「窮迫の無さという最高の窮迫」）（BP 125）。

こうした「存在者の空洞化」及び「生の平均化」に基づく世界全体は、そこで存在者が因果連関に則っているがゆえに、「［いつでもどこでも誰によっても］作成可能なもの」（BP 126, 127）となっているため、「工作機構（Machenschaft）」と呼ばれる。「工作機構」において、存在者、とりわけ自然、動植物やわれわれ人間などの生き物へのわれわれの根本連関が放棄されているために、存在者は「苦労のいらないもの」（BP 276）、「現-存在の別の反対の響き（Widerklang）にならない」（BP 276, 278）ものである。これは『存在と時間』で述べられていた「非意味的なものだけが反意味的になる」ということ、メタ存在論における「存在者の世界への進入」と連関している。すなわち反意味的で、従来の公共的に共有された有意義性連関への「反対の響き」を持っているはずの存在者も、工作機構においてはその響きを大きく響かせることができず、その響きは「工作機構」の効率的な回転の中で掻き消されているということであろう。

このように普段忘却されている存在者の扱いにくさは、究極的には自らも含めた存在者全体がわれわれの意志と無関係に存在してしまっており、われわれはその只中にただ投げ込まれるということ、すなわち根源的被投性に由来する。つまり存在者は根本的にはわれわれが存在させているものではない以上、いつまでどのように存在しているか、あるいはわれわれがつねにそれと出会いうるか、それを手に入れられるかは究極的には不明であり、偶然であり、賜物である。存在者は、自らであれ他の存在者であれ、「私向きのもの」として作られたわけでは決してない。しかし、以上のような存在了解においてはそうした不都合なわれわれの根源的被投性、存在者の他性は隠蔽され、「不十分に被投的な企投」としての企投――「つねに現前させること」＝「現前性（A）」としての超越論的企投へと繋がる企投――になっている。[7] 世界はわれわれの純粋な「企投」のみで賄われており、われわれの「企投」の及ばないところは何もないかのようである。企投はそれ自体被投的であるにもかかわらず被投性に脅かされずに「企投」できるかのようである。そうした中、われわれはたいてい、われわれが存在者の支配者、ひいては存在の支配者であるという錯覚に陥っている。

「存在に去られていること」の長い歴史

先述のとおり、われわれのこうした現代的状況は「最初の原初」としての伝統的形而上学の歴史に基づいている。伝統的形而上学はその始まりにおいて「最も存在しているものは何か」、「存在者全般に共通する存在とは何か」と問い始めた。それは存在者を超えて「ア・プリオリ」としての存在へ向かうことであった（BP 170, 261, 293）。しかし、プラトンからニーチェに至るまで「存在そのもの／存在としての存在（Sein als solches）とは何か」（BP 75, 297）と問うことはなかった。存在が不問に付されている中で「存在が不問に付されていること」自体は捉えられることのないまま、プラトンにおいて「一般的なもの」（BP 209）、「本質現前（Anwesung）とその存続性」（BP 214）としてのイデア解釈を通して、存在が多様な存在者に共通する「存在者性」、また存在者を存続させ現前させる「存続的現前性」として規定された。そして「本質現前」から「現実存在と本質」の区分が生じてくる（vgl. BP 269-275）。こうした存在解釈は、存在者の存在の先行的な統一化としての、存在者とのそのときどきの関わりから独立している超越論的思索と密接に連関している（vgl. BP 196-198）。そのようにしてプラトンにおいて、近代的自我の「無制約的な、一切を制約する同一性」（BP 201）や思索対象の存在の同一性という存在了解も既に準備された（vgl. BP 199）。

そしてハイデガーの見るところ、プラトンの上述の存在了解はその真理解釈と密接に連関していた。ギリシア的な真理とは「アｰレーテイア（脱-覆蔵）」であり、或るものが覆いを取り払われて明るみに出ることを意味する。

アーレーテイアは第四章にて論じたように脱蔵と覆蔵の運動によって成立しているため、脱蔵と覆蔵の両者が見て取られねばならない。そして、一方で「プラトンにおいてもなおアーレーテイアの最後の輝きの現われが命題の真理への移行の内で明らかになっている（1931/32 WW）」（BP 359）[8]のだが、他方でプラトンにおける真理は「その内で思索が初めて見る働きをするところの明るみ」（BP 333）であり、光や空け透きといった「見る働き」にとって積極的なものだけが現前性と共に経験され、それとの対比において覆蔵性はただ克服・除去されるべきもの、あるいは克服・除去されたものとして非現前性と捉えられ忘却された（vgl. BP 331-360）。この点は、企投の「視」の構造との対比において『存在と時間』当初から捉えられていたが、この批判は今や自らにも向けられ、現存在の本来的な存在了解は「存在の呼びかけ」への「聴従」となっていると言えよう。そして明るみという真理観は確実性・妥当性といった真理観へ展開し、主客関係の優位をもたらした。

　このように、「存在に去られていること」は「その自己覆蔵する長い歴史において想起されねばならず」（BP 112）、また「われわれの歴史の根本生起として経験されねばならない」（ebd.）。というのも、そうでなければ歴史的に強化されたわれわれの形而上学的傾向の根深さ及び本質を見誤ってしまうからであり、またそれが過去の遺物ではなく頽落的被投性において今まさに自らに起きつつあり、自ら企投する歴史だからである。実際、脱蔵性と覆蔵性の運動によって形成される、歴史忘却という長い伝統を持つ思索の道は、第三章・第四章で議論したとおり、ハイデガーが辿りかけた道でもあった。このように、ハイデガーによる形而上学の「解体」と自らの思索の「解体」は重なり合って響き合っている。では、こうした「最初の原初」において長く覆蔵されたままであった伝統とは突き詰めれば何であろうか。それはわれわれの議論の主題であるわれわれ自身の企投の様式に他ならない。「「「最初の原初」における」企投自体、その様式及び必要性（Notwendeigkeit）、窮迫（Not）はまだ暗く隠蔽されている」（BP 45）のだが、それゆえにこそ「力強い」（ebd.）。「われわれはずっと古くから存在の或る企投の内を動いているが、この企投が企投として経験可能になることはかつてなかっただろう」(BP 449)。そして、われわれは古くからのものでありながら、かつ他でもないわれわれ自身のものである企投を企投として歴史上初めて経験しようとしているのである。

そしてハイデガーは、「存在者性」と存在を同一視することで存在を不問に付してしまう従来の存在企投の優勢、その内への頽落的被投性において「存在に去られていること」を経験することにより、われわれに以下の疑問を投げかける。「しかしこれらの一見単に有害なもの、語り拒む全てのものから存在の本質に対する全く別の洞察が発現し、存在そのものが拒絶として自らを露呈させるとすれば（中略）どうであろうか」(BP 128)。

転回の「窮迫」と「必要性」[9]

しかし、われわれは既に「存在なしでうまくやってきており、それどころか存在者なしでも対象的なものだけでやっていける」(BP 449, 450)。何故存在に去られているままでは問題があるのだろうか。何故存在を敢えて問題にしなければならないのか。もしもわれわれが先述のように人間存在を我知らず「事物」の存在と同様に扱うこと（いわゆる「物扱い」）や存在者がわれわれの所有物であるということ、そうした事物の算定・利用がわれわれの存在の全てであるということに賛同するならば、何の問題もないのかもしれない。しかし、こうした存在あるいは存在者への関わりはあまりにも偏狭であり、人間の生を、そして事物の存在を極小化していると言わざるをえないのではないか。というのも、まず存在者も存在もわれわれの手に全く負えないものであり、他の存在者も自分もわれわれの所有物などでは断じてない。次に、われわれは存在者が存在しているということ自体に驚き、その尊さを喜ぶことができる。さらに、これまでの自らの存在忘却とそれに基づくあり方の狭隘さに、そしてそうした事態に全く無関心だったことに驚き、困惑することもできる。[10] このようにして気づかされるわれわれ自身の窮状〔「窮迫（Not）」（BP 45, 112）〕は「存在者の内の人間を追い立て／責め立て回し（umtreiben）、まず全体における存在者の前に、存在者の中心に置き、そうしておのれ自身へともたらす」（BP 45）のであり、そうして「歴史を創始させるか没落させる」（ebd.）。では、このわれわれを追い立て回す窮迫は何に由来するのか。それは「人間の存在者の内への被投性（*Geworfenheit*）」（ebd.）であり、窮迫による追い立て回しとはつまり「投者の被投性（存在者の内への被投性）の追い立て／責め立て回し（Umtrieb）」（BP 102）である。

では、「投者の被投性の追い立て／責め立て回し」とはいかなることであろうか。それは「存在者と存在の親密さの過剰の内に、自らを拒む根拠を持つ争い（Streit）」（BP 46）、すなわち現代における存在の存在者化の強力さ、（いわゆる）存在者の優勢において存在がそれを拒もうとし、存在と存在者の争いが生じているということであり、その争いの切迫性が被投性の内に響いているということであろう。では、この追い立て回す被投性は頽落的被投性であろうか根源的被投性であろうか。これは両方であると考えられるのであり、むしろいずれか一方だけであれば、窮迫には至らない。頽落的被投性と根源的被投性の両義性とずれゆきの余地ゆえに被投性は窮迫となりうる。

われわれが存在を忘却しているのではなく存在に去られているということ、その程度は古代ギリシアから変わらない普遍的なものではなく現代においてその深刻さを増しており、存在のみならず存在者にも去られ始めているということ、こうした頽落的被投性の洞察の深化（普遍的な頽落という洞察から歴史的に変様する頽落の洞察へ）が窮迫となるのは、それが、存在を「問うに値するもの」として扱うよう求める存在の呼び声への聴従＝根源的被投性と組みとなって我々に響くからである。ここで注目すべきは頽落的被投性がもはやただ乗り越えられるべきものとしてではなく、存在の問いへと逆説的に誘うという役割を担い始めていることである。

この窮迫において「〔最初の原初の〕さらなる同行を拒絶するところの拒否（Verweigerung）」（BP 178）がなされ、形而上学的思索における「存在者性」、「存続的現前性」、「対象性」、「同一性」といった、既に頽落的被投性になって久しい企投方向・様式の否定——そして第三章及び第四章で述べられたハイデガー自身の形而上学的企投の否定——が為される。ただし、形而上学は「移行をなおも取り巻いている不可避のものであり、はねつけられるという仕方においてのみであれ移行を逆に規定している」（BP 218）。すなわち、われわれの普段の存在企投に潜む形而上学的傾向及びその伝統による強化としての頽落的・形而上学的被投性が排除されるのではなく、ただ否定的な仕方で自覚され耐え抜かれる中でのみ、より根源的な被投性に基づくことも可能になり、存在は自明で問いえないものから問われるべきものとして企投されうるようになる。加えて、そうしたわれわれの存在企投の根本的な変化が、「存在に去られている」というわれわれの歴史的窮状、その被投性に気づかされるという仕方でそれ自体被投的に引き起こされるということ、これがさしあたり「転回《ケーレ》」という事態を「十分に述べること」、「最初の原初」から「別の原初」への移行の開始であると言える。

　ただし「投者の被投性を追い立て回すこと」が「決断と窮迫」（BP 102）と言い換えられているように、被投性が投者を追い立て回すのみならず、投者自身が自らの被投性を追い立て回すこと、そうして耐えることを決断する必要がある。つまり、循環的・転回《ケーレ》的に自らが被投的であるために、被投性に呼びかけられつつ自らもその被投性を洞察しつつ、言葉として捉えようと決断的に企投しなければならないのである。

　その試みは、頽落的被投性と根源的被投性の内実が歴史的にずれゆくという経験の中で、被投的企投に内在していた「窮迫」を捉え、「企投は徹底的に被投的企投である」という洞察を深めていくという本書の試みに他ならない。この決断については後にもう一度取り上げる。

3　転回《ケーレ》への移行的思索――「跳躍」と「根拠づけ」

転回《ケーレ》と「自性-化」

では、ハイデガーが『存在と時間』の当初の構想を断念してでも提示しようとした「転回《ケーレ》」という事態をさらに詳しく吟味していこう。「転回《ケーレ》」とはさしあたり存在による人間の「自性-化（er-eignen）」（BP 262）、つまり自らに適合させつつ人間であらしめること、そのために自らのものとして所有することである。これはいかなることだろうか。存在による人間の所有は上述の人間による存在（すなわち「存在者性」）の所有と正反対の事態、すなわち伝統的形而上学の枠組みの内での転倒に過ぎず、存在が主、人間を客とした主客関係に過ぎないように一見思われる。だが、そうではない。「自性-化」は、こうした枠組みを超え、存在と人間が、このように別々に書くことが不適切であるほど不可分であることを示している[11]。すなわち、存在がその「自性」である存在そのものとして「本質現成する／生き生きと働く（wesen）」ためには、存在が現れる場としての「現-存在（das Da-sein）」、そして「現-存在」における人間が必要である。そして「現-存在」とは人間の「自性」＝固有性であるがゆえに、人間も存在に必要とされて初めてそれ自身となる（vgl. BP 251）。このような「存在としての存在」と「人間としての人間」の不可分の関わりが「自性-化」及び「現-存在」という語に集約されていると言えよう。そして、「自性-化」は「存在への聴従の経験」（BP 239）として被投性（根源的被投性）の経験であると言い換えられていることにも注意されたい。こうした意味において「現-存在」と成ることは「被投的企投の保護者」（「根拠づけられつつ根拠を根拠づける者」）（ebd.）と成ることである。

「自性-化」と存在の「拒否」

そして、存在による人間の「自性-化」は存在による「拒否（Verweigerung）」としてたびたび語られる（BP 8, 247, 475, 487）。「自性-化」において存在が拒否としてわれわれに現れるのであれば、存在は何を拒むのだろうか。存在は先述の「窮迫」というわれわれの現代的状況においてさしあたり「存在者の最も慣れ親しまれた公共性における存在の極端な浪費」（BP 238）を拒む「純粋な拒否（Verweigerung）」（ebd.）として現れる。公共性は存在の対象化や同一化に基づいていたのであった。すなわち存在は根源的被投性を伴わない純粋な「企投」（すなわち形而上学的企投、覆蔵を伴わないかのような脱蔵）によって把握されること、同一性に基づいた対象として了解されることを拒むのであり、言い換えれば存在は自らを自らとして同定・保持することを拒むという仕方でわれわれに現れてくると考えられる。そして繰り返しになるが、ここで拒まれる被投的企投の内に、ハイデガーが自己批判を加えた限りでの前期の思索も含まれるということはやはり留意されねばならない。

またこうした拒否は、存在が「自らを拒絶すること／語り拒むこと（Sichversagen）」（BP 15, 29）でもある。存在が自らを語り拒むのはさしあたり「形而上学の言葉」に対してであると考えられるが、まだ新たな言葉が見つからないうちは、なおも同じ言葉を使いながら批判的視座をもつこと、あるいは「沈黙」をわれわれに要求する。そのようにして存在は対象化や従来の言葉によっては決して把握しきれないもの――こうした把握しきれなさがすなわち根源的被投性であるが――として、簡単に利用・浪費するべきではないものとして自らをわれわれに告げる。そして、存在は自己同一化の拒否、名づけることの拒否によって存在を問う場である「現の空け透きへ指し向ける」（BP 239, 240）のであり、そうして存在の拒否を開示することがさしあたり先述の「現-存在の自性-化」であると言える。では、存在の対象化・同一化の拒否は存在のいかなる特徴と連関しているのだろうか。

存在が対象化・同一化を拒否する理由(1)――存在の唯一性と表象不可能性

存在の対象化・同一化の拒否はまず存在が「それ自体で独立した唯一性（Einzigkeit）と全き訝しさ（Befremdlichkeit）とをもつ」（BP 238）ことと連関している。確かに対象化は唯一性の否定を意味しうる。というのも、まず事物の対象化は先述したように事物を公共的に誰にでもいつでも同様に利用可能な対象として、つまりは或る物を他の物と全く同様の仕方で存在するものとして設定することへと容易に導くからである（vgl. BP 238, 251）。そうした事物はつねにその存在からして代替可能であるかのようである。では、いかなる意味において存在は唯一なのだろうか。一つには、存在があらゆる存在者に普遍的に共通するものではないという意味においてである。或る存在者の存在は他の存在者の存在と同じではなく、その存在者に独自で唯一である。

それは、人間存在であれば、それぞれに固有の誕生の現事実性及び死の可能性〔「死の唯一性」（BP 230）〕、実存／存在了解の決断、他者への連帯の仕方などの固有性と密接に連関しており、人間存在はそれぞれ代替不可能であるということを意味する。おのおのの諸々の経験、とりわけ存在了解を支える根源的・原初的諸経験、そうした個人個人の実存と思索の「諸々の道」がそれぞれの個人の固有の歴史的文脈に戻されるならば、そのつど歴史的に一回きりの、それゆえにそれぞれに初めての「性起／出来事（Ereignis）」となる（BP 55, 86, 228）。非本来性から本来性への変様、新たな存在了解への移行は他者のそれの模倣によってはなされず、各自がそれぞれの歴史的実存に根ざしながら各自の決断と跳躍（道の切り拓き）によって闘い取られねばならない。それは、存在了解が存在の脱蔵と覆蔵の変動の経験によって根本的に揺さぶりをかけられることであり〔「「覆蔵の空け透きを耐える」内的切迫性（*Inständigkeit*）という際立って歴史的に一回的なもの」（BP 352）〕、「存在に去られている」という現代のわれわれの窮状を、存在了解の歴史において最も遥か遠くまで回顧し、測り抜くことによって獲得されるところの、これまでの全ての歴史における「最大のもの」〔「存在の充実された一回性と唯一性」〕である（BP 395, 399,

401, 410)。

また、こうした「唯一性」は、他の生物や事物の存在を含めて考えるのであれば、それぞれの存在者のそのときどきのおのずからなる関連づけの異なりに由来し、「存在者のざわめき（Unruhe）」（BP 314）を担うところのものである。確かにたいていの場合、例えば事物はわれわれにとって何らかの目的を達成するための道具である。私の懐中時計は、親友が私にくれた、時刻がそこから読み取れるところの真鍮製のものであり、公共的な有意義性連関における一契機に過ぎない。しかし、この時計の存在は、われわれ人間が管理している製作・入手・利用行程の羅列で把握しきれるものでは決してない。この時計の存在の開示性には、私と親友とのこれまでとこれからの付き合い、親友と時計との出会いの偶然性といった、「存在者自体の自由」（BP 412）であるところの「世界（Welt）」の企投が不可欠であり、また真鍮の材料である銅と亜鉛、それらが採掘された鉱山、あるいは私がそれを使って時計を持つことができるところの身体、ひいては地球の誕生や宇宙の起源の神秘に溯るところの、「あらゆる企投の前での自己閉鎖」（BP 71, 72）、「拒絶としての性起の響き」（BP 412）としての「大地（Erde）」の内への被投性の開示が不可欠である。そうした「世界と大地の闘争（Streit）」（B 69, 275, 322）の一回性がこの時計を構成している。つまり、現存在による企投によって開示される「世界」と、企投の拒否として、現存在がその内へと投げ込まれるところの「大地」との間の争いである。

このように、存在は、存在者がそれぞれ異なるのに応じてそれぞれ異なる唯一のものであるため、つねにものごとを一般化・普遍化しつつ捉えようとする傾向を持ち、形而上学的に思索するわれわれには、その度ごとに訝しく、把握しえないものとして、それゆえに「拒否」として現れうる。

存在が対象化・同一化を拒否する理由⑵——存在と非存在の争い

また、存在を対象化すべきではないもう一つの理由も、先の「唯一性」と関係している。それは「存在の内の非（Nicht）の内性（Inngikeit）」（BP 264）である。「存在は非的（nichthaft）に本質現成する（wesen）ため、自らの他なるもの（das Andere）として非存在を持つ。（中略）非的なものとして、本質現成しつつ、存在は他性（*Andersheit*）を可能にし、同時に強要する」（BP 267）。存在そのものは存在（以前の自ら）の単なる保持ではなく、自らの「非」が自らに属し、そのつど自らの内に非存在という「他性」を含む（「自異性」としての存在）。存在はそのように「非」を含むものとしてのみ「存在する」ため、存在がそれとして「存在する」ためには既にして非存在が必要である。他方で、存在が非存在に成らずにこれまでと同様に「存在する」ためには、そうした自らの内の他と戦ってそのつど優勢を勝ち取る必要がある。このように存在の内では「非」に基づいて「存在か非存在かの争い」が起こっている（BP 264, 346）[12]。こうした存在と非存在の、自と他の絶えざる戦いこそが存在であり、これまでと同様に持続的に存在することは決して当然ではなく、ましてや永続的などではない。存在と非存在は一見対立項として固定されているように見えるが、存在における自はつねに自から他へという可能性をもっており、存在は非存在に成りつつある。それゆえここで述べている自他の区別は常に暫定的なものに留まり、そのつど形成しては崩壊する。あるいはつねに揺らぎの状態であることを強調すれば、そうした区別は決して形成されないとも言いうる。非存在に成りうるという変動の可能性を決して排除できない危うい状態こそが、まさしく存在するということ、すなわち存在そのものの本質なのである。それは、時間的に述べるならば、「未だ-非ず」と「もはや-非ず」を孕む「存在と時間」の成熟として単なる現在化を拒否するということである（vgl. BP 267, 268, 410）。『寄与論稿』に見られる、こうした「存在と時間」の連関に関する議論は、『存在と時間』周辺時期の「時熟」の議論と基本的に同じである。ハイデガーは時間を存在の「可能性の条件」として捉えるという一方的な基礎づけは放棄したものの、「存在と時間」の連関の重視に関しては変わらないと言える。

存在が対象化・同一化を拒否する理由⑵——「非-存在者」及び「非存在」としての「無」及び「覆蔵性」

そして、非存在として挙げられるのは「無」及び「覆蔵性」であるが、『寄与論稿』は第四章にて詳述した「根拠の本質について」（一九二九）、「形而上学とは何か」（一九二九）、「真理の本質について」（一九三〇）と、「真理の本質について」の改訂版である「真理の本質について」（一九四三）の間の移行期に位置づけられるため、『寄与論稿』における「無」及び「覆蔵性」の意味もやはりまだ両義的である。つまり、まだ単なる存在者の拒否である「非-存在者」[13]として一九二九—三〇年の次元に留まっている節もありながら、他方で無も覆蔵性も存在の拒否である「非存在」として一九四三年の次元に進みつつある。前者としては「存在者ではないもの」（BP 246, 247）、「非-存在者」（BP 286, 287）としての無、そして「存在が自己覆蔵するものとして本質現成するため存在者は開示される」（BP 255, 256）が挙げられる。後者としては「無の存在への所属性」（BP 101）、「存在自体の本質的な振動」（BP 265, 266）としての無及び覆蔵が挙げられる。

存在の本質現成と問いの転換——「企投領域」自体の揺らぎの確保

ところで、「最初の原初」における「本質現前」という存在了解から「現実存在と本質」の区分が生じるのであった。そして、「最初の原初」における「〔存在者全般に共通するところの〕存在とは何であるか」という問い（「導入的問題」）においては、「〜とは何であるか」という問いの様式自体は前提されて不問に付され、「何であるか＝本質」の従来の枠組みの維持において、存在の本質が普遍妥当的で類的な総括、誰にでも接近可能なもの（BP 66, 354, 355）として捉えられる。しかし、存在問題を問い直すのであれば、この支配的な問いの様式、その学的・決断的企投

（BP Vgl. BP 44, 346）自体の是非がもう一度問い直されるべきである。ハイデガーは『存在と時間』において「存在の問い」を「存在一般の意味への問い」として問い直し、「存在企投の基盤とは何か」と問い、自ら「それは時間性（テンポラリテート）である」と答えていた。われわれは今や前期ハイデガーのこの「問いの決断」の是非を問わねばならない。筆者の考えでは、「存在は何に基づいて了解されるか」と問う時、われわれは先述の企投構造に従って存在がそこから了解されるところの超越論的基盤なるものを前提しがちであるのだが、その際にその企投基盤は、問い目指されていた答えとして確定され不問にされるのではなく、問われることによってまさにそれ自体が揺らがねばならない。

存在了解の基盤、「地平」〔「企投領域（Entwurfsbereich）」（BP 10）〕は、『存在と時間』において「時間性」あるいは「意味」と述べられ、『寄与論稿』において「真理」、あるいは「本質」と言い換えられていた。この「企投領域」への問いが『存在と時間』においても『寄与論稿』においても変わらない、ハイデガーの「唯一の問い」（BP 10）である。[14] ただし、前期において存在を一方的に基礎づける基盤として捉えられていた限りでの「企投領域」は、確かにそれ自体問い求められ、問い目指されていたが、あくまで存在了解の基盤として問われているためにそれ自体（そのあり方・様式）が揺らぐものという意味で問うべきものとして扱われることはなく、或る種自明視されていたと言える。それは、真理が『存在と時間』周辺において素朴に暴露として捉えられていたが、中期において脱蔵においてのみならず覆蔵において捉えられたこと、そうして了解の「基盤」が歴史的に動的な「企投領域」として明確化されたことと連関している。別言すれば、企投の被投性の洞察の深化に応じて、「企投領域」がまた「被投性領域」でもあるということ、言わば「徹底的に被投的な企投領域」（先取りすれば「企-投領域」）として捉え直されねばならない。そして、これは企投領域が「脱-底（Ab-grund）」（BP 32, 479, 484）として、「存在の歴史」から捉え直されているということでもある。存在の歴史は、「時-空間的脱-底の完全な本質現成」（BP 32）であるという点で『存在と時間』における時間性に対する歴史性の二次的な位置づけと大きく異なっている。『存在と時間』における「歴史性の時間性への根拠づけ」との対比において「〔存在の歴史の〕時-空間は歴史性の本質を自らの内に取り戻す」（BP 33）。すなわち、ここで企投領域としての時間性に基礎づけられていた歴史性が、「存在者のざわめき」や「世界と大地の争い」といった他の存在者の存在の他性を保護するような空間が加味されつつ「存在の歴史」として捉え直されている。では「時-空間的脱-底」とはいかなるものか。それは「自己覆蔵があらゆる領域を徹底的に支配し、空け透きを規定し、そうして同時に空け透きの内部で自己閉鎖的なものに対向して本質現成する」（BP 349）のであり、「神々と人間の対峙の間において世界と大地の争いの根拠として戯れる」（BP 479）、「脱底としての間根拠」（BP 484）である。すなわち、第四章で議論した脱蔵と覆蔵の運動が「存在の歴史」であり、その際重要であるのは、自己覆蔵が企投領域を含めたあらゆる領域を「徹底的に支配する」根本的なものとして捉えられねばならないということである。それが「被投性領域」であり、「脱-底」である。そうして存在の歴史は自己閉鎖的なものとしての大地を現れさせるのであり、また世界をそうした大地との争いの内にあるものとして現れさせる。

　そうした存在の歴史は「様々な時代における存在の諸段階」（BP 431）、つまり「存在者に対する存在の優位、存在に対する存在者の優位、両者の混乱、全てを算出的に理解可能とする時代におけるあらゆる優位の消失」（ebd.）によって特徴づけられる。存在の歴史はわれわれにとっては「最初の原初の自己覆蔵する歴史」（BP 111, 112）であり、「存在に去られている」という「窮迫」において、存在が「拒否」として響く中で、「決断の必要性」（BP 239）として明らかになる。

　こうした「脱-底」としての企投領域の捉え直しがまた、先述の「真理の本質への問いから本質の真理への問いへ」という「転回《ケーレ》」でもある。つまり、「真理とは何であるか」という問いは「「真理とは何であるか」という問いにおいて前提されている真理と「何＝本質」はわれわれの時代においてどのように捉えられているか」という問いによって補われねばならない。この問いの反転は、無限後退に陥る危険を持つ懐疑主義的な問いとは異なり、問いの前提に自覚的になり、その命題的真理の様式自体を徹底的に揺さぶりにかける必要があることを示している。これが、問いの基盤の同一化への抵抗、「自異性」の完遂であり、ハイデガーが主張するところの「問う」ということの一つの到達点ではないだろうか。

断念と決断

では、存在の「拒否」に対してわれわれはいかなる態度をとるよう求められているのだろうか。ここで重要なのは、存在の「拒否」の受け入れにおいて、拒否が忘却されずに拒否として保たれ、またそうした仕方で拒否へ向けて繰り返し「準備」（BP 22）すること、そうした意味で「耐え抜く」ことである。この準備は、最終的な決断の場の根拠づけを決断する（vgl. BP 91-102）という仕方でなされる〔「決断についての決断」（BP 102）〕[15]。言い換えれば、最終決定的な決断は、頽落的及び根源的被投性の「窮迫」を軽減しつつ「最初の原初」の内に留まるのではなく、「窮迫」が存在の「拒否」として、「別の原初」への移行を「通路づける」（BP 112）に委ねることを敢えて試みるという予備的決断に基づく（BP 63, 90, 91, 95）。加えてこの決断に際しては「最初の原初」として近代へ展開した形而上学を構成する諸概念（体系、主観、表象、条件など）の「断念（Verzicht）」（BP 22, 62, 487）、存在を対象化しうると考える習慣の「放棄」（BP 251）、現前するものの表象という単純な思惟習慣からの「解放」（BP 390）が為されなければならない。この「最初の原初と別の原初の間の危機（*Krisis*）」（BP 295）、「移行の最初の準備」（BP 309）である予備的決断の「時-空間」（BP 98）、「瞬間場」（BP 323, 342, 375）こそが「現-存在（das Da-sein）」である[16]。「別の原初」への移行は、「〔存在者性及び「最も一般的な」規定としての存在からの完全な乖離を含む〕長い準備を必要とする」（BP 278）のである。そして、この「決断についての決断」は図式としては『存在と時間』における「選択の選択」、非本来性から本来性への変様と重なるように思える。しかし、この決断は、「未-決断のもの」（BP 88）、「保護されていないものの内への取り組み」（BP 298）としてあくまで敢行的であることが強調されているという点、また「破壊と根こそぎにすることに対する戦い」（BP 102）という歴史的窮迫に基づく必要性に応じた、それ自体「本質現成」、「転回」（ebd.）としての決断であるという点において大きく異なっている。「既にとうに覆蔵されたものと塞がれたものの内で始められていた決断」は「歴史か歴史喪失かへの決断」（BP 100）、つまり「別の原初を開始する（別の原初のための長い準備をする）か、最初の原初の終わりに結びついたままでいるか」（vgl. BP 96）、「存在の歴史」における「窮迫」を耐えて、「人間の歴史の根拠にする」（BP 45）ことへ向かうか否かという決断である。つまり、自らの既在的思索も含めた形而上学的企投は歴史喪失の決断を無自覚にしていたが、その決断こそが取り戻されねばならないということである。(17)

「現-存在」と「離-存在」

ところで、「現-存在」への移行に「長い準備」が必要であるのは、別言すれば、人間がさしあたりたいてい存在に去られていることにおいて「現存在」から離脱している「離-存在（Weg-sein）」（「非本来性の根源的名称」）（BP 301, 323, 324）として存在しているからである。ただし、この意味での「離（Weg）」には「道（Weg）」という意味も重ねて込められていると考えられる。「人間は *Weg* である」（BP 323）とハイデガーが言うとき、人間は「離-存在」として、あるいは「現-存在」としてさえも、絶えざる自己の更新として、つねに再び「現-存在」へ向かわねばならない限りで「道（Weg）」であるということを示していると考えられる。そうした意味で「離-存在」はわれわれの思索の途上性をも表していると解釈できる。

他方で、「離-存在」は「現-存在」からの離脱という原義に従い、「現」の「終わり」、「最も極端な可能性」、「最も固有な開示における覆蔵性」、「可能的な完全な変化の最内奥のもの」(BP 324, 325) としての「死への存在」として逆照射的に「現-存在」を照らし出すところの「最高の現-存在」(BP 325) をもまた意味する。こうした「最高の現-存在」としての「離-存在」は先の真理の本質における脱蔵と覆蔵の運動を開示し、それに耐えるという存続性として、別の原初の準備的な場である。ただし、こうした「現-存在」は根源的な真理の本質現成として、「存在者の只中が自己覆蔵の内へ跳躍し抜かれるときのみ経験されうる」(BP 330)(強調は筆者による)。つまり、第四章及び本章前節にて述べたように、「存在者の只中への被投性」が「アーレーテイアにおける覆蔵性の内への被投性」にまで洞察し抜かれて初めて、人間は「現-存在」に成るのであり、「存在者の只中への被投性」の経験だけでは、すなわち「メタ存在論」においてはまだ「現-存在」として存在を問うことはできていないという意味で「離-存在」であるということであろう。この「覆蔵性の内へ跳躍し抜くこと」は、筆者の考えでは、「自己覆蔵があらゆる領域を徹底的に支配し、空け透きを規定し、そうして同時に空け透きの内部で自己閉鎖的なものに対向して本質現成する」(BP 349) という洞察においてなされているのであり、この洞察が先述の「真理の本質について」の一九四三年の改訂に繋がっている。もしも存在が完全な脱蔵・現前であるならば、われわれが思索の諸々の道の間で迷うこともなく、そもそも思索の道さえ生じないだろう。存在が自己覆蔵するからこそわれわれが道を歩むことも道に迷うことも生じてくる。

「現-存在」への「跳躍」とその「根拠づけ」

そして、「現-存在」は漸次的にではなく予測不能な仕方で突発的に存在の拒否、自己覆蔵の先行的開示として、「跳躍(Sprung)」、すなわち「投げ放ち(Loswurf)」(BP 304, 454) として被投的に生じる(BP 82, 235-237, 278-280)。

言い換えれば、「跳躍」によってわれわれは初めて「現-存在」になるが、われわれがその内へ跳躍するところのおのれ自身は、跳躍に先行して存するのではなく跳躍によって初めて生じる（BP 259, 303）。つまりそれは従来の存在企投の様式と領域に依拠し続けるのではなく、そうした依拠から解放されつつ自己の基盤の揺らぎを経験すること、そうした意味における運動、生成過程こそが自己存在であるということであろう。それは「どこから」という根拠ではなく「どこへ」という根底、すなわち「脱-底（Ab-grund）」（BP 346）を意味する。こうした「脱-底」を根底とすることが「或る企投の破り開きの内部で保ち抜くこと」（BP 369）としての、「問うことそのもの」（ebd.）であるような企投であり、徹底的に被投的な企投である。

この脱-底という根底は「問いの極端な振動領域（Schwingungsbereich）」（BP 57）、先の振動する「徹底的に被投的な企投領域」である。この領域への「跳躍」は、「超越」において先行的／超越論的につねに妥当する断定的命題を基盤とする代わりに、むしろ問いを、問いの余地を「基盤」とした思索の仕方の開始であると言える。「何故、そしていかなる意味においてわれわれに存在者が「存在している」のかという問いは残る。つねに前もって或る企投があり、問いが残るだけである。それは、企投者（der Entwerfende）が投者（Werfer）自身として開示的な投げの軌道（Wurfbahn）の内へと跳び込んでいるのか否か、企投自体が出来事として性起から経験され、耐えられるのかという問いである」（BP 231）。存在者が存在することをつねに既に企投してしまっているわれわれは、その際の自らの企投様式及び領域の歴史性、すなわち、根源的被投性を、問いの余地として残しているということを自覚しなければならない。この根源的被投性を支えるのが「投げの軌道」であり、それは「存在の歴史」としての性起に他ならない。その際企投自体が性起となる。そして、上述の問いは、言い換えれば、「企投の方向（Entwurfsrichtung）と射程（Weite）についての決断の根拠はどこから生じるのか、存在の本質規定は最高の必要性に、窮迫に従属しているのか」（ebd.）という問いであろう。企投自体が性起と成るか否かの分岐点において重要であるのは、企投方向及び射程の決断が「徹底的に被投的な企投領域」という「脱-底」、存在の歴史から、また現代のわれわれにとっては「存在に去られている」という「窮迫」から、その「必要性」に応じて生じているかどうかである（BP 231, 239, 303-305, 327）。[18] というのも、頽落的被投性と根源的被投性の二重の呼び声、その内に潜む窮迫に基づいて企投できるということこそが「〔可能性の諸条件といった〕あらゆる単なる超越論的な認識様式との本質的な違い」（BP 239, 258, 259）だからである。[19] この窮迫をいかに企投し、根底とすることができるか、この被投性の明確かつ自覚的な遂行が、「本質的な企投」（BP 328, 356）（強調は筆者による）、「徹底的に被投的な企投」である。これにより企投者は初めて企投者自身、その根底からして「問うことそのもの」に成る。「問う者は、その内で最も古い根底を知るような脱底を愛する」（BP 13）。

　こうして、存在による人間の「自性-化」において、企投が「存在そのものによってしか投げられえない」（BP 447）と述べられる意味も明らかになる。「転回《ケーレ》」における存在了解はあくまで根源的被投性に基づく、あるいは限りなく根源的被投性そのものであるところの企投である。こうした被投性は後に「企投の働きの中で投げる働きをしているのは人間ではなく、むしろ存在そのものである」（Wm 337）（一九四六）というように「投げ」として捉え返されていく。

　これは「転回《ケーレ》」という被投的企投の変様を特徴づける上で特筆すべきことである。『存在と時間』周辺時期において、存在企投はあくまで現存在によるものとされており、存在は現存在が企投する限りにおいて「存在する」と述べられていた。そうした企投＝「人間の能作」への誘導がここで崩壊し始めており、企投の深化が述べられている。こうした捉え直しによってハイデガーは、形而上学的思索と密接に関連している根源的被投性の軽減からより明確に距離を置こうとしている。企投は今や現存在の実存の契機としての「存在の「企投」」という「伝来のもの」（BP 447, 452）ではなく、「存在の「本質」」（BP 451）、「自性-化／自性-現起としての企-投」（ebd.）、「企投としての存在」という「〔従来の存在の企投とは〕別のもの」(BP 452)となっている。

存在と人間の双方向性

ここに「転回《ケーレ》」における「双方向性」の意味が明確になると言えよう。もしも人間が存在を同一性として企投し、存在が自らをそれとして肯定し、受け入れるならば、人間は変わらずに存在を同一的に企投し続ける。これは一見相互的に見えるかもしれないが、一方的な働きかけによって成立していると言いうる。というのも、一方の働きかけによる他方の変化がないからである。しかし転回《ケーレ》において、人間が存在を先の存在と同じ存在として企投し、同一性として規定しようとしても、われわれの根源的被投性を、そして窮迫を開示することによって存在はそれを拒否する。人間はそうした存在の拒否を受けて、存在をそのつど異なる訝しいもの、そのつど「問われなければならないもの」として規定するようになる。そうすると、存在は「自異性」としての存在、存在そのものとしてわれわれに対し現れるようになり、われわれもそうした存在の開示の内で耐えることによって初めて「現-存在」そのもの、すなわち訝しいものとしての存在を問う事態に至る。こうした往復運動全体が、存在の「本質現成」、すなわち「性起における転回《ケーレ》」(BP 407)であると言えよう。そしてハイデガーによれば、このようにして「別の原初」が始まるのである(vgl. BP 58, 248)。しかし、ここで留意されねばならないのは、上述のような被投的企投の捉え直しにおいてさえ、まだなお「企投優位」が見られるという点であり、こうした意味では被投性の根源性は「投げ」としてさらに深められていかねばならない。この点を次章以降で分析する。

「別の原初」という新たな歴史の創始

では、以上のような「現-存在」の根拠づけにおいて「別の原初」という新たな歴史の創始に向けた準備は具体的にいかなる仕方で為されるのだろうか。まず、「存在に去られている」という現代の根本事態を歴史的に測り抜くこと、すなわちわれわれの日常において自らの企投とそれを方向づけている企投の歴史に関してその原初へと溯り、自らの企投に自覚的になることが前提となるのであった[20]。人間はそうした「現-存在」として自らが「より存在する（seiender）」ようになりつつ、最終的には存在者へのあらゆる関連を変化させることによって初めて、新たな歴史の創設を開始する（BP 247, 248, 317, 318, 322）。別言すれば、新たな歴史の創始は、「現-存在」における「存在の本質現成の真理の保護」（vgl. BP 482）によって為されるのだが、その保護はいかにして為されるのかと言えば、「存在者の内に［存在の］真理を蔵すること（Bergung）」（BP 71）、「存在から存在者へ存在者を織ること」（BP 248）（強調は筆者による）という仕方で完遂される。端的に言えば、存在への関わりのみならず存在者への関わりが変化して初めて、新たな歴史が始まる。では、転回《ケーレ》において存在者への関わりはいかに変化するのか。「存在者の内に真理を蔵すること」において、「最も覆蔵されたものを覆蔵されたままであらしめ、唯一の現在を貸し与える」（BP 400）ことにより、真理の脱蔵と覆蔵の運動における諸現実性と諸可能性に基づいて、存在者全体の諸現実性と諸可能性が最も深く測り抜かれる（BP 237, 238）。これにより「今それであるところの存在者」は「かつてそれであり、いつかそれでありうるところの存在者」として存在するようになり（vgl. BP 71）、そのようにして存在者が「非存在者」という虚ろなものから「［まさに初めて、あるいは再び］存在するようになる」（BP 71, 410）。つまり、新たな歴史の創始は、新たな日常的存在了解、習慣の開始、それゆえに新たな伝統の開始として遂行されるはずであるが、そのためには先述のとおり「存在の了解」の革命のみならず、それに基づいてわれわれが日常的に絶えず関わるところの「存在者の了解」の革命が為されねばならない。

この「存在者の内に真理を蔵すること」は、先の存在の「唯一性」と連関するところの「世界と大地の闘争」の「実行」（BP 72, 269-275, 482）であるとも言い換えられる。とりわけ重要であるのは「大地」とわれわれの関係である。

「大地」は「歴史に属す自然」として、人間の「「生」と身体、生殖と性、系図」（BP 71, 72）、ひいては「民族（Volk）」（BP 42）と連関している。そうした「大地」が「工作機構」の内で歴史からも自然からも根こそぎにされているわれわれ人間に取り戻されねばならない。こうした「大地の救済［拒絶としての性起の響きを持ち堪え抜くこと］」（BP 412）から初めて「世界の更新［存在者自体の自由を基づけること］」（ebd.）へ移行する。それはやはり被投性の根源性の耐え抜きから新たに徹底的に被投的な企投へ変様することであろう。

こうした「蔵すること」には具体的にさまざまな様式があり、それぞれの時代に基づいてその様式の決断が為されている。「蔵すること」はそのつど、物、道具、作品を適切に入手・製作・創造・保護し、作用させること（BP 348, 349, 389）であり、具体的には「芸術」・「思索」・「詩」・「行為」（BP 256, 257）、「技術」（BP 269-275）が挙げられる。このようにしてのみ存在者への関わりの根本からの変化はもたらされるのであり、それは存在そのものの「脱底」に基づいた存在者の「改造」（BP 96）、「救済」（BP 100）、「回復」（BP 412）であるとされる。ここで、存在者はもはや虚ろな「非存在者」ではなく、「まさしく存在しているもの」と成っており、われわれはそうした存在者に関わることによって頽落へと誘われるどころか、むしろ存在を問うことへと促されるだろう。

4　第五章の結論

以上から「転回《ケーレ》」とは、存在が存続的現前性、自同性として把握されることを拒否し、われわれがそれを受け止めつつ存在を規定することによって、存在が「自異性」として現れてくるという、被投的企投の変様であることが明らかにされた。それはまた「最初の原初」の否定を通して「別の原初」へと移行すること、そのようにして新たな歴史の開始を目指して準備することでもあった。「転回《ケーレ》」における存在の拒否は、伝統的形而上学から存在の思索への歴史的移行を支えるという意味において、形而上学的企投を超克するための重要な契機であった。この「転回《ケーレ》の思索」によってハイデガーとわれわれは、第三章にて議論された「過剰な歩み」から、第四章の「退歩I」を「存在の歴史」と企投の変様という別の観点から展開することにより、「存在の問い」の生起にまた一歩近づいたと言えよう。

ところで、ハイデガーの自己批判はとりわけ前期に対するものが多く、中期に対するものはあまり見られない。ここまで歩みを進めてきたハイデガーは、これでもはや「存在の問い」の生起のための準備は完了したとして歩みを止めてしまうのだろうか。そうではあるまい。ハイデガーの思索の歩みと変様は滞ることなく続くのであり、そこには明示されない自己批判が確かに存在している。筆者の考えでは、形而上学の基礎づけから形而上学の超克に向かったハイデガーの自己批判は、「形而上学はそもそも超克されうるか」、「形而上学とは何か」ということに再び向け直されていく。それは形而上学の超克から耐え抜きへの変化、そして「最初の原初」の窮迫から「別の原初」への最終決定的転回《ケーレ》という「存在の歴史」の構図からの離反の試みとして現われてくる。

以下、第六章においてニーチェ解釈の展開（一九三六—四六）の分析を通して形而上学の両義性への対峙について議論し、第七章において「存在の問い」の基礎づけならぬ基礎づけという観点から、前期から後期までの思索の道程を振り返り、ハイデガーの自己批判による被投的企投の深化が結局のところいかなる道に至ったかを考えたい。

注

（1） とは言え、後述するように、存在者も了解の仕方によっては存在の問いに資するものになることに注意されたい。ここで述べているのは、あくまでも現代の支配的な存在了解において捉えられているところの事物としての存在者である。

(2) 以下の引用を参照のこと。「存在の真理は存在者の言葉によって直接言い表されず、またそのための新しい言葉が発見されうるわけでもない。あらゆる言うことは聴きうることを共に生じさせなければならない。存在の言葉としての存在者の言葉の変化が必要である」(BP 78)。「移行的な思索は形而上学的習慣を払いのけることはできず、それどころか伝達のためにはなおもしばしば形而上学的思索の軌道を進みながらつねに別のものを知っていなければならない」(BP 430)。

(3) 「原初」は根源的には「反-復されうる一回的なもの」(BP 55)、「存在自体の本質現成」(BP 58)、「最初の原初との論争の内で別の原初として初めて遂行されうるようになる」(ebd.) ところの「存在そのもの (性起)」(ebd.) を意味する。また以下も参照のこと。「そもそも何故原初が思索されねばならないのか。ただ最大・最内奥の性起 (覆蔵されているためにまだ誤用されても操作されてもいない根源、原初) だけがわれわれを事件や策謀の従事の内への喪失から救出しうるからである」(BP 57)。

(4) 本書序論注 (23) を参照のこと。

(5) 『存在と時間』に関する自己批判として以下の箇所も参照のこと。「存在者性を存在としてその真理へ向けて企投する」(BP 450) という仕方で「外見上は存在自体がなおも対象とされ、存在の問いの助走が既になされた」(BP 451)。「しかし実際はそのことの最も決定的に反対のことが達成される」(ebd.)。

(6) ここで述べられている「非存在者」は第四章で論じられた「非-存在者」とは異なる。本文でも述べているように、「非存在者」は、もはや存在者ではないように思われるが、あくまでも「存在者」であるのに対して、「非-存在者」は無 (存在) を指しているのであった。

(7) 『寄与論稿』においてもやはり企投は、さしあたり個々の存在者の了解に先立つ存在了解という現存在の構造 (BP 259, 452)、現存在による存在への関わりであり、そのようにして現存在が存在者を存在させることである。被投性は、存在によって現存在として存在することへと投げ込まれ、存在させられていること (BP 233, 239) であり、存在による現存在への関わりである。こうした基本規定は『存在と時間』から変わっていない。

(8) 以下の引用も参照のこと。「洞窟の比喩の解釈を、真理への問いの領域への導入として影響力のあるものにすることが必要である」(BP 360)。

（9）　ハイデガーの言う「転回《ケーレ》の必要性（Notwendigkeit）」とは、「存在に去られている」という「窮迫（Not）」が高まるならば、存在に「向き（wenden）合う」必要に迫られ、転回《ケーレ》が生じるということである。そのため事柄に従えばNotwendigkeitには「必然性」よりも「必要性」という訳の方が適切であると判断した。

（10）　ハイデガーは「他の存在者の内に人間が存在しているということの意外さへの驚き」を「最初の原初の根本気分」としての「驚き（*Er-staunen*）」（BP 46）とし、それに対して「存在に去られているという不意の出来事への創造的な驚き」を、「控えめさ（*Verhaltenheit*）」を伴う「別の原初の根本気分」としての「驚き（*Er-schrecken*）」（ebd.）と区別している。

（11）　ハイデガー自身この点を気にかけている。以下の引用も参照のこと。「性起は現-存在の自性-化を自らの内に含んでいる。それゆえ、存在が〝それ自体で〟本質現成し、現-存在が存在への関連を受け入れると誤解されそうな現-存在の存在への関連という語りは危うい」（BP 254）。

（12）　存在を語るために存在という言葉を既に使ってしまっているが、前者の存在と後者の存在では意味が異なる。後者は「現前性（A）」としての存在であり、「現前性（A）」と非現前性（すなわち覆蔵性）の争いがハイデガーの言う「性起」としての存在概念（すなわち「現前性（B）」）を構成していると解釈しうる。

（13）　ここでの「非-存在者」は本章で論じた「工作機構」において「もはや存在しないかのようなもの」としての存在者ではなく、第四章にて論じた「存在者ではなく存在である」という際の存在者、すなわち素朴な存在論的差異における存在を意味する。本章注（1）を参照のこと。

（14）　存在の意味、存在の真理が存在の企投領域として示されている箇所についてはHw 100, Wm 201も参照のこと。また以下の引用も参照のこと。「これら三つの語（意味-真理-場所）は相互に入れ替わることによって、同時に思索の道における三つの歩みを特徴づける。意味-真理-場所。存在への問いが明確にされるべきであれば、三つの相互に続く定式を、何が結びつけ、何が区別するのが、是非とも開示されねばならない」（Se 344）。

　そして細川は意味-真理テーゼ及び「転回《ケーレ》の思索」において企投の被投性がポイントになっているとし、被投性は「存在によって性起させられていること」を意味していることを指摘しつつ、「基礎的存在論から形而上学構想へ、そしてさらに形而上学の克服へというハイデガーの思索の道は、被投性の深化として特徴づけることができる」としている（細川『意味・真理・場所』四三二―四三五頁）。この点で筆者も同じ立場である。

（15）この間接的・準備的決断は「存在者の改造／新たな創造」（BP 101）による新たな歴史の創造へ向けた「最初の歩み」（BP 101）である。

（16）「現存在（das Dasein）／現-存在（das Da-sein）」は『存在と時間』において存在者としての人間あるいは人間存在という「人間自体の根拠」（BP 300）といった意味を持っていた。だが、本来的には「現-存在」は「将来的人間存在」（存在の探求者、存在の真理の保護者（BP 294）、根拠づけ者（BP 301））という「人間の最高の可能性」（BP 301）の根拠であり、人間が「現-存在」というあり方を引き受け、将来的に存在する限りで、人間を根本から変化させるところのものである（BP 294, 296, 297, 300）。それゆえ「現-存在」は従来の人間及び人間存在から見れば完全に見慣れないものであり、人間一般の根拠ではない。また、こうした「現-存在」の二義性の理由については、「現-存在」への変化は或る意味で人間の側から生じさせるしかないが、人間は人間自身の従来の諸表象から容易には抜け出せないため、最初の試みにおいてはなかなかうまくいかないとハイデガー自身が述べている（BP 340, 341）。

（17）現-存在という「決断領域」（BP 28）、「時間-活動-空間」（BP 13, 227）は、神／神々についての最終決定の場でもある。しかし目下のところ、われわれは神／神々について「逃亡か到来か」（BP 12, 252）、「一か多か」（BP 436）、すなわち「神であるのか神々であるのか」、また神／神々の存在様式（vgl. BP 508）、すなわち「神／神々は実存するのか否か」といったことに関して「決断不可能性（Unentscheidbarkeit）」（BP 12, 436）の内にある。

（18）ハイデガーによれば、「命題から洞察されうる論理的結果の要求は見かけ上の自明の正しさを引き出すため、何の窮迫も必要性もない。ここにこそ恣意がある」（BP 328）。すなわち論理学の方にこそ無根拠さが存するということである。

（19）以下の引用も参照のこと。「存在了解（被投的企投）は『存在と時間』における導入の仕方では移行に即した両義的性格をもっている。そして人間の表示もまたそれに呼応している（「人間的な現存在」、人間における現存在）。存在了解は、一方で超越論的なもの、存在者性の表象定立一般の根拠づけられざる根拠として捉えられている。存在了解は、他方で（了解が企-投として把握され、この企投が被投的なものとして把握されるがゆえに）真理の本質を根拠づけることの告示である」（BP 455）。

（20）以下の引用も参照のこと。「「存在者」の方から真理の本質現成への道を見つけるためには、存在そのものと真理へのわれわれの今日的な根本関連を逸脱し、存在者への諸関連を震撼させること、そうして存在者へのわれわれの今日的な諸関連（いかなる真理の内でいかにして存在者が存立するか）をあるがまま捉えなければならないため、困難である」（BP 389）。筆者はここに頽落批判のみならず、前期の「「存在者」の方から真理の本質現成への道を見つける」試みであった「メタ存在論」への批判も読み取りうると考える。

第六章

危険な道を行きつ戻りつ歩むこと

――形而上学の両義性の耐え抜き

1　第六章の問題設定

「存在の意味」＝「真理の本質」＝「企投領域」への問いというハイデガーの唯一の問いの生起（すなわち「転回《ケーレ》」）への「窮迫」及び「必要性」は、第五章で明らかになったようにわれわれがその渦中にいるところの現代の危機的状況から生じる。他方で、この「窮迫」の原因は現代において初めて生じたわけではなく、プラトンに始まる形而上学の歴史において既に孕まれており、「形而上学の完成」としてのニーチェの思索によって「窮迫の無さとしての窮迫」という極限にまで至ったとされる。そしてこの「窮迫」の極まりは、「真理の本質への問い」の必要性、「別の原初」への移行の必要性の極まりであるとされる。では、いかなる点でハイデガーはニーチェの思索の内に「形而上学の完成」及び「窮迫」を見出したのだろうか。

　ハイデガーのニーチェ解釈（『ニーチェ』（一九三六―四四／四六））によれば、ニーチェはプラトニズムにおける存在者全体の「神格化（Vergöttlichung）」・「人間化（Vermenschung）」（『力への意志』n.614）とそれに基づく真理の固定性・一義性が「ニヒリズム」の根源であるという洞察のもと、「力への意志（Wille zur Macht）」の思索においてプラトン以前の「ピュシス」に基づいた存在・真理解釈を展開した。その思索は存在者全体の「脱人間化（Entmenschung/Entmenschlichung）」・「自然化（vernatürlichen）」（『悦ばしき知識』n.109）を目指しており、存在者全体への展望と地平の多様性、ひいては真理の多様性を保護する方向へと向かっていた。その限りでニーチェは、プラトニズムとは異なる仕方で真理を捉え、「真理の本質への問い」の「本質的な突破口／大胆な突き進み（Vorstoß）」（NiI 151）に肉薄していたとハイデガーは評価している。この肯定的評価は、『寄与論考』において「あらゆる従来の人間の最も根源的な脱人間化」（BP 510）を通して「現-存在と存在者の脱人間化の可能性の根拠づけ」

(ebd.) がなされるとされていたことと連関する。つまり「脱人間化」は根源的被投性の経験としての徹底的に被投的な企投であると言い換えられよう。

だが、「力への意志」の思索は「真理の本質への問い」への決定的な一歩（「退歩」）を踏み出すことはなく、最終的には全てを価値へと転換する「無制約的自己立法」に行き着く。つまりニーチェの思索は、ニーチェの当初の意図に反して、極端な「人間化」、ひいては真理の固定化・統一化に至る。ハイデガーはこうした点でニーチェの思索を形而上学の一つの極限的完成とみなして批判する。このようにニーチェは問いの生起に（ひいては「転回《ケーレ》（Kehre）」の生起に）限りなく近づきながらも、問いを展開できないまま放置し、それどころかプラトニズムの本質を見極めないままにプラトニズムから脱却しようとしたため（歴史の内への被投性／「存在の歴史」の投げの軽減における企投）、無自覚ながらかえって決定的にプラトニズムに巻き込まれ、問いの成立をより困難にしてしまった（危機の段階②と③の反転）。すなわち、プラトニズムによる弊害から脱却したかのような見かけにおいて、より決定的に弊害に曝されているということ、これが「窮迫の無さという窮迫」である。そしてこのニーチェの過剰な歩みの内実は、以前のハイデガー自身の存在の思索における過剰な歩みと重なる。ゆえにニーチェ批判は自己批判と重なるのである。

そうした自己批判は以下のような疑問に暗示される。ニーチェの価値思索が形而上学の一つの展開であるとしても、何故「形而上学全体の完成」であると言えるのか。また何故自らの思索を「完全に別のもの」であると言えるのか。もしもハイデガーの思索の根本原理である「諸々の道」＝試み性格、「問いの不断性」に則るのであれば、この主張は「過剰な歩み」でしかないのではないか。筆者の考えでは、ここでハイデガーは前期とはまた別の仕方で再び形而上学的思索に巻き込まれかけている。つまり、前期においては形而上学の基礎づけ、いわゆるプラトニズムの反復という形而上学への明確な接近だったが、中期においては形而上学からの離反・超克の試みという形而上学への巻き添えである。何故形而上学からの離反の試みが形而上学への接近になるのかと言えば、形而上学の本質が測り抜かれていない間は（そしてたいてい、あるいは決して測り抜かれていないのだが）形而上学からの離反は不可能であり、それにもかかわらず離反しようとし、超克したものとみなすことは、形而上学への無自覚の巻き添えでしかないからである。このことは上述のとおり、他ならぬハイデガー自身のニーチェに対する批判点と重複している。そしてハイデガーは、ニーチェ解釈の進展に応じて、自らの存在史的思索のこうした二分法的・決断的側面に批判的になり、形而上学の二重性を明確に認めるようになる。このことは、「形而上学は助け、また邪魔をする」（Ni II 360）というハイデガーの言、あるいは形而上学の「超克」が「耐え抜き」としてなされるべきであるという主張、また「存在の問い」が形而上学の過剰からの「後方への歩み／退歩（der Schritt zurück）」（Ni II 333）を通して生じるとされることによって裏付けられるだろう。それは「放下（Gelassenheit）への退歩」へと繋がる。

ハイデガーとニーチェ、あるいはニーチェを含む形而上学全体は、通常それとみなされるような単純な対立関係にあるわけではない。形而上学的傾向が人間から簡単に切り離せるのであれば、「存在の問い」の困難も思索の「迷い道（Holzweg）」も、ハイデガーの自己批判も生じない。われわれがその本質を容易には掴みきれないものであるからこそ、形而上学は「窮迫」を招くと言える。「窮迫」の所在と「存在の問い」の必要性は、ハイデガーによる形而上学批判のみ、あるいは伝承のみというように別々にしか扱わないのであれば、決して明らかにはならない。伝承と批判の分岐点がいかなる点にあるか、その抗争、切迫こそが見て取られねばならない。

そして、こうしたハイデガーによるニーチェ、ひいては形而上学の両義性への対峙は、ハイデガー自身の思索の両義性への対峙と呼応している。つまりハイデガーは、ニーチェの思索の分析をとおして伝統的形而上学全体の歴史を解体しながら、自らの既なる思索を解体している。(1) そうして彼は、自ら巻き込まれながら思索を試みているという自覚を深めながら、現に生じつつある「存在の歴史」に対峙しているのである。

しかし、先行研究においてハイデガーの自己批判が等閑視されていることと呼応して、ハイデガーを単なる脱形而上学として扱う傾向が未だに強い中では、ハイデガーのニーチェへの賛同点を捨象して批判点のみを論じるものがほとんどであり、ハイデガーにとってのニーチェ哲学の両義性とそれによる「窮迫」はたいてい等閑視されてしまっている。(2) しかし、それは後期ハイデガーの思索についての見誤りへと繋がる。つまり彼らは、「最初の原初」から「別の原初」へという中期の構図の、後期ハイデガーによる放棄を見落としている。しかし、それではニーチェの思索の内にハイデガーが見出していたせっかくの「問いの突破口」、形而上学に内在的である「存在の問い」の可能性を放置し、プラトニズムを脱したと自己主張する限りでのニーチェ及びハイデガーと同様の「過剰な歩み」をしていると言わざるをえない。

本章はつまるところ、ハイデガーのニーチェ解釈の分析を通して存在問題の「本質的な突破口」が「力への意志」の思索の内のいかなる点に存すると考えられるか（第2節、第3節）、その突破口の隠蔽としての「過剰な歩み」と「窮迫」がいかにして生じ、またそこからいかなる「退歩」が生じるのか（第4節、第5節）、こうしたニーチェの価値思索からの退歩が、ハイデガーの自己批判、すなわち「最初の原初から別の原初へ」という存在史的思索からの「退歩」、「放下」といかに重なるか（第5節）を判然とさせる。これにより、ハイデガーのニーチェ解釈が「存在の問い」の困難と形而上学の内在的な可能性、形而上学とハイデガーとの距離を別の角度から明らかにするものであることが示される。

2　「力への意志」における「脱人間化」の試み（一九三六／一九三七）

ニヒリズムの克服としての「力への意志」

ハイデガーが見るところ、ニーチェの根本経験における「ニヒリズム」は、プラトニズム・キリスト教に代表される従来の最高価値の設定と崩壊、それに伴う存在者全体の空しさの経験という「歴史的運動の根本様式」（Ni I 24）であり、容易には克服されない。[3]「ニヒリズム」に立ち向かうためにはまず、崩壊しつつも未だに影響力を持ち続けている従来の価値設定の疑わしさを見極め、それを完全に放棄することが重要となる。というのも、ニーチェが「従来の価値の専制が打破され「真なる世界」を廃止すると、新たな世界秩序がおのずからそれに続かざるをえないだろう」と述べるように、従来の価値設定の廃止に伴い、新たな秩序が諸秩序の「原理（Prinzip）」／「原初（Anfang）」（Ni I 28）からおのずから生じるからである。そして、そこで原理として現われてくるのが「生そのもの」としての「力への意志（Wille zur Macht）」である。ハイデガーによれば、「力への意志」の思索の根本課題は、真理の本質を新たに開示すること、そのために人間の歴史的現存在を新たに根拠づけることである（Ni I 91, 92）。こうしたニーチェの根本課題はハイデガー自身の課題と重なるものであると言え、ハイデガーもそれを認めていると言えよう。

「力への意志」の情動・情念性格

では、「生そのもの」である「力への意志」とはいかなるものか。ニーチェは「力への意志」における意志を

「複雑なもの」、「言葉の上でだけの統一体」（『善悪の彼岸』VII, 28）と考えており、その内に「情動（Affekt）」、「情念（Leidenschaft）」、「命令（Befehl）」（vgl.『悦ばしき知識』V, 282、『力への意志』n.688等）といった根源的で内容豊かなものを見ている（vgl. Ni I 33-51）。それゆえハイデガーが見るところ、力への意志における意志はその情念的・情動的特徴づけからして「人間が自らその只中にあるところの存在者全体の開示性（Offenheit）と覆蔵性（Verborgenheit）に耐える仕方」（Ni I 41）であり、われわれ人間の意図を超えて襲来するものである。特に「情念」性格において、意志はつねに既にわれわれを襲来しつつもわれわれの内で養われており、われわれに自らも含めた存在者全体への展望を持続的に与えることによって、われわれをわれわれの本質へ解放しようとする（Ni I 45）。この「情念」性格において「根源的情動」としての「全存在の［盲目的な］発作」が突然われわれに襲来する際、われわれは自らの本質の顕現となる（Ni I 42, 43）。つまりハイデガーの見るところ、力への意志は――少なくともニーチェの当初の意図としては――人間的な意志や理性からの解放としての広義の意志であったと言える。[4] そして、これは事柄としては、ハイデガーの情状性の重視や、覆蔵性の発見と密接に連関していると言えよう。

芸術としての「力への意志」における「脱人間化」

では、情念としての「力への意志」はいかなる意志か。そもそも「生そのもの」として存在者全体である力への意志は、人間を含めた存在者全体としての自然の「自己創造」である。そうした自然としての意志は「［統一や形式、目的や意図といった］或る「一者」から導き出す」（Ni I 313）ことによる自然の「神格化（Vergöttlichung）」・「人間化（Vermenschung）」（『力への意志』n.614）[5] の拒否であり、「脱人間化（Entmenschung/Entmenschlichung）」・「自然化（vernatürlichen）」（『悦ばしき知識』n.109）である（Ni I 300, 313, 314）。そして「脱人間化」においては、人間的なものが自然から抜き取られねばならないだけではなく、人間自身が自然の中へ差し戻されなければならない。

そうした「力への意志」の最高形態は、自然に属するものとしての人間の内なる自然の自己創造である「美的状態（ästhetischer Zustand）」（『力への意志』n.801）であり、広義の芸術である。「美的状態」とは、美しいものとの遭遇に際してわれわれ自身が「人間化」から解放され自然化する状態、自らを心身の未分としての「生ける自然」へと返すところの「陶酔（Rausch）」（『偶像の黄昏』VII, 122f）という情念である。「陶酔」は存在者全体の開示としての現存在の情状性であると言い換えられ、そこから「人間化」がそれに基づくところの従来の人間の本質を広く捉え直すことによって、根本的な「脱人間化」が図られる。「陶酔」において、自己も含めた個々の存在者が人間に予測不能な恐るべきもの、渾沌としたものとして「自然の威力のように人間の内に立ち現われてくる」（Ni I 97）のであり、[6]「［従来よりも］より存在する（seiender）ようになる」、つまり「より豊かに、より透明に、より本質的に」現れるようになる（vgl. Ni I 91-106）。こうした「脱人間化」により存在者が「より存在するようになる」ことを目指す点において、ハイデガーが見る限りでのニーチェの思索は、脱主観化を目指す前期ハイデガーの思索と重なる。ここで述べられているのは根源的被投性の深化である。

他方で、個々の存在者は存在者を限定して自立させるところの「形式（Form）」（『力への意志』n.817, 828）[7]、「主要な相貌（Hauptzüge）」（『偶像の黄昏』VIII, 123）において現れるのであり、それは別の観点から見れば、われわれ人間が個々の存在者を通常よりも「いっそう力強いものとして見る」という仕方で、存在者の「主要な相貌を浮き彫りにする（ungeheueres Heraustreiben der Hauptzüge）」ところの「理想化／イデア化（Idealisieren）」（ebd.）でもある（Ni I 116-120）。ここにはむしろ「人間化」の危険性が潜んでいる。

こうした「陶酔」においてわれわれは「生の［渾沌と形式の］根源的相克という豊かさ」（Ni I 126, 127）、「芸術における創造的根拠の二つの可能性――存在への欲求と生成への欲求」（Ni I 134, 135）における決断の場にもたらされている。ただし、この決断の場は、（存在者を構成するところの）渾沌と形式のどちらを優勢として捉えるかという二者択一の決断をわれわれに迫るわけではなく、むしろ渾沌か形式かをわれわれ人間が恣意的に決める「人間化」を回避するよう迫るのであり、この意味では未決定の状態に耐えるという「脱人間化」をわれわれに迫る。そして、渾沌と形式、存在と生成といった一見対立的に見える特徴が、おのずから生き生きと働いて存在者を成立させることができるように、開かれた状態に自らを保つこと、このことを決断するようわれわれに迫る。ここでわれわれはわれわれ自身の「人間化」から可能な限り脱すること、そうした意味で「自由」であることを決断する。すると、この「脱人間化」の「自由」、つまり自然と一体であるような自由のもとでは、あくまで「汲み尽くしえないもの」・「創造されるべきもの」(Ni I 131)としての「形式」がおのずから自然と生じる。つまり「力への意志」は、自らの本質を展開することによって、あくまで渾沌を孕んだ形式となる。

しかし、こうしたニーチェの思索における変動可能な形式(本質)の生成はハイデガーの言うところの存在の本質現成、真理の本質における脱蔵と覆蔵の運動と、そして未決定の状態に耐えるようわれわれに迫る決断の場は、前期・中期の「決意性」、すなわち徹底的に被投的な企投や、後述する「放下(Gelassenheit)」と、かなり親和的であると言えるのではないか。この点について考察するためには、「力への意志」の根源である「同じものの永遠回帰」と真理解釈について論じられねばならない。

3 「力への意志」の根源における「脱人間化」(一九三六、三七)

「力への意志」の根源としての「同じものの永遠回帰」

ハイデガーによれば、「力への意志」は「同じものの永遠回帰(die ewige Wiederkehr des Gleichen)」を根源とする(Ni I 302)。では、「永遠回帰」はいかなる点で「力への意志」の根源であると言えるのか。「永遠回帰」はさしあたり「力への意志」を動機づけていたニヒリズムの根本経験であり、「汝が現に生きており今まで生きてきたこの生を、もう一度、そして無限回も生きなくてはならない」としたら「汝はこれをもう一度、そして無限回も重ねてする意志があるか」（『悦ばしき知識』n.341）という問いの経験である（vgl. Ni I 238, 239）。[8] この問いが示唆しているのは、従来の最高価値の設定及び崩壊において存在者全体[9]がその重み・意味を喪失したニヒリズムの時代（「全てはどうでもよく空しい」）と、ニヒリズムの克服として新しい重みを問い求める時代（「どうでもよいものはひとつもない」）との歴史的に決定的な「危機（Krisis）」（Ni I 377）における存在者全体の意味・重みの揺れ動きである。[10] 別言すれば、「自らに関わりなく全てが永遠に必然的に起こる」という「回帰思想」が生じている中で、その内的な乗り越えとしての「回帰思想」が生起する。この決断の瞬間において、われわれはニヒリズムを排除・否定の対象として捉えるのではなく、むしろ自己を含めた存在者全体に不可避的に属する「歴史的運動の根本様式」として捉え直し、ニヒリズムが歴史的におのずから生じること及びそれが永遠に繰り返される可能性を受け入れて肯定する（vgl. Ni I 247, 253, 275, 280）。このときわれわれは「存在者全体と本質的な連繫を持つ本来的な歴史的現-存在」（Ni I 232, 243, 244）、つまり先述の芸術としての力への意志における自由な自己となり、自ら「永遠回帰〔の仕方〕の決定的な条件」（Ni I 357, 372）となることができる。[11] こうして全てを否定する単なるニヒリズムとしての「回帰思想」を克服して全てを肯定する「回帰思想」に至って初めて、「力への意志」は根源（「最高形態の完成」）としての「力への意志」となる。

「力への意志」の根源における「脱人間化」

こうした「力への意志」の根源は、おのずから不断に生成する「渾沌（Chaos）[12]」の永遠の流過（Ni I 314）、「遊戯する無垢な子ども」（ヘラクレイトス）（vgl. Ni I 297）のごとき時間の運動である。このように「力への意志」は根源的・時間的にはひたすら「渾沌」によって特徴づけられるために、「人間化」・「神格化」を完全に拒み、「脱人間化」・「自然化」を要求する。「渾沌」は「形式」、あるいは「存続的現前性」(「現前性A」)によっては表されないものであるがゆえに、「自らを開示する脱底(Abgrund)としてのアレーテイアの本質の根源的解釈と密接に連関している」(Ni I 312)とされる。すなわち、ハイデガーが見るところ、この「渾沌」の内には従来のプラトニズムの真理様式とは異なる真理様式への変動の可能性への示唆が見出されるのであり、それが「真理の本質への問い」への「本質的な突破口/大胆な突き進み(Vorstoß)」(Ni I 151)であると考えられる。「ニーチェの思索における変動可能な形式(本質)の生成は、ハイデガーの言うところの存在の本質現成・真理の本質における脱蔵と覆蔵の運動とかなり親和的であると言えるのではないか」という先述のわれわれの問いかけは的外れではなかったのである。前期・中期ハイデガーと芸術としての力への意志の思索は大きく重なると言えよう。では、上記のニーチェの思索がそれに基づいているところの真理観とはいかなるものであり、いかなる点でプラトニズムのそれと異なると言えるのだろうか。

4　真理の本質への問いとニーチェ(一九三六、三七、三九、四〇)

プラトンとニーチェの思索の岐路

ハイデガーによれば、ニーチェは「真なるもの」についてプラトンとは決定的に異なって思惟しているため、ニーチェの思索の内で真理の本質変動の可能性が垣間見えてくる。「最初の原初」において、「おのずから立ち現われる(aufgehen)現前性(Anwesenheit)」(Ni I 183, 184)として捉えられていた存在は、プラトンのイデア論によって、「おのずから立ち現われる純粋な外観(Aussehen)(「イデア」)へ至っていること」、さらには「端的に目撃された外観」(Ni I 185) という点で強調されて特徴づけられることになる。ただし、イデア論において重視されるのは、個物の生成変化にかかわらず恒常的に存続している「一者 (das Eine)」(Ni I 175) としてのイデアだけではなく、イデアが捉えられて初めて個物がその姿 (エイドス) において個物として現れるということ、こうして個物とイデアが一つの視野の内で相互関係に置かれるということである (vgl. Ni I 174, 175)。この限りでは、存在者の内に渾沌を孕んで生成する形式を見出すニーチェとプラトンはそこまで変わりはないと考えられる。ひいてはハイデガーとプラトンも同様である。

しかし、プラトンにおいては、神がイデアを生み出したと捉えられるために、個物のそれぞれの領域についてそれぞれ一つだけのイデアが立ち現れることになる。[13] イデアの統一性・優越性は、多様なものを統合する一者としての神の設定に基づく (Ni I 185, 186)。ニーチェの思索とプラトンの思索は、真なるものが多様な個物であるのか一者であるのかということにおいて、明らかに別々の道を進んでいる。

しかし、こうした限りでのプラトンの思索の道程には同行せずに先の岐路において別の道を行くとしたら、どうであろうか。つまり、プラトンによる神の想定を廃棄し、多数のイデア、それぞれの個物にそれぞれ固有のイデア＝形式が出現するとしたら、どうなるのだろうか。その思索の道はむしろ、個物の多様性を認めるところのニーチェの思索の軌道へ導くだろう (「「プラトンからニーチェへの」存在了解の変動の進行」(Ni I 190))。先述のとおり、ニーチェによれば、生そのものは「渾沌」[14] によって根源的に特徴づけられる。「渾沌」を構成するさまざまな力は、それぞれに多様な「遠近法的展望」や「地平」・「図式」をそなえている。[15] 多様な展望や地平においては、真理の一義性は失われ、個々のものがそのつどさまざまに現われてくることがそのまま真として受け入れられるがゆえに、真理の多義性へ導かれる。つまり、真理の本質が「唯一の真なるものと個々のものとの合致による統一性」から「個物それぞれの多様な真なる状態」へ、さらには「個物のそのつどの開示性」、「脱蔵と覆蔵の運動」へと変動する可能性／道において開かれていると言えよう。やはり先述のとおり、力への意志を根源的に構成する「渾沌」においてハイデガーは「問いの本質的な突破口」を見出したと言える。

真理の本質への問いの不到来

しかしハイデガーによれば、ニーチェの新たな真理観は他方でやはりいわゆるプラトニズムの真理観の内にある。何故ならば、ニーチェの真理観を表したものとして有名な「真理は誤謬（Irrtum）である」（vgl.『力への意志』n.493, XIII, 69）という言説は、「［従来の意味での真なるものである］固定的なもの」が「［ニーチェの言う新たな真なるものである］生成するものとしての力への意志」に「適合」しないということを意味するに留まっているからである。すなわち、ニーチェの真理観も結局のところ「真なるもの」への「適合」という伝統的な真理観の枠内にあることになる。こうしたニーチェの真理観は「プラトニズムと共通しており、当然のこととして維持されている」（Ni I 152）。ここで重要であるのは、ニーチェがプラトンと真理観を共有しているだけではなく、それを自明視しているということであろう。これによりニーチェは、プラトニズムに反対しつつも、無自覚のうちにプラトンと同様に「［新たな秩序において］新たに真なるものとなるのは何か」と問うことによって、問題を「真なるもの」の領域に再び限界づけ直しつつ、「それは生そのものとしての力への意志である」と答えることになる。最も重要な決断は、やはり問いに対する答え方に関してではなく問いの立て方自体、「問いの領域」に関して既になされていると言える。ハイデガーが見るところニーチェは「真理は「真なるものへの適合」とは本質的に異なるような、別の可能性を持つのか」という真理の様式に関する新たな問いに近づきながらも、プラトン・アリストテレス以来の西洋哲学全体に通底するこうした「問いの不到来」（Ni I 151）の内にある。

ニーチェによる過剰な歩み

以上に示したとおり、ニーチェの思索の最初の道程において従来の真なるもの（神）は撤去されたが、真なるものの先行的設定への要求自体はまだ残っていた。そしてハイデガーが見るところ、ニーチェはその点を自覚していたために「力への意志」もやはり真なるものの先行的設定内にあるがゆえに「仮象」あるいは「虚無」であるとし、そうした解釈によって（真なるものを想定する）プラトニズムを根底から克服しようとした[16]。こうしてニーチェは、全てを仮象、虚象として捉え直した上で自ら創出していくところの諸価値へ還元しようとする（vgl. Ni I 485）。ここでニーチェは真理を完全に廃棄したかのように見えるが、全てを仮象あるいは虚無としてみなすことは、実のところ決して実現しない一義的な真理、すなわちイデアの想定のもとでのみ可能である。この思索の岐路においてニーチェは、真理の本質をプラトニズムの射程内で捉えつつ、さらに価値という解釈の方向に推し進めた（ebd.）。ここでニーチェは広義のプラトニズムからも完全に脱却しようとして、かえって最も危険なプラトニズムの展開可能性、つまり脱却済みのものとして不問に付されるがゆえに秘密裏に絶対的な支配力を持つことになる一義的な真理観へ大きく一歩踏み出すことになる。それゆえ、ニーチェのこうした真理観は「西洋的思索の最初の原初の最も隠された最も極端な帰結」（Ni I 492）であると述べられるのだろう。ここで真理の本質は考えられないままに「放置（auslassen）」（Ni II 324）されるだけではなく、その放置がかつてないほど「隠蔽」（ebd.）されてしまう。

価値定立としての力への意志

そして、ニーチェは仮象同士の価値関係をさらに、価値定立する「力への意志」そのものへ還元する（vgl. Ni I 491）。「力への意志」は自らの成立条件（価値）を定立し、それによっておのれ自身を定立する。そのため、価値定立としての「力への意志[17]」は自らの存立確保を最上の価値として定立し、そのつどの着眼の相違を超えて持続的に存立する展望と地平を自らの本質として創出する（「近代的思索の方向へ転換されたイデア論」）（Ni I 525-532）。こうした「力への意志」の最高形態は「諸々の小さな遠近法的展望を超え出て最も広大な遠近法的展望を打開く遠近法的展望そのもの」（Ni I 582, 588）であり、この最も広大な展望においてもはや他のいかなる地平によっても乗り越えられない全てを包括する地平を画定する（Ni I 583）。ここで、先の多様な展望及び地平の多義性や無規定性は自らの存続という統一的な展望と地平へ統合されてしまっており、先に保護されていたはずの真なるものの多様性や個物の固有の存在諸可能性も一義的に把握される限りでのものとなってしまっている。こうした価値定立において支配的な役割を担うのは主観性としての人間であり、価値は特に人間の身体的生の存続を中心として定められていく[18]。そうした「力への意志」は存在者全体の極限的な「人間化」に至る（vgl. Ni I 590）[19]。つまりニーチェは全てを価値へ還元することで完全な「脱人間化」を図ったが、それによりかえっておのずから生じるところの主観性の支配を最高度に肥大化させるきっかけとなり、「力への意志」に含まれていた「真理の本質への問いの突破口」の隠蔽を推し進める。そして、こうしたニーチェの価値思索への批判は前期ハイデガーの地平図式の議論への形を変えた自己批判であると解釈しうる。

こうした最も広大で統一的な展望と地平を持つ「力への意志」は、その根源である「永遠回帰」の経験において「世界遊戯（Weltspiel）」（Ni II 261）であることが明らかにされる。それは、「人間化」の絶対的支配力の見かけにもかかわらず、人間主観には実際は何の決定力もなく――人間に関して言えば身体、他の存在者に関して言えば物質・物体といった「自然」の持続的存立のために――人間の意志を含めたあらゆるものが駆り立てられているということ、ひいては人間主観の完全な無力化としての「完全なニヒリズム」である。そうして、もはや何ものによっても制御されない「力への意志」は、自らの外部を認めない「無制約的自己立法」（Ni II 270）として全てを支配するようになり、存在者全体を「無制約的な存続化（Beständigung）」（Ni II 280）へ向かわせ、「大地を原材料の領域として無制限に使い果たし、「人材」を幻想無しに役立てるための闘争」（Ni II 300）を展開するに至る〔「工作機構（Machenschaft）」及び「ゲシュテル（Ge-stell）」〕。人間も含めた個々の存在者は、無際限の利用の対象としていたるところに溢れかえるもの、簡単に所有できるがゆえに簡単に使い捨てられるものとなる。

力への意志の根源と窮迫

ここに「窮迫の無さという窮迫」が明らかになった。「問いの本質的な突破口」を含むような思索も――それはニーチェの思索であり、またハイデガーの思索であるが――その問いを明確に展開しないままにニヒリズム（あるいは形而上学）を克服しようとすれば、再び、それどころかより決定的な仕方でニヒリズムへ巻き込まれる危険性がある。「窮迫の無さという窮迫」は形而上学との隔絶可能性の想定からは決して生じない。われわれの内に非本来性と本来性、最初の原初と別の原初、そうした形而上学に巻き込まれることと巻き込まれることからの脱却という二つの展開可能性がたえず存するからこそ、そして「問いの本質的な突破口」と「問いの決定的な隠蔽」が原理上最も近い位置にあるからこそ、新たな問いを立てようとするときに「窮迫」は「窮迫の無さ」という仕方でさらに極まると言えよう。言い換えれば、もしも形而上学とハイデガーの目指すところの「別の思索＝存在の思索」が峻別可能であるならば、そこに「存在の問い」の再設定の困難はなく、したがって思索の途上性もなかったはずである。先にわれわれが見てきたハイデガーの思索における形而上学性からもわかるように、形而上学と「別の思索」が見紛いやすいからこそ、われわれはつねに「窮迫の無さ」と「窮迫」の間に存するのであり、また絶え間ない自己批判において自らの思索の道を行きつ戻りつしながら進むしかないと言える。

「形而上学の完成」及び「最大の窮迫」への疑問

しかし、そうであるとしたら、ニーチェの価値思索が「形而上学の完成／終わり」として「最大の窮迫」であり、ハイデガーの思索が形而上学を超克した「完全に別の思索」であると、ハイデガーのように言ってしまってよいのだろうか。というのも、それこそまさにハイデガー自身の思索と形而上学の峻別であり、自らの思索が我知らず「形而上学の完成」になっているという危険性を等閑視し、自らの思索を絶対視している限りにおいて、まさしく形而上学的発想だからである（第一章「被投性と頽落」参照）。

確かにここでハイデガーは、プラトンからニーチェまでの「最初の原初」の歴史を真理という観点から「測り抜いて」新たな問いを立てようとしており、従来の問いの枠内で答えを出そうとはしていない。この点でニーチェとハイデガーが異なるのは既にわれわれが見てきたとおりである。しかし、それはハイデガー自身の思索が「最初の原初」とは「完全に別の思索」としての「別の原初」になるという保証にはならず、「最初の原初」の別の帰結であるという可能性を排除できないのではないか。つまり、ハイデガー哲学の真髄を支える道性格＝「問いの不断性」に従えば、「ハイデガー哲学はいかなる観点からしてもプラトニズムから脱している」とは言ってはならないのではないか。ここにわれわれは非本来性から本来性へという存在了解の変様、「最初の原初から別の原初への移行」という「存在の歴史」変革の構図、「転回《ケーレ》の思索」の内にも潜んでいた「思索の歩みの過剰」、「企投優位」を読み取る。

「最初の原初から別の原初への移行」という構図との連関において、ハイデガーはニーチェと自らの関係を、ニーチェの価値思索における形而上学の完成とそれに対する超克としての自らの思索という構図で捉えていた。しかしこれは形而上学を既に超克したものとして捉えるという形而上学的思索にハイデガーが陥っていることを示している。つまり、この限りでは存在の本質／形而上学の本質はもはや「問い続けられるべきもの」としては捉えられておらず不問に付されている。

そして、以下の形而上学の両義性の議論（一九四四／四六）は、こうした自らの二分法的・決断的思索（一一九四〇）に対するハイデガーの自己批判であると解釈できるのであり、むしろそうでなければこれまでの形而上学の超克の試みとの整合性が取れないだろう。これは、形而上学の「超克」から「耐え抜き」への変化であるとも言い換えられる。つまり、ニーチェの思索における窮迫は、あくまで或る一つの窮迫でしかなく形而上学の終焉を保証するものではないと筆者は考える。

5　窮迫から転回《ケーレ》へ（一九四四―四六）

形而上学の妨害と助力

ハイデガーによれば、「真理の本質への問い」への移行は、「形而上学の同行（Geleit）」（Ni II 360）によってのみ経験されうるのであり、移行は形而上学そのものの放棄ではなく、あくまでも「［形而上学の本質起源を遮断する］形而上学の形而上学的解釈の放棄」（Ni II 335）という「決断的な後方への歩み／退歩（der entscheidende *Schritt zurück*）」（Ni II 333）を行なうことによって開始される。そうであれば、やはり価値定立としての力への意志の思索は真理の本質の放置を克服する「きっかけを作る（veranlassen）」（Ni II 353, 354）だろう。というのも、「後方への歩み」はプラトニズムの諸々の可能性の中の一つの可能性の極限化といった何らかの行き過ぎによって誘発されるからである。形而上学は、一方で存在の思索の道を拓きつつ歩むことを助ける「杖（Stab und Stecken）」（Ni II 360）、「存在の真理の本質現成の領野（Freie）への通路（Durchfahrt）」（ebd.）であるのだが、他方でこの通路を塞ぐものでもある。そうした仕方で「形而上学は助けると同時に邪魔する（Die Metaphysik hilft und hindert zugleich)」(ebd.)。では、思索の歩みがそこへ向かうところの「後方」とはどこだろうか。それは、ニーチェの価値思索からニーチェの思索の内なる「問いの突破口」へ戻り行く方向であり、またその突破口に決意的に踏み留まって「別の問い」を立てることで開けてくるところの、またニーチェの思索の内にもプラトンの思索の内にも含まれているところの根本経験、思索の「原初」へ向かう軌道であると考えられる。では「プラトニズムの一つの極限化における過剰」及び「後方への決意的な歩み」、そして「別の問い」としての「真理の本質への問い」とはいかなるものか。いかにしてわれわれはニーチェの思索に含まれていた「問いの突破口」においてニーチェと異なる方向へ歩みを進められるだろうか。

「退歩」——あくまで或る一つの「転回《ケーレ》」として

ハイデガーが見るところ、ニーチェにおいて「真理の本質への問い」が生じないのは、ニーチェがプラトニズムの本質を見誤り、克服するつもりがかえってその可能性の展開に加担して推し進めたこと、それによってプラトニズムの真理観の絶対化がなされたことに由来する。それは言い換えれば、やはりそうした「存在の歴史」＝存在の「投げ」の威力とそれに巻き込まれているわれわれ人間の被投性の根深さを見誤ったということであろう。そうしたプラトニズムが克服可能であるという最終決定的判断、いわば「前方へのおのずからの行き過ぎ」から一度退歩し、「プラトニズムの本質は何か」、「プラトニズムは克服可能なのか」と問い直すこと、そうした意味で「存在そのものを成り行きに任せる(gehen lassen)」(Ni II 331)ことによって「存在の歴史」の運動を見て取ること、これがニーチェの価値思索からの「後方への決意的な歩み」の第一歩であると言える。「あらゆる克服に先立って、形而上学・ニヒリズムの本質への問いを立てる必要がある」(Ni II 307)。しかし、これだけでは再びニーチェと同じ軌道に進むことができるため、「道標(Wegmarken)」として不足ではないだろうか。そこでわれわれは、プラトニズムの本質に関するニーチェの洞察を振り返り、それを道標としながら「問いの突破口」に決意的に踏み留まることで「新たな問い」を立て、そうしてニーチェと異なる道を切り拓くことができるように努めなければならない。

問いの生起と不断性

では、ニーチェ解釈において「退歩」という思索の仕方を試みよう。

ニーチェもハイデガーも、プラトニズムの本質を形而上学における存在及び真理の固定化に見出すのであり、プラトニズムに対峙するためにはその動性が捉えられるべきだとしていた。そして「問いの本質的な突破口」は、力への意志の根源において「形式」／「存在」との「根源的相克」の内にあり、それによって存在者を存在せしむるところの「渾沌」／「生成」であり、またそれを未決定の場において開示していることであるとされていた。この「渾沌」／「生成」は「自らを脱蔵しつつある覆蔵としての真理の本質の根源的解釈と密接に連関している」(Ni I 313) のであった。この変動可能な形式（本質）の生成という「突破口」へと「退歩」してその未決定の場に踏み留まり、真理の本質の歴史的変動の可能性の覆蔵性（脱蔵と覆蔵の運動）を担保するような問いが立てられねばならない。それは、「存在」が「生成」として捉え続けられるという「生成」としての存在了解の持続化（ニーチェ）ではなく、「存在」が「生成」として捉えられなくなるかもしれないという存在了解の根本的な変動可能性を含むような、広義の「生成」が捉えられるような問いであろう。存在及び真理へのわれわれの関わりは変動しうるという無規定性を持つ。だからこそまた存在及び真理はどこまでも「問われるべきもの」として保護されなければならない。「形而上学の時代においてであれ、存在そのものとその非覆蔵性は思索にとって問うに値するものにならなければならない」(Ni II 360, 361)。

そして、その問いは基本的には、第五章にて論じたように「「真理は何に基づいて了解されているか」という際の「真理」と「何」が現代のわれわれにおいてどのように捉えられているか」と問い返されること（「転回《ケーレ》」）によって為されるであろう。この問いにおいて、まだ把握されておらず今後も把握しきられることのない、存在了解の「別の諸可能性」がそのつど保護され続けねばならず、それゆえにまた「最初の原初」（より適切には「或る一つの原初」）における存在及び真理解釈が豊かな展開諸可能性としての多様な「諸々の道」を孕むものとして絶えず問い直されなければならない（「新たな恒常性（Beständigkeit）」）[20]。それはまた、存在及び真理の本質を放置しないように、絶えず「退歩」としての自己批判を遂行することによって為されるだろう。すなわち、自らの思索における問いと答えも、ただ原初のさまざまな展開の内の一つでしかなく、唯一本来的であるとは言えないという道の途上にわれわれは留まらねばならないのである。これはまた後の「単線的（eingleisig）思索」の批判へと繋がる軌道であろう。

退歩と放下――地平から会域へ

こうした「退歩」は同時に、「放下（Gelassenheit）」への「退歩」でもあり、そうした思索の様式の変様である。伝統的形而上学において「思索（Denken）」は「表象」や「意志」、「自発性」によって言い換えられる。それに対して、ハイデガーは、思索とは「意志-しないこと（das Nicht-Wollen）を意志する（wollen）」（Ge 30）こと、「意志を持って（willentlich）意志を拒絶する（absagen）」（ebd.）ことであると言う。これは習慣になっている「超越論的-地平的表象」（Ge 36, 50）、「意志作用として現実性を意志する」（Ge 58）という従来の意味での意志から解放されることを意志／決意するということであり、その際の意志／決意は従来の意志とは異なる様式の意志、われわれが自ら発するのではなく、意志とは何処か別のところ、「意志ではないもの」（Ge 57, 58）、すなわちニーチェの言うところの自然の渾沌から発し、われわれがその内へと巻き込まれ、その「巻き込まれていること」を「許す」（Ge 32, 33）という意志である。こうした意志であると同時に意志ではない意志は「能動性・受動性の区別の外」（Ge 33）にあるがゆえに、能動かつ受動であるところの「放下（Gelassenheit）」（Ge 32）と名づけられる。放下は自然に任せて人為を加えないという「無為」と類似している。こうした「放下」は、事柄として考えるなら、「徹底的に被投的な企投」の一つの表現であると言えよう。ここで被投性は「企投の働きの中で投げる働きをしているのは人間ではなく、むしろ存在そのものである」（Wm 337）（一九四六）というように、「投げ」として捉え返されている。

そして、放下がそれに由来しつつそれへと巻き込まれるところの「意志ではないもの」は「会域（Gegnet）」（Ge 42）と名付けられる。放下において「会域」を「未決（offen）にしておくこと」（Ge 42）を通して「地平そのものの乗り越え」がなされるのであり、前章で議論した「被投的企投領域」＝「企-投領域」＝「投領域」が用語として確立されたと言える。では、「会域」は超越論的地平とはいかなる点で異なるのか。超越や地平は「ただ外観、対象や対象の表象への眼差しから経験されている、われわれを取り巻く開示的なもののわれわれに向いている側」（Ge 37）である。それに対して、会域は「地平を地平がそれであるところのものであらしめるもの」（ebd.）、「あらゆる領域を持つ唯一の領域」（Ge 38）[21]であり、「われわれに向かい来るというよりもむしろ引き下がる」（Ge 40）[22]。ところで、こうした放下への退歩、あるいは放下は、意志の積極的側面（例えばニーチェの力への意志など）の完全否定にも見えるが、そうではない。ハイデガーによれば、放下への退歩において、「活動力や決意性などが支配している」（Ge 58）。「考えられぬほど古いもの／先行的に考えることのできぬもの、そうした起源を耐え抜くこと〔「追想（Andenken）」（Ge 60）〕において、人間の本質である思索の自発性は或る領域に委ねられている」（Ge 60, 61）。すなわち原初をその諸現事実性と諸可能性において捉え抜き、そこから生じる「会域」の範囲を見定めること、これがハイデガーにとっての思索である。

しかし、何故こうした受動的な状態が、活動力、自発性であると言えるのか。耐えるということは完全な受動であるようにも見えるが、或る方向への強力な誘いがある中で早々にそれと別の方向を向いてその影響から脱却しようとするのではなく、敢えてその誘いが生じてくる方向を見極め、その源を探究しようとする力であると言えよう。それは単なる甘受、あるいは離反よりも困難であり、誘い以上に強力な持続的忍耐力を求めてくる。そうした耐久力の持続的強力さは、もしかしたらもっとも力量を要求される活動力と言えるかもしれない。そうであるならば、「徹底的に被投的な企投」を決断的に企投すること、そうして新たに自ら「問おうと試みること」、さらにそうした決断的企投の内なる過剰さを見出すこと、そうして問い直すことは、最も活動力を要するものであると言えよう。

6 第六章のまとめ

ハイデガーのニーチェ解釈によれば、「真理の本質への問い」の「問いの本質的な突破口」は、「力への意志」の根源を構成する「渾沌を孕んだ形式」、「生成としての存在」に存する。だが、そこでニーチェはその突破口には気づかずに、プラトニズムと同様の仕方で問い、それに新たな答えを出すという仕方でプラトニズムを「克服」する方へ歩みを進め、新たな問いの生起の可能性を隠蔽してしまった（「過剰な歩み」）。こうしてプラトニズムはもはや克服されたものとみなされ、その本質が問われることはなくなるが、プラトニズムの問いの様式は無自覚に伝承されていく。こうした中で新たに問いを立て直すことは「過剰な歩み」からの「退歩」として為される。そしてこうしたニーチェの価値思索からプラトニズムの本質への退歩は、プラトニズムの本質の射程の測り抜きに留まる必要性という観点において、ハイデガーの思索の内の「最初の原初から別の原初への唯一的転回」という構図から「諸原初からの諸転回」への退歩と重なった。これにより示されたのは、ニーチェ、あるいは形而上学とハイデガーとの距離であり、「問いの不断性」を標榜するハイデガー哲学は、たえざる形而上学批判ではあっても単純な脱形而上学、脱プラトニズムでは決してないということである。ハイデガーは自らも解釈学的循環の内への飛び込みにおいて、「存在の歴史」の只中で「最初の原初」の伝統に巻き込まれながら思索しているという自覚を深めていったのであり、形而上学の解体と同時に自らの思索の解体を行なっていったと言える。

注――

（1）　全集六巻『ニーチェ』の序文には、「この公刊著作が全体として再考されるならば、一九三〇年から「ヒューマニズム書簡」（一九四六）までに私が歩んだ思索の道について一つの展望（Blick）を与えるだろう。その期間内に出版された「真理についてのプラトンの教説」（一九四二）と「真理の本質について」（一九四三）という二つの小さな講演は既に一九三〇／三一年に成立していたのである」（Ni I XII）とあることにも注意されたい。

（2）　例えば細川氏は、ハイデガーによるニーチェへの賛同と批判をハイデガーの思索の時期の違いに割りふるのみである。また『ハイデッガーとニーチェ』（一九九三）のダヴィド氏、リーデル氏、フィガール氏、ミュラー＝ラウター氏等の議論においても基本的に両者の対決のみに焦点が当てられている。他方で、森一郎氏は論文「ニーチェから見たハイデガー（上・下）」（一九九五）において両者の哲学に共通する死の分析から両者の思索の親近性を取り上げており、ハイデガーとニーチェの対話を再構築する試みとして重要である。

（3）　ニヒリズムは、その単なる結果である頽廃などに対する「何らかの対抗運動」（Ni I 24）としての「或る確かな創造的な上昇（Aufstieg）」（ebd.）を排除するのではなく要求し、そうした反対運動によってますます勢いを増すとされる。
　また、ニーチェは自らを「ヨーロッパにおける最初の完全なニヒリスト、しかも既に自らの内でニヒリズムを終末まで生き抜き（中略）、自らの外に突き出てしまったニヒリスト」（『力への意志』序言3）としており、自らの思想をニヒリズムとしている（vgl. Ni I 391）。

（4） ただしこうした情念における情動の襲来は、別の角度からみれば「表-象」（Ni I 52）された固有の本質へと目がけて自己超克するよう要求する「自己命令の決意性」（Ni I 37）であるとされる。「意志すること―それは命令すること（特定の情動、突発的な力の爆発）である」（XIII, 264）〕（vgl. Ni I 55）。つまりハイデガーによれば、力への意志の命令性格の内には主観による表象〔視覚へもたらされたものとしてのイデア（Ni I 51）〕の基調が見られるのであり、ここに既に後述する「人間化」の危険が含まれていると言える。そのうえハイデガーによれば、ニーチェは意志の特徴づけとしてこの命令性格を最も重視しているとされる（vgl. Ni I 55）。

（5） 「人間化（Vermenschung）」の例として、道徳的説明（罪責、摂理）・技術的説明、秩序や神の持ち込み、理性的・非理性的説明、自己保存の衝動による生物学的説明による人間的変容、陳述・命名・言明が挙げられている。

（6） ハイデガーによれば、ニーチェの言う自然的なものは「人間理性によって計算可能で理解できるもの」ではなく「古代ギリシア人が恐るべきものと呼んでいた自然的なもの」である（vgl. Ni I 127-131）。

（7） この形式は「何か別のものを表現する形式」ではなく「その内容をくまなく支配及び確定し、初めて恒常性及び自立性を付与するもの」である。

（8） 以下の引用を参照のこと。「最大の重し。（中略）汝が現に生きており、今まで生きてきたようなこの生を、汝はもう一度、そして無限回も生きなくてはならないだろう。そしてそこには何の新しいこともなく、いかなる苦痛・快楽・思想・嘆息も、汝の生の全てのものが汝に回帰し、それも全て同一の順序系列で回帰しなくてはならない。現実存在の永遠の砂時計は繰り返し繰り返し反転され、そしてそれと共に汝も、塵の中の塵よ」。「何事につけ、「汝はこれをもう一度、そして無限回も重ねてする意志があるか」と問うことは、汝の行動の上に最大の重しとなって横たわるであろう。それとも、この究極の永遠の確認と封印より他にはもはや何ものをも望まぬと言い切ることができるためには、汝は自分自身と生とにどれほどの好意を抱かねばならないことか」（『悦ばしき知識』n.341）。「かつて存在したことがあり現に存在しているものを（中略）その通りに再び受け入れ、（中略）永遠の彼方まで飽くことなく「もう一度」と叫びながら受け入れようとする人間の理想」（『善悪の彼岸』n.56）。

（9） ハイデガーによれば、ニーチェの思索において存在者全体は「自然・歴史・神・神々・半神たち」といった「全くの無ではない全てのもの、それどころか全くの無さえそれに属しているところの全てのもの」である（vgl. Ni I 244-246）。それは生成者全体であり、死せるものの由来である生けるものと、生けるもののあり方を規定する死せるものから成る（vgl. Ni I 304-306）。それゆえ一つの観点からだけでは的確に捉えられず、われわれの計算的悟性が思い込むよりも遥かに謎めいているとされる。

（10）自らがさまざまな過程の内の一つの経過でしかなく、自らの決断などによっては何も変わらない、成り行き任せにするしかないと感じること（宿命論）は、「存在者全体と本質的な連繫を持つ本来的な歴史的現-存在」（Ni I 232, 243, 244）として存在していないということである。「回帰思想において我々が存在者全体を思索することによって、存在者全体から我々に向かって不断の呼びかけが迫ってくるようになる。我々はただ押し流されていくつもりなのか、それとも創造者となる意志があるのかと」（Ni I 391）。

（11）以下の引用を参照のこと。「感情や明確な期待だけでなく、或る可能性の思想も我々を震撼させ変容させうる。永遠の贖罪という可能性が、どれほど大きな感化を与えてきたことか！」（XII, 65, n.119）（vgl. Ni I 351）。「この思想が現に存在するその瞬間から、すべての色彩が一変し、そして新たなる歴史が起こる」（XII, n.120）（vgl. Ni I 353）。

（12）以下の引用を参照のこと。「世界の全体的性格は永遠に渾沌である」（『悦ばしき知識』n.109）（vgl. Ni I 311）。「宇宙は一定の形式を達成しようとする傾向を持っていない」（XII, 111）（vgl. Ni I 313）。

（13）というのも、ハイデガーによるイデア論解釈においては、神は人間の認識が多様から統一へと上昇していくことを知っていたため、自らの権威を保つために多様な個物ではなくそれらの統一である限りのイデアを創造したからである。

（14）ハイデガーによれば、ニーチェにとって渾沌は「身体を生きる大いなる生」（Ni I 509）、あるいは「世界全体とその働きの特有の先企投」（Ni I 510）、無尽蔵の創造と破壊を孕む、豊かで圧倒的な生の迫動、奔流（Ni I 509-512）である。

（15）遠近法的展望において、渾沌を囲い込む図式・地平がそのつど形成される。渾沌は、図式・地平に囲い込まれて減衰・消滅するのではなく、そこから不断に生じる。このように図式・地平と渾沌への遠近法的展望は相互に連関し合う（Ni I 515-517）。

（16）「我々は真なる世界とともに仮象の世界をも廃絶した！」（VII, 82/83, 『力への意志』n.567, 568）。ハイデガーによれば、これがニーチェの思索における「決断の頂点」である（Ni I 210, 211）。

(17)「[認識するのではなく]図式化すること―我々の実践的欲求を満足させる規則性や形式を渾沌の上に刻印すること」(『力への意志』n.515)(vgl. Ni I 499)。生そのものは、押し寄せてくるさまざまな生の迫動(渾沌)に圧倒されながらも、消滅へ向かう迫動を超克し、持続的存立へ向かう迫動として持ち堪えなければならず(そうでなければ、消滅へ向かう迫動が生自体を駆逐し、迫動としてすら存在しえなくなるからである)、そのために渾沌を堅固な圏域内に囲い込み、図式・地平を形成しようとする(Ni I 515)。

(18) ここで生そのものしての「力への意志」の二義性〔存在者全体とその只中の人間(Ni I 297, 298)〕が問題となっている。

(19) ただし「ニーチェの思索は、現存する人間を全ての基準と利用目的とすることに尽きるような月並みな主観主義ではない。しかしニーチェは「身体」を世界解釈の手引きとして規定することによって形而上学的に必然的な主観主義を完成させた」(Ni I 591)。

(20) 以下の引用も参照のこと。「最初の原初という根拠への還帰によって或る新たな恒常性を引き受ける」。「この別の恒常性は、そのつどの現在的なものの維持に基づいて規定されるのではない。それは将来的なものの保護に仕える。これにより、最初の原初に基づく既在のものは、自らこれまで基礎づけられていなかった根拠の脱底[根拠の不在]の上に休らい、このようにして初めて歴史となることを余儀なくされる」(Ni II 21)。

(21) 会域は「まるで何も生じないかのように、あらゆるものをあらゆるものへ、あらゆるものを互いへとおのれ自身の内で休らうことのもとで留まることの内へと集める」(Ge 39, 40)。

(22) 加えて、会域は「人間が、それにそれ自体を通して原初的に「自性化」されている限り、それに属すところのもの」(Ge 50)であるがゆえに「性起における転回《ケーレ》」(BP 407)の別名である。さらには「諸々の物は会域の会域化(Gegnen)によって物である(vgl. 会域の広さの内への壺の留まり)」(Ge 52) ことから、この会域は「四方域(Geviert)」でもあると言えよう。

第七章

道標と道程——基礎づけならぬ基礎づけ

1　第七章の問題設定

以上、第一章から第六章まで「存在の問い」の「諸々の道」をハイデガーと共に切り拓いてきた。ここでこれまで歩んで来た前期から中期までの「諸々の道」、それに続く後期の「諸々の道」を、適宜問題となっていた根拠と脱底の関係、存在問題のための「基礎づけならぬ基礎づけ」の深化という観点から振り返り、ハイデガーの思索の道の全体的な見通しを得たい。「基礎づけならぬ基礎づけ」とは、どこまでも「問われ続けるべきもの」として存在を扱うための「基礎づけ」であり、現存在の存在了解を通して為される、「存在を問いうること」としての自らに「根ざすこと」である。それは形而上学的基礎づけとは一線を画すものであり、「脱(-)底（Ab(-)grund/Ab-Grund）」によって規定されている「根拠づけ（das Gründen/die Gründung）」としての存在了解及び「根拠／根底（Grund）」としての存在から構成される（Wm 165, BP 380, SG 166 等）。「脱-底」は、基本的には「存在者としての根拠」の否定、つまり伝統的な神、あるいは主観による存在者の存在の表象的根拠づけの否定や、その展開としての因果連関における根拠の否定を含んでいる。これは、ハイデガーの言うところの「存在-神-論（Onto-Theo-Logie）」（Bd 11, 63）批判である。そして、これまでの議論を踏まえて、以下の点に留意されたい。「存在者としての根拠」が意味するところは、「存在者と根拠」の同一視のみならず「[存在者性・存続的現前性といった存在者から類推された]存在と根拠」の同一視も含んでいる。それに対して、「存在としての根拠」は、後述するように「[存在の本質現成・覆蔵の空け透きといった]存在そのもの／存在の真理と根拠」の同一視である。そうした「脱-底」によって規定された「存在としての根拠／根底」はさしあたって、因果連関に組み込まれない、従来とは別様の根拠であると言える。

ところで、ハイデガーはその思索のそれぞれの時期に「存在としての根拠」について論じているが、その集大成とも言える後期の『根拠律』（一九五五）は、前期の根拠論「根拠の本質について」（一九二九）への批判を含みながら成立している（SG 67-69, Wm 123）。『根拠律』における「根拠の本質について」への批判に関しては、「根拠律が直接的には根拠についてではなく存在者について述べているという洞察は、危険な歩みである。（中略）このことは「根拠の本質について」にも該当する。「根拠の本質について」第一部の冒頭（Wm 127）（中略）の表現は依然として正しい。しかしそれは誤りへと導く」（SG 67, 68）と述べられている。この誤りは、根拠律（「何ものも根拠無しには存在しない」）を単なる「存在者と根拠」の同一視してしまうことによって「存在と根拠」のたえざる「調和」（SG 68）が見逃されてしまうという点にある。[1] つまりこの批判は、「存在者としての根拠」から「存在としての根拠」への「跳躍（Sprung）」が十分に果たされていないという点に向けられている。それゆえ、「存在者としての根拠」から「存在としての根拠」への跳躍、脱-底という根底としての存在を十全に理解するためには、後期の根拠論における前期の根拠論への批判が明確化され、その問題点がいかなる仕方で乗り越えられたかということが示されねばならない。しかし、ハイデガーはこの点に関して詳述しておらず、先行研究においてもそれに関して論究しているものはほとんど見受けられない。[2] 筆者の考えでは、ハイデガーの思索の前期から後期への変様を含みつつ遂行される「存在者としての根拠」から「存在としての根拠」への跳躍は、現存在による根拠づけ、すなわち被投的企投の変様との連関において明確化するのであり、とりわけ「存在者としての根拠」の否定を含む「脱-底」の深化は、根拠づけの構成契機である被投性、投げの深化と呼応している。

第三章・第四章で扱った『現象学の根本諸問題』（一九二七）、『論理学の形而上学的始原』（一九二八）、「根拠の本質について」（一九二九）における前期の根拠づけにおいては、根拠づけの構成契機である企投と被投性の意味が限定されつつ「企投優位」とされることによって、企投自体の不可能性の内への被投性が捉えられていないために、存在企投及び企投領域の揺らぎとしての「脱-底」は獲得されていなかった。前期の根拠づけの乗り越えに関しては、第五章で論じたように、「転回《ケーレ》の思索」が十分に言い述べられつつ現-存在における存在の根拠づけが論じられる中期の著作『寄与論稿』によって手がかりを得られる。「転回《ケーレ》」における存在は、企投自体の不可能性の内への被投性、そして企投自体の内への被投性の開示において、そうした被投性をそれとして企投すること、すなわち「自らによる企投」を「存在による企-投／投げ」として遂行することとしての根拠づけをわれわれに促す。こうした根拠づけにおいては、前期の根拠づけにおいては得られなかった、存在企投の様式及び領域自体の変動可能性としての「脱-底」が獲得されており、「基礎づけならぬ基礎づけ」になっていると言える。

　後期になると、根拠づけについて明示的に論じられることはほとんどなくなる。だが、筆者の考えでは、前期から後期への思索の歩みにおいて被投的企投が変様しつつもなされ続けていることに応じて、後期においても根拠づけはなされている。そして、後期の根拠づけは——基本的には中期のそれに基づいて捉えられるのだが——次の点で中期と異なっている。後期において述べられる、われわれの恣意から自由な存在の「戯れ（Spiel）」を「存在は戯れるから戯れる」（SG 169）という仕方で根拠づけることは、さしあたって中期における「自らによる企投」を「存在による企-投／投げ」へと同化することであるが、他方であくまで「戯れ」であるがゆえに、「自らによる企投」によって「存在による企-投／投げ」、「存在の歴史」の変動の実現を最終的に自ら決断できると捉えることさえ放棄させる、脱-底的根底としての存在の「根拠づけ」／「根ざすこと」でなければならない（『根拠律』（一九五五））。このように、後期における脱-底的根底としての存在は、前期から後期への根拠づけの変化の分析を通して明確化すると言えよう。以下、まず第三章〜第五章で扱った被投的企投の論述を確認しつつも、あくまで根拠づけに焦点を当てて吟味していく。

　この「基礎づけならぬ基礎づけ」を通して、ハイデガーが対峙してきた形而上学の本質が浮かび上がってくる。

それは、「存在-神-論（Onto-Theo-Logie）」〔『同一性と差異』（一九五五―六二）「形而上学の存在-神-論的体制」（一九五七）〕である。

2 「企投優位」における根拠づけ（前期）

前期における根拠づけの概観

第三章・第四章にて論じたように、『存在と時間』周辺時期における「存在の問い」の基礎づけの試みは、存在企投の「地平」の獲得として展開された。そうして、前期の根拠論「根拠の本質について」において、超越における実存的・実存論的根拠づけが議論されることになる。しかし、こうした超越としての根拠づけは、存在者同士の根拠づけとしての因果連関とは異なるものの、その構成契機である企投と被投性の意味の制限や企投の優位ゆえに「存在の問い」を準備する場にはならず、「存在としての根拠」の獲得には至っていない。(3)

地平獲得としての超越論的根拠づけ

『存在と時間』周辺時期（一九二七―二八）に主張された存在了解の「可能性の条件」としての「テンポラリテート」は、現存在の存在了解自体の諸可能性全体であり、現存在の実存につねに先行し、実存を可能化するところの、超越論的意味における本質根拠、基盤と限りなく近いものであった。そうした超越論的地平を獲得する「超越」において諸可能性全体＝本質に対して現実の存在者はその不足として現れた。こうした超越はまさしくプラトンのイデア論的企投と符合しており、この存在企投の方向及び様式は「根拠の本質について」（一九二九）においてそのまま維持されつつ被投性との関連においてさらに明確に展開された。

根拠づけを構成する企投と被投性

「根拠の本質について」において、主客関係及び因果連関といった存在者による存在者の根拠づけへの批判（Wm 138, 158）から、存在者への関わりに先行するわれわれの存在了解に焦点が当てられ、存在了解による存在者への関わりの「根拠づけ（das Gründen）」（「超越」）が論じられる。根拠づけの第一契機である「建立（das Stiften）」（Wm 163）、すなわち「企投」は、自らという「目的（Umwillen）」のために指示連関に予め意味を与え、それに沿って自らの存在諸可能性を形成する。根拠づけの第二契機である「地盤の-受け取り（das Boden-nehmen）」（Wm 166, 167）、すなわち「被投性」は、現存在が「企投するものとしてやはり存在者の只中に既に存在する」（Wm 166）こと、言い換えれば「存在者による捕捉性（Eingenommenheit）」（Wm 167）である。つまり現存在は、存在する限り常に既に存在している存在者の只中で自らを見出しており、存在者の既在の仕方によって自らの将来的なあり方が規定されている（Wm 166）。このように相反する二つの契機から成る根拠づけは、存在諸可能性の企投を通して自らの実存の「根拠を与え」（Wm 165）ながらも、被投性において「根拠を受け取る」（ebd.）という点で、「根拠の-無さ（das Grund-lose）〔脱-底（Ab-grund）〕、無-底（Un-grund）の内へ立てる」（ebd.）[4]。ここで「脱-底」とは、現存在は、存在者の既在の内への被投性ゆえにそれに沿ってしか企投できず、存在諸可能性という自らの実存の根拠を絶対的・無制約的企投によって完全に与えきることはできないという企投の被制約性である。確かにその限りにおいて、現存在による根拠づけは、伝統的な神や主観による絶対的・一方的な根拠づけ（「存在者としての根拠」の根拠づけ）とは異なる。

「企投優位」における「脱-底」の役割

ただし、それは別言すれば、「根拠を与えること」としての企投が「根拠を受け取ること」としての被投性に対して「優位」(ebd.)を持っているため、「根拠を受け取ること」は「根拠を与えること」の制約でありながらも結局のところその補強としてしか働いていないということである。「根拠を与えること」の優位において、「根拠を受け取ること」はただ、自ら与えようとしている諸可能性全体としての根拠から受け取れないものを排除し、そうして受け取り可能なもののみを現存在に「所有」(Wm 167)させるというように働く。ここで「根拠を受け取ること」としての被投性によって規定されているところの根拠づけの「有限性」(ebd.)は、現存在の実存的在り方の選択の有限性という意味合いが強く(Wm 174)、それによって「脱-底」の内への被投性がその根源性において捉えられているとは言い難い。「脱-底」の内への根源的な被投性とは、「根拠を与えること」と「根拠を受け取ること」自体を揺るがすような、「そもそも根拠を与えられていないこと」の如何ともし難さとしての、企投自体の不可能性の内への被投性(「非性」)である。このように被投性が「根拠を受け取ること」として捉えられている限り、「脱-底」はあくまで「根拠を与えること」を損なわない限りのそれとして、根拠づけへと回収されてしまうため、「存在という根拠」は、揺るがぬ根拠としてまるで「存在者という根拠」であるかのような態になっている。

前期における根拠づけ/基礎づけは、「存在者としての根拠」を可能にする主観的根拠づけとは異なりつつも、「脱-底」が企投優位における存在企投・存在自体の揺らぎとして捉えられていないため、存在の自明視を揺るがす脱-底的根底としての存在=「存在としての根拠」を獲得しているとは言えない。(5)

3　被投性の遂行としての根拠づけの開始（中期）

中期における根拠づけの概観

形而上学超克の試みを論じた中期の著作『寄与論稿』における「根拠づけ（Gründung）」は、第一義的には「存在の真理［「自己覆蔵（Sichverbergen）の空け透き（Lichtung）／脱蔵（Entbergung）」］の根拠づけ」（BP 9, 28, 70, 242, 312）であるが、それが存在了解であるという点で、実存の根拠づけという前期の根拠論と同様の意味も含んでいる。ただし、『寄与論稿』において「人間が現-存在として存在を根拠づけること」は「存在が根拠として本質現成すること」によって初めて成立する（vgl. BP 307）。つまりわれわれによる存在の根拠づけは、あくまで脱-底的根底としての存在に適合する仕方で為されなければならない（「転回《ケーレ》」[6]）とされており、この「企投優位」の放棄という点で、中期における根拠づけは前期のそれと大きく異なっている。加えて、先述のとおり中期において特徴的であるのは、そうした根拠づけが、ハイデガーの言うところの「最初の原初」から「別の原初」への移行、「別の原初」における新たな歴史の創始として位置づけられているという点である（vgl. BP 23）。

頽落的・形而上学的企投

前期において、被投性は存在者の只中でわれわれが存在していることとして企投の単なる補強としての「根拠を受け取ること」であった。中期において、現-存在における存在の根拠づけは、深化した頽落的被投性の経験と共に始まる。われわれは「存続的現前性」という存在了解のもとで、存在者を、因果連関に基づいて一般的に誰もが利用しうるものとして捉えている（「工作機構」）。その際、「存続的現前性」という「［特定の］企投の方向と射程」(BP 231) の内への頽落的被投性は隠蔽されており、自覚されない。こうした存在企投が、プラトンからニーチェまでの伝統的形而上学を規定している「最初の原初」における形而上学的企投である。

「脱-底」:存在の覆蔵の空け透きと死

しかし存在は、「存在者と存在の親密さの過剰」(BP 46)、そして存在者の浪費の極まりの中で「浪費の拒否」(vgl. BP 238)、「最初の原初の同行の拒絶」(vgl. BP 178) として自らを露呈する。ここで、存在の「自己覆蔵の空け透き」としての「脱-底 (Ab-grund)」(BP 380) が開示されている。ここで「脱-底」とは、われわれが自明視するつねに同様の存在の現れという根拠によっては満たされず、「空のままにしておくことの際立った根源的な仕方」(BP 379) であり、そうした意味で「根拠の拒絶 (Versagung)」(BP 380) である。

そして存在の覆蔵は、通常覆蔵されている「現-存在」の「最も極端な可能性」(BP 324) としての死の内への被投性／現事実性と連関している。死の可能性から現の内への被投性が逆照射的に捉えられ、そうした存在企投の究極的な変動の可能性が開示されることによって、存在企投自体の内への被投性、そして従来の企投の様式(「存続的現前性」)の内への被投性が明らかになり、それと別様の企投が可能であることも明らかになる。そこで日常的な存在企投の自明性という根拠が最も極端な仕方で揺るがせにされる。この死の可能性において、われわれがもはや存在しないがために存在はわれわれにいかなる意味においても現れないという、存在／存在了解の究極的な変動可能性としての完全な覆蔵が空け透かれている。そのため、この死の可能性の含みでもって、現-存在は「完全に脱-底的な現-存在」(BP 268, 285, 297, 324) であるとされる。では、こうした「脱-底」はいかにして根拠づけられるのか。

「脱-底」の根拠づけ①：前期と中期の違い

ここで要請されている「脱-底」の根拠づけ[7]は、脱蔵と覆蔵の争いを「争い抜く」中で、存在の覆蔵の開示性を「耐える」(BP 301, 307) こと、「別の原初」へ向けた「決断」、「準備[8]」によって為されるのであり、それには従来の企投の完全な「放棄」――これは従来とは別の仕方で「最初の原初」と関わることの放棄でもあるのだが――が含まれていた。そして、こうした「脱-底」の根拠づけは前期における企投優位の根拠づけにおいては為されない。というのも、存在の変動の可能性(「脱-底」)が開示されるためには、先述のとおり企投自体の不可能性の内への被投性が、そして歴史的に規定された特定の企投及び企投自体の内への被投性が隠蔽されずに企投されねばならず、そうした根源的被投性の開示性に適合するという仕方で企投されねばならないからである(「転回《ケーレ》」[9])。こうした企投優位における企投自体を揺るがすような根源的被投性を担う根拠づけ、変様した企投が「存在による企-投／投げ」である。前期において述べられたような、企投優位の根拠づけの中でただ垣間見られるような「脱-底」ではなく、企投優位の根拠づけを放棄させるような企投の揺らぎとしての「脱-底」が開示される中で、それに合わせて根拠づけが変様させられる。こうした点は前期の根拠づけと異なる点であり、また後期と共通する点である。

「脱-底」の根拠づけ②：中期と後期の違い

他方で、「脱-底」がまた「最初の原初とその歴史がもはやないことへと、別の原初の実現がまだないことへとの間という脱底的な只中 (das abgründige Inmitten)」(BP 23) である中で、上述の根拠づけは「別の原初」の実現の「決断」のための「決断」(BP 13, 100, 102) という意味での「準備」として要請されている節がある。中期の根拠づけには、存在企投の変動可能性(「脱-底」)の開示の内に留まること以上の意味が付与されてしまっており、ここに企投優位の名残がある。この名残は、一つには「最初の原初」としての従来の存在企投の変動、つまり「別の原初」としての新たな存在企投の実現の際の直接的・最終的「決断」、すなわち自らの新たな存在了解によって既にして従来とは完全に異なる「別の原初」を創始するという決断可能性の想定と、もう一つにはこの直接的・最終的決断の実行のための準備的・間接的「決断」として「最初の原初」から完全に決別するという意味での「断念」(10)／「放棄」であると考えられる。この限りで、中期においてはまだ存在企投の仕方／存在の歴史が最終的には「われわれによる決断的企投」次第で根本的・原初的に変動するものとして捉えられていると言える。それに対して、後期において述べられるのは、あくまで「戯れ」としての「存在による企-投／投げ」の根拠づけであるために、「最初の原初」からの完全な決別という決断も放棄すること、存在変動へのどこまでも間接的かつ受動的な関わりとしての「根拠づけ」である。

4 「戯れるから戯れる」という根拠づけ（後期）

後期における根拠づけの概観

後期において脱-底的根底は、存在がわれわれに自らを開示する運動（「存在による企-投／投げ」）としての「戯れ（Spiel）」であるとされ、われわれによる「根拠づけ」は、表立ってはもはや論じられなくなる。しかし筆者の見るところ、われわれによる「根拠づけ」は密やかながら未だに為されていると言える。それは、「存在は戯れるのか」と問いつつ、「存在は戯れるから戯れる」（SG 169）と答えつつ「戯れの内へと沈みゆく」（ebd.）ことの内に潜んでいる。では、「戯れるから戯れる」という「根拠づけ」はいかなるものであると考えられるだろうか。

根拠律の「厳密な解釈」とその展開

ハイデガーは「存在の歴史」を根拠という観点から以下のように捉え直している。ハイデガーによれば、ライプニッツによって発見された根拠律「何ものも根拠なしには存在しない」(『理性に基づく自然と恩寵の原理』)(vgl. SG 3) には「何ものも与え返されるべき (zurückgeben) 十分な根拠なしには存在しない」という近代的な「厳密な解釈」(SG 34) が通常与えられている。主観がそれに出会うところのものは、主観の表象作用によって存在根拠を与えられて初めて対象として「存立する (stehen)」(SG 35, 36) のであり、また主観はそのように事物を自らの対象として「存立させる (stellen)」(SG 41, 42) ところの根拠として存立している。こうして、近代において対象であるか否かが存在しているか否かの基準となる (対象という存在了解)。この近代的な「厳密な解釈」は、現代において極端に展開しつつ猛威を振るっている。現代において、事物は殊更誰に対してというわけではなく公共的に常に既に「存立させ (stellen)」られ「用立て (bestellen)」(ebd.) られており、人間自身も事物を用立てることに向けて絶えず用立てられている。そして、いつでも誰にとっても用立てられうるか否かということが、存在しているか否かの基準となる (「存続性・用象化 (Ständigkeit/Beständigung)」(SG 51) という存在了解)。そうした意味において、人間も事物も同様にこの仕組み (「ゲシュテル／総-駆り立て体制 (Ge-stell)」) の内へと巻き込まれており、因果連関における原因・結果と化している。

根拠に対する別の観点の示唆——根拠の無効化としての根拠

しかし、そうした主観による根拠づけやその極端な展開の中にあっても、根拠に対する別の理解の仕方が生じている。[11] それは、その時代に支配的となっている響きの中で生じながらも、たいてい掻き消されそうになっている別の響きである。それは例えば、ライプニッツの同時代人であるアンゲルス・シレジウスの詩句「バラは何故なしに（ohne warum）存在する。バラは咲くから（weil）咲く」（SG 53）[12]によって示唆される。この詩句における「何故なしに（ohne warum）」において、「何故」という問いを通して殊更に問い求められて与えられる限りでの「存在根拠」（「厳密な解釈」における根拠）が否定されているのに対して、「〜であるから／何故ならば（weil）」によって「何故」と問う以前に存在者が既に持っている「根拠存在」、すなわち「存在根拠」ではなく「厳密な解釈」の妥当領域外にある根拠が認められ、肯定されている。

つまり、この「〜であるから／何故ならば」は、「何故」に対する答えとしての、「何故ならば」において初めて与えられる通常の根拠とは異なり、われわれに把握される限りでの原因を説明したり付け加えたりはしない。ここでの「何故ならば」において、「咲くから咲く」という或る種のトートロジーが敢えて用いられることで、通常の「何故ならば」で表されるはずの従来の根拠が無効化されている。すなわち「咲くから咲く」と答えることにより従来の根拠の無効化という意味での「脱-底」が遂行されており、それによってかえって事象を事象そのものへ委ねるという「根拠づけ」が為されている。「バラは咲くから咲く」と解するとき、われわれはバラが咲くこと自体の内に留まり、他でもないそのバラが今咲いていること自体をただ肯定している。そこにはそのバラが観賞用になる、商品価値をもつ等の算段は働いておらず、「バラが咲く」ということ自体がわれわれの理解によって汲み尽くされないものとして捉えられている。[13]

戯れとしての自然原理（ピュシス）：中期との共通点と相違点

まとめるならば、先の詩句「バラは咲くから咲く」で示されていたのは、表象的根拠づけによる「存在根拠」の付加の否定と、表象以前に存在者が既に持っている「根拠存在」の保護である。ここで、存在者と根拠の共属性ではなく、存在と根拠の共属性がわれわれに開示されていると言えよう[14]（「存在と根拠／根底：同一のもの（Sein und Grund: das Selbe)（SG 165)〕。存在は、それ自体が根拠／根底であるためにそれに先立つさらなる根拠を必要とせず〔「存在：脱-底（Sein: der Ab-Grund)」（SG 165, 166)〕、われわれ人間による表象的根拠づけによってさらなる根拠が補われてはならず、「脱-底」として保持されねばならない。ここで存在は「われわれに見られる限りにおいて開示される」のではなく「おのずから開示する」（SG 94）こととしての「自然原理（ピュシス）」として見て取られている。存在はそのつどおのずから開示することとして、それぞれの時代のさまざまな仕方や諸々の段階における脱蔵と覆蔵の争いとして、歴史的に変動するものとして生起する。例えば、古代ギリシアにおいて存在者は「対向（Gegenüber)」（SG 121）において現前するものとして「人間に襲来するもの」であり、近代における「対象性（Gegenstandlichkeit)」において現前するものよりも「より存在して（seiender）いた」（SG 129）とされる。この例において示されているのは、古代ギリシアにおいて覆蔵性はそれとして明らかにされずとも隠蔽されてはいないのだが、近代においては隠蔽されているということである。これは危機の段階①から②への変化であろう。近現代において存在が対象性や存続性として自らを送って来る限りにおいて、存在は「われわれが先行的に聴き取ることができない決断性（Entschiedenheit）と排他性（Ausschließlichkeit）の内へと自らを送っている」（SG 130)。つまり、中期において既に述べられていたように、われわれは既にたいてい対象性・存続性としての存在企投を決断してしまっているということに無自覚であり、その決断の根拠は不問に付されている。そこでは、存在の脱蔵と覆蔵の争い、存在の現れの別様の諸可能性は、われわれに対してほぼ完全に覆蔵されており、覆蔵性を非脱蔵性／非現前性として排除した脱蔵性としての対象性や存続性のみが存在であると捉えられている。他方で、これもまた中期において述べられていたように、「死の近くに住むこと」（SG 167）において存在の現れの歴史的変動の可能性／余地がわれわれに開示されるとされる。[15] つまり、存在不可能性の内への被投性の開示によって、これまで覆蔵されていた存在企投自体の内への被投性、しかも自然原理（ピュシス）としての存在によるわれわれの存在企投の規定、すなわち従来の存在企投の内への被投性、投げが見て取られ、また従来とは別様の企投、投げの諸可能性も見て取られる。

ただし、後期において中期と異なるのは、われわれによる企投が「存在による企-投／投げ」に基づくということがより深く洞察されているという点であろう。われわれは今や、存在企投の変動の可能性の開示において、「別の原初」という存在の変動の実現の直接的・最終的「決断」と、形而上学的企投の完全な断念を含むそれに向けた間接的「決断」として自らの企投を為すことは求められておらず、むしろそうした意図的・排他的決断である限りでの企投を放棄するよう求められている。われわれは、存在の測り知れなさに臨んで「存在による企-投／投げ」をおのずから自然に働かせるというように自らの企投を遂行する中で、歴史的に為されてきている存在企投のさまざまな段階やその時代その時代に支配的であった諸々の様式の差異が、またその中で今もまさに掻き消されていっている「バラは咲くから咲く」といった別様の存在企投の諸可能性、「脱-底」における「存在と根拠／根底の投げ送り」(vgl. SG 169) が現れる場、つまり「存在の歴運 (Seinsgeschick)」の現場であり続けるよう求められているのである。このように「最初の原初」と「別の原初」とを峻別して「最初の原初」からの決別と「別の原初」の創始を画策し——これは先の近現代の特徴である、隠蔽された「決断性と排他性」と重なるのだが——、それによって再び「最初の原初」の歴史に我知らず巻き込まれていくのではなく、むしろ「最初の原初」、より正確に言えば、もはや「最初」と「別」の区別のない「原初」に留まり、その本質の洞察を深めていく中で原初の多様な展開の諸可能性、諸々の危険、「諸々の道」の洞察を深めていくことが、存在の脱蔵と覆蔵の根本運動を見て取ることであり、それがまた自らの歴史を引き受けるということである。こうした存在の歴運は「あらゆる恣意から自由」(SG 167) な運動であるがゆえに、人間の自由というよりは歴史的自然の自由としての「戯れ (Spiel)」(ebd.) である。それは、従来の存在企投という根拠につねに同様に依拠できるわけではなく、またいかなる存在企投へといかにして移行するか、あるいは移行しないのかということが自らの決断に依っては最終決定されないという意味で「脱-底」であるのであろう。こうした限りでもはや「最初の原初」と「別の原初」（溯れば「非本来性」と「本来性」）という二項対立的な図式は崩壊していると言える。

「戯れるから戯れる」という根拠づけ

以上のとおり、後期における存在のおのずからの開示は、中期と同様、死の内への被投性、存在企投自体の内への根源的被投性をそれとして企投するという仕方での根拠づけを要請する。ただし、こうした被投性はより根深いものとして経験されており、存在の変動の実現は、われわれのいかなる意志決定をも超えた、おのずから生じる事態であることが改めて確認されねばならない。「存在の問い」の再設定を目指すわれわれに求められていることは、「最初の原初」からの決別ではなく、あくまで「原初」に内在的でありながらも、その本質を様々な観点から洞察しつつ、存在企投の様式が従来のもの、それに基づく現行のものとはさまざまに別様でありうること（「脱-底」）を知っているということである。そうした仕方で――次の存在の変動が「別の原初」として生じるのか「最初の原初」のさらなる展開であるのかは分からないまま、否、いずれにせよ何らかの過剰を含むと分かりながら――何らかの可能的な変動に対してそのつど「より徹底した問い」、「より徹底的に被投的であるような企投」を通して準備することだけである。こうしたわれわれの企投は「存在による企-投／投げ」への適合であり、存在のおのずからの開示そのものに限りなく近いものである。このようにわれわれによる企投が「存在による企-投／投げ」とほとんど同化する中では、われわれの「根拠づけ」は「何故存在は戯れるのか」と問いつつ「存在は戯れるから戯れる」（SG 169）と答えつつ「戯れの内に留まる」（ebd.）のであろう。そして、われわれの答えは通常の「～であるから／何故ならば」という根拠づけから離れつつ、戯れに何も付加することも制御することもなく、「戯れの内へと沈みゆく」(ebd.) のだろう。ここで答えは答えになっておらず、むしろ疑問文の形式をとらずに断定文の形式をとる新たな仕方での問いになっていると言える。「存在は戯れるから戯れる」。この言は謎を謎として明らかにしているために問いに対する答えでありながら、やはり再び問いへ向かう答え、問いそのものでもある。また「戯れの内へと沈みゆく」ことは、企投が「投げ」の内へと完全に消化されてしまうということではない。それでは決定論、完成されたニヒリズムになってしまうだろう。企投は、やはり「投げ」への準備と応答として絶えず必要とされつつ生じており、徹底された被投性である「投げ」を引き受けながらも、「投げ」の洞察をより徹底しつつ、問いを新たに立てつつ、存在の歴運の現場であること、そうした「投げ」への適合としての「徹底的に被投的な企投」を敢行的・決断的に企投することとして生じ続ける。それゆえにこそハイデガーは以下のように問うのであろう。「我々は、この戯れの諸命題(「戯れは何故なしにある」、「戯れは戯れるから戯れる」、「何ものも根拠無しには存在しない」、「存在と根拠は同じものである」等) を聴きながら共に戯れ (mitspielen)、戯れの内へと自らを接合する (fügen) のかどうか。[そうであるとすれば] いかにして接合するのか」(SG 169)。

5　補論　ハイデガーが対峙してきた形而上学

形而上学の本質:「存在-神-論」

では、結局のところ、ハイデガーが批判しつつ耐え抜こうとした形而上学は、いかなるものとして先鋭化されるのか。それは『同一性と差異』(一九五五—六三) の「形而上学の存在-神-論的体制」(一九五七) において明らかにされている。形而上学の本質は、「形而上学とは何か」(一九二九) において既に言及されつつも探究されないままであった「存在者としての存在者 (普遍性)」と「全体における存在者 (全体性)」、こうした存在論と神学の本質の未だ考えられていない統一性、すなわち「存在-神-論（Onto-Theo-Logie）」（Bd. 11, 63）である。

「存在-神-論」への退歩

ただし、この形而上学の存在-神-論的本質への明確な指摘は、論文「形而上学とは何か」第五版（一九四九）の付加的導入において初めて為される（Bd. 9, 378f. vgl. Bd. 5, 195, Bd. 11, 63, 64）。すなわち、「形而上学とは何か」という問いは、形而上学の歴史との対話における「原-初（An-fang）」（Bd. 11, 59）の内への「退歩」を通して、そしてハイデガーの思索における形而上学的傾向からその超克へ、超克からその耐え抜きへという「退歩」を通して、つまり形而上学の歴史の解体と自らの思索の解体の二重性において先鋭化され、「形而上学の存在-神-論的な本質体制はどこに由来するのか」、「いかにして神が哲学そのものの内へ至るのか」（Bd. 11, 64）という問いに辿り着いた。

「存在-神-論」から「担い分け」への退歩

存在論と神学の本質の統一性〔「存在者の存在を最も普遍的なものとして、また超越的で最高のものとして根拠づける統一性」（Bd. 11, 66）〕は、すなわち「存在者の存在から存在者を根拠づけること」と「存在者から（存在者の）存在を根拠づけること」（vgl. Bd. 11, 67）という双方向的根拠づけ、「担い分け（Austrag）」（Bd. 11, 73）である。この双方向からの根拠づけが重なり合い、「互いへと保持され、互いから-互いへと担われている」（Bd. 11, 71）。この「担い分け」は、一方で「脱蔵する超来（Überkommnis）」（Bd. 11, 71, 74）として「到来するものを根拠づけること」（Bd. 11, 74）、すなわち存在に成り、他方で「非覆蔵性の内へと自らを蔵する到来（Ankunft）」（Bd. 11, 71, 74）として「根拠づけられ、作用されつつも、根拠づけ、作用する原因」（Bd. 11, 74, 75）、すなわち存在者と成るという二重性によって構成されている。それにより初めて、「存在者の存在の存在者の区別」（Bd. 11, 68）（Bd. 5, 176f.）〔「区-別（Unter-schied）」（Bd. 11, 71）、「差異（Differenz）」（Bd. 11, 71）〕が生じる。[16]

「担い分け」は、根拠づけるもの（存在）と根拠づけられているもの（存在者）を区別するだけではなく、存在が存在者を、存在者が存在を根拠づける原因となるというようにして、互いに協力させつつ根拠づけ合わせる。存在の根拠である存在者（「存在根拠」）[17]はその際、「最高の存在者」、すなわち神としてのみ存在者を生じさせる力を持つ。こうして存在根拠は「存在者を根拠づけ、存在者によって最も存在するものとして根拠づけられる存在」（Bd. 11, 75）に成る。存在は原因一般という意味で根拠づけるもの、存在者は根拠づけられるもの、最高の存在者である神は第一原因という意味で根拠づけるものと成る（vgl. Bd. 11, 75, 76）。

自己原因としての神への「過剰な歩み」

こうして存在根拠はその一つの究極的な可能性として、おのれ自身を根拠づける「自己原因（causa sui）」（Bd. 11, 67, 77）としての根拠、すなわち神の想定へと展開する。しかしこの神は、「その前で人間が祈ることも生贄を捧げることもなく」、「畏怖することも音楽を奏で踊ることもないような哲学の神」（Bd. 11, 77）である。これがハイデガーが批判し続けてきた形而上学の本質、その企投の最内奥のものである。この自己原因としての神の「放棄」（ebd.）の試み、すなわち「脱-底」の確保の試みが形而上学の本質の内への「退歩」の一助となる。われわれは、自己原因としての神を喪失することで、むしろ神の本質である「神聖な神」（ebd.）により近づくことができる。「戯れるから戯れる」という基礎づけならぬ基礎づけも、この形而上学的な神の放棄とそれによる畏怖すべき神々の尊さの復権のもとでのみ可能であろう。その畏怖すべき神々は確かに人間を超えた力を持ち、例えば天候を左右することにより或るバラの咲くことの一端を担いながら、それでいて自らも人間もその全き原因ではないためにそれを支配していないところのそのバラの存在を尊び、「何故バラは咲くのか」と問いながら「バラは咲くから咲く」とわれわれと共に言いうるような神々であろう。その際、神々も人間もそのバラの内に、自らによっては捉えきれない世界、自らがそこへ投げ込まれているところの世界（「四方域（Geviert）」）を見ているのである。すなわち、ここにはわれわれの「被投性」のみならず、神々の「被投性」が読み込まれうるのであり、それが根源的被投性、「脱-底」を構成していると言える。

「未決定」に留まりつつ問い続けることを決断すること

しかし、形而上学の支配、現代技術とその諸展開のもとでは、今歩みつつある「退歩」の途上で生じるものさえ、ただ利用され加工されるという仕組み（「ゲシュテル」）の内にあらざるをえない〔その際、「退歩」はその可能性が示されていたとしても遂行されないままである（Bd. 11, 78）〕。思索の歩みがどこまで本来的な道を拓きつつあるかどうか、いつどこでいかにして展開するかはやはり「未決定（offen）」（Bd. 11, 78）のままであり、（恣意的な）決定を下すのではなくむしろ「未決定」のままにされなければならない。しかしそのためには、問いを試みるという決断的企投がやはり必要なのである。

歴史との耐えざる対話において現行の思索の様式を不問に付すことなく、自己批判し、問い続けること、これまで或る仕方で思索されてきたがまだ思索されていないことを考え抜くこと、形而上学の本質にたえず巻き込まれながらも敢えてその力の根源へと入り込んでいこうと試みること。このように過剰な歩みと退歩、構築と破壊、答えと問いを不断に繰り返すこと、そうして徐々に自らの被投性と企投を徹底していくことがハイデガーにとっての「思索（Denken）」である。

6　第七章のまとめ

後期における脱-底的根底としての存在は、前期における企投優位の根拠づけも、中期において述べられた被投性をそれとして企投することでありながら「自らによる企投」によって「存在による企-投／投げ」の原初的な変動を実現しようとする根拠づけも「恣意」として放棄させ、「存在による企-投／投げ」への適合としての根拠づけを要請する。後期における「存在は戯れるから戯れる」という根拠づけは、このような仕方で、前期・中期における根拠づけの批判として成立している。そして、そうした根拠づけは自己原因としての神の放棄の試みと、それによる神聖さの保護を通して為される。

注

（1）　また「根拠の本質について」において既に「つねにまだその転回《ケーレ》における存在の真理の遮蔽のもとで現-存在を考える無駄な試み」（一九二九）（Wm 174）という「根拠の本質について」への批判的注釈が付されており、加えて「『根拠律』（一九五五）におけるこの論文の自己批判を参照のこと」（一九六七）（Wm 123）という注釈も付されている。

（2）　管見の及ぶ限り、『根拠律』における「根拠の本質について」批判を主題とした先行研究は僅少であり、また不十分な点を持つ。例えば、茂牧人氏は「根拠の本質について」の脱-底を現存在の被投性と企投の争いの根底として、『寄与論稿』・『根拠律』の脱-底を存在の覆蔵と非覆蔵の争いの根底として特徴づけているが、中期・後期における脱-底が前期の脱-底と如何なる連関を持つのか、何故前期から中期・後期への変化が必要だったのかといった重大な疑問に答えられていない。他方、グレーシュ「一体なぜ〈なぜ〉なのか―ハイデガーとキリスト教神秘主義」ではハイデガー全集の Bd. 26 と Bd. 66 が用いられつつ、ハイデガー哲学と神秘主義との連関から何故という問いについて見事に解釈されており、筆者とは別の材料及び観点からハイデガーの根拠論に取り組むものとして秀逸である。

（3）何らか一つの固定的で先行的な目標が定められていて、後期においてそれが達成されるかのように読めてしまうかもしれないが、その目標はあくまで前期と中期、中期と後期といった対比における相対的なものであり、絶対的なものでは決してない。つまり「存在の問い」がハイデガーの唯一の問いであり、或る種の目標ではあるが、その問い方は変動する。

（4）加えて、根拠づけが「脱底として了解されるならば、存在者の内での存在者による現存在の捕捉性の本質がより先鋭化される」（Wm 174, 175）とあることからも、やはりここで脱-底は根拠の受け取りとしての存在者による捕捉性、即ち被投性との連関において述べられていることがわかる。

（5）他方で、第三章にて既に論じたように、「根拠の本質について」において現存在の被投性は、上述の意味以外に、「超越（根拠づけ）という現存在の存在体制が現存在によって選択されたものではない」という「無力（被投性）」（Wm 175）として規定されている。この超越の内への被投性は、存在企投の内への被投性を意味しており、確かに「存在者による捕捉性」とは異なる次元の被投性を指している。しかしそうした被投性は企投自体の不可能性の内への被投性を明示しているとは言えず、それゆえに根源的な脱-底を示すものではないと言える。

また、「根拠の本質について」（一九二九）は「形而上学とは何か」（一九二九）と対であり、「根拠の本質について」の「脱-底」の内への被投性の軽減は、「形而上学とは何か」の被投性の記述によって補われている。そこでわれわれに開示されているのは、一つには「根拠の本質について」において無力において示されていた存在企投の内への被投性であり、もう一つには「根拠の本質について」においては開示されなかった、現存在の存在自体の理由の無さ・不可能性、つまり企投自体を揺るがす企投不可能性としての被投性であると考えられる。

だがいずれにせよ、「脱-底」が如何なる仕方で根拠づけられるかは、前期においては述べられておらず、中期において明確化すると言いうる。

（6）以下の引用も参照のこと。転回《ケーレ》とは「存在による呼びかけと現-存在の聴従」である（BP 7, 18, 64, 311, 372, 407）。「性起は自らの内に現-存在を根拠づける（Ⅰ）。現-存在は性起を根拠づける（Ⅱ）。根拠づけることは、ここで転回《ケーレ》的である。Ⅰ支えとなり聳える。Ⅱ建立し企投する」（BP 261）。

（7）序論注（6）で述べたとおり、「脱-底」も或る仕方で根拠／根底である。以下の引用も参照のこと。「脱-底（*Ab*-grund）」は「脱

-底（Ab-*grund*）」」である（BP 379）。「脱-底はあらゆる根拠に対する否ではなく、覆蔵された広さと遠さにおける根拠／根底への然りである」（BP 387）。

（8）第五章にて既に論じたように、われわれの「準備」は、根拠づけの完遂としての「存在者の内に存在の真理［覆蔵の空け透き］を蔵すること（Bergung）」（BP 27）と連関する。芸術や詩作などの事物の製作・獲得において、われわれは、存在者がその存在の訝しさに基づいてより存在するようになるように事物を捉えられる可能性がある（「蔵すること」）。つまりわれわれは、絶えず存在者へと関わりながらも、あるいはむしろ関わることを通して、従来の企投（存在の自明視）へと再び陥ることなく別様の企投の可能性の内に留まるようになりうる。BP 27, 70, 71, 100, 348, 349も参照のこと。

（9）そうした企投は、通常覆蔵されている被投性の開示を戦い取ること（BP 56, 328, 392, 448）であり、「企投の投者が被投的なものとして自らを経験するという仕方で」（BP 239）、「投げにおいて初めて現れる現自体の被投性の覆いなき実行」（BP 328）としてなされる。

（10）「最初の原初から別の原初へ」の移行は「いかなる種類の形而上学も終わりに達していなければならないと知ること」（BP 172）、「形而上学の根底からの超克」（BP 172）・「否定」（BP 178）、「最初の原初から遠ざかること」（BP 185）を通して為される。

（11）これは中期において述べられた、存在の浪費の極まりの中でその絶えざる拒絶が露呈する事態と同様である。根拠の別様の響きは、聴き取られることのなかった響きであり、現代の支配的な形而上学的根拠要求（「総-駆り立て体制」という「存在の歴運」）の中で掻き消されていた響きである（SG 85）。

（12）Angelus Silesius, *Cherubinischer Wandersmann*, Kritische Ausgabe, hrsg. Von Louise Gnädinger, 1984, I, 289.

（13）別言すれば、「咲くから咲く」は従来の根拠の形態を取りながら従来の意味を拒むがゆえに、従来の理解の限界を限界として表している。

（14）ハイデガーの解釈によれば、ここで根拠律は、第一の音調である「何ものも根拠無しに存在するのではない」、「あらゆる存在者は根拠を持つ」においてではなく、第二の音調である「何ものも根拠無しに存在するのではない」（SG 65）において了解されるようになり、「存在と根拠の調和（Einklang）」（SG 69）が聴き取られるようになる。

（15）「死の近くに住むこと」は、『寄与論稿』においてと同様、ここでもはや『存在と時間』の死への先駆が意味するところとは異なっており、覆蔵性の意味も含んだものへと深められている。

(16)　われわれはさしあたりつねに「差異」をただ不十分にしか明らかにできず、また先述のとおり、存在の本質現成がそれ自体「戯れ(Spiel)」であるため、今日的な存在者の捉え方を通しては存在の本質を表現できない。以下の引用も参照のこと。「それ※(※性起——エスとして——自性化しつつ与えること)」は「存在※（※現前させること——現前として——あらしめること＝送ること＝与えること＝自性化すること)」をただそのつどつねにあれやこれやの「歴運的刻印（ピュシスから意志への意志まで)」において与える（vgl. Bd. 11, 72, 73)。

(17)　これに関して、同書では「根拠としての存在」と述べられてもいるが、本書の上述の用法と異なるので、誤解を避けるため、「存在根拠」で統一する。

結論

脱-底——問いの不断性と諸々の道

以上、ハイデガー哲学における「存在の問い」の深化を、「存在を問う／問いうること」というわれわれの存在／存在了解の構造である被投的企投を軸として、①ハイデガーがそれを思索するところの、われわれそれぞれの存在／存在了解を構成する被投的企投の深化、②ハイデガーの思索としての被投的企投の徹底という二重性において分析、考察してきた。その際、被投的企投がいかなる点において一貫し、他方でいかなる点において深化を遂げたかを明らかにするために、ハイデガーの自己言及の中でも自己批判と捉えられるものを扱い、いわゆる前期から後期までの思索の変様を、事柄として、理路として、いかに整合的に捉えられるかを吟味してきた。それは、平坦な一本道ではなく、われわれの「存在論的循環構造」である被投的企投に応じて、「試み」と「挫折」、「過剰」と「退歩」を繰り返す、行きつ戻りつしながらの歩み行きであった。以下、第一章から第七章までの道標と道程を振り返り、被投的企投における、思索の道を歩むこととしての「存在の問い」の深化の過程を描写する。それは被投的企投において「脱-底」への「投げ放ち」がどれほど保護されていたかということと関連している。それにより、『存在と時間』の「改訂」の一つの可能性、とりわけ被投的企投という「謎めいたもの」に関する一つの解釈を提示したい。

第一章では、『存在と時間』以前から『存在と時間』までの被投的企投の生成過程をその両義性（存在の問いの準備と妨害の危機）において分析した。被投的企投の前身である「解釈」、「把握性／概念性」においては、了解よりも現事実性、情状性が「疑わしさ」を孕む問いの基盤としてより重視されており、それと連関して、その「先-構造」において「先(-)視」よりも「先(-)持」に重点が置かれつつ、「先-」の意味も既在性を意味していた。それに対して、「存在の問い」の再設定という目的を明確に掲げる『存在と時間』の時期になると、「解釈」の意味のずれに応じて「先視」に重点が置かれ、「先-」の意味も次第に超越性という意味を孕むようになる。それは、存在の問いの再設定を学的企投として、全き本来性の希求において目論むがゆえに、被投性の不安定さを捨象するという意図からであった。この点で、『存在と時間』以前の時期に既に「過剰な歩み」がなされていたと言える。他方で、『存在と時間』の存在の問いの再設定においても現事実性、被投性の重要性は見て取られていたのであり、根源的被投性の経験に適合する仕方での学的企投（徹底的に被投的な企投）という仕方で「存在を問う」というわれわれ人間のあり方を模索し始めていた。では、『存在と時間』において存在の捉え難さを構成する根源的被投性をどれほど保護しつつ企投できていたのだろうか。

可能性の企投は、不可能性という現事実性の内への被投性と不可分であり、こうした被投的企投を通して、存在の他性、捉え難さは保護されようとしていた。「企投してしまっていること（企投性）」を構成している非根源的・頽落的被投性と根源的被投性という二重の被投性において、存在の捉え難さを構成する根源的被投性をどれほどあえて選択的に／学的に企投できるかによって「存在の問い」の深度は規定される。しかし学的企投として従来の学的企投を根本から覆しうるような被投性（根源的被投性）を軽減せずに確保することは困難を伴う。というのも学的企投は基礎づけとして企投の統一化・自己閉鎖傾向を助長したものであり、他性の保護としての被投性を軽減した一方向的なものだからである。その際、存在の他性がその内に保護されているところの被投性は企投と反対方向の力を軽減されている。それゆえ「転回《ケーレ》」の思索はここで既に準備され始めていたが、存在の問いへの歴史的窮迫が被投的企投に内在していることが正面から論じられることはなく、「転回《ケーレ》」の思索も「十分には言い述べられないまま」であった。

第二章では、『存在と時間』における「存在の問い」の準備の両義性を、明確に主題的に論じられる現存在のみならず、それを主題的に論じているハイデガー自身の経験の場面、学的企投として再構築することを目指した。「現存在の存在の現事実性の内への被投性」において現存在はつねにすでに世界・歴史内存在として存在者への関わりの内で存在しており、それと連関して存在者から存在を了解するという特定の日常的な傾向としての存在企投の「方向」（存在者企投と同じ方向）を持っている（頽落的被投性）。その際自らの存在構造としての被投的企投は自覚されていない。それが不安の経験において日常的な被投的企投が停止され、「自らの存在と死の内への被投性」・「世界と歴史の内への被投性」という根源的被投性が露わになる中で、その被投性の持つ「非性」の促しにより企投方向も転じられうるようになる。そして被投的企投という自らの存在構造自体が明らかになりつつ、自らの存在を根底からは支配できないという「脱-底」、根源的被投性に応じて企投すること、しかもそれを「遺産」の反復として企投することが可能になる。これが先駆的決意性の一つの側面である。他方で、死への先駆は、先視（企投）の優位をもたらしつつ歴史的被制約性を払拭されている限り、その根源的被投性が軽減され、超越へと接続可能になった。このように、不安における死の可能性と歴史性、その被投的企投の内に、ハイデガーの前期の思索における一つの「危機」が存している。

別言すれば、存在の問い＝「転回《ケーレ》」は、自らの存在の根拠の無さという根源的被投性に応じた企投方向の転換という意味ではここで既に生じ始めていたが、「存在一般」の被投的企投の歴史的「窮迫」、そうした従来の学的企投を破りうるような非性（脱-底）という意味での根源的被投性は洞察されずじまいであり、そのために存在の問いの生起も不十分なままであった。すなわち根源的被投性を企投しつつ問いうるという状態にありながら、学的企投としてそれを損なっている側面があるということである。

そしてこうした準備に基づいていることに鑑みれば、「存在と時間」との連関を示しつつ存在問題の設定（つまり存在の学的な企投）を主題的に論じる段になり、ハイデガーが現存在の存在を殊更に「超越」として捉え直しつつ超越論的存在企投へと向かうことも納得のいくことである。

第三章にて『存在と時間』周辺時期におけるハイデガーの「存在と時間」の学的企投が吟味された。徹底的に被投的な企投は時間的に捉えられるならば、既在的将来としての瞬間を支えるものであり、脱自構造として強調される。それはいわば被投性と企投が根源的／時間的にはいかなる仕方で連関しているかを明示するものであり、この点でこの時間分析は「存在の問い」の生起に資するものであった。他方で、時間地平の超越論的企投という側面が見られ、根源的被投性の軽減によって初めて可能になるところの普遍的な学的な企投（超越論的問題設定）、従来の企投様式及び領域の確実化が遂行された。これが『存在と時間』以前の時期の先視の優位に根をもつ、企投に内在的な「過剰な歩み」の展開である。この点で被投的企投は、「問うに値するもの」として存在を捉えるところの徹底的に被投的な企投ではなくなっており変質してしまっている。

超越は主観の主観性を基礎づけるという仕方で主観性の形而上学を乗り越えようとする存在了解であったが、その一方向的な基礎づけという手法、伝統的な学的企投の形而上学性によりかえって、いわゆるプラトニズム（イデアや固定的・先行的本質の想定）という意味での形而上学（「形而上学の形而上学的探究」）へと歩みを進めるものであった。別言すれば、「存在は何に基づいて了解されるか」という問いにおいて、存在企投の基盤としての時間地平は「問い目指されるもの」ではあっても「問い揺るがされるもの」／「問い崩されるもの」ではなかった。しかし後述するように、存在問題の再構築にはこうした形而上学的手法の超克、さらには耐え抜きこそが必要だった。しかし、この時期のハイデガーはまだそのことに十分に自覚的であるわけではなく、これ以後自らの形而上学性との悪戦苦闘が、被投的企投の変様、「転回《ケーレ》を十分に言い述べる」試みという仕方で開始される。

存在問題の再構築のためには、根源的被投性が、歴史性と相まって、企投方向及び様式自体を揺るがすような反対方向を持つものとして捉え直されねばならず、とりわけ『存在と時間』の非性の根拠存在が根拠存在の非性（脱-底）として、歴史性が存在了解の歴史＝「存在の歴史」の内への被投性として捉え直されなければならなかった。そしてその根源的被投性の次元に関して「メタ存在論」は両義性を内包していたが、やはりあくまで「超越」と「中立性」の枠組みの内部に収まっていた。

そこで第四章にて、現存在の、そしてハイデガー自身の存在企投の歴史的変動が、いかなる存在了解において、すなわちわれわれ人間と存在及びその「非性」とのいかなる連関において生じるかが論じられた。それは、存在の非性の内への被投性の軽減において存在者を変わらずに現前させ続けることとしての「現前性（A）」から、現前させること自体よりもより根源的である存在の非性としての覆蔵性（歴史的変動を加味された無）ゆえに、存在を「現前性（A）」として脱蔵することを明確に拒否している存在了解、現前するものを現前させ続けうるか否かに関して無規定的であるところの「現前性（B）」へという存在企投の変動であった。この変動は、「現前性（A）」と不可分であるところの真理の本質＝脱蔵から、「現前性（B）」と不可分であるところの真理の本質＝脱蔵と覆蔵の運動への変動として捉えられた。そして、そうした根源的被投性に基づいた企投には、もはや「超越」という「形而上学の言葉」はいよいよそぐわなくなり、以後使われなくなっていく。そのように存在は、現前する確固としたものとして通常了解されている存在者とは全く異なって振舞いうるため、存在の捉え難さを捉えるためには或る種の「跳躍（Sprung）」が必要である。この「（性起において本質現成する）転回《ケーレ》の内への跳躍」がハイデガーの言う「存在の問い」の生起の開始であると言えよう。この覆蔵性の発見に基づく転回《ケーレ》の内への跳躍、すなわち「脱-底」こそ、『存在と時間』において十分に描くことができなかったものであり、それはやはり死の、そして無の内への被投性、すなわち「非性」の経験の不十分、存在了解の歴史性の洞察の不十分に起因するものであった。では、この跳躍とはいかなる様式の企投であろうか。

第五章にてこの「転回《ケーレ》の内への跳躍」が示された。転回《ケーレ》とは、存在が存続的現前性・自同性として企投されること、すなわち頽落的被投性の猛威と根源的被投性の軽減における「窮迫」において「浪費」を拒否し、われわれがその拒否を受け止め、根源的被投性を耐え抜いて企投することによって存在が「自異性」として現れてくるという、存在と人間の双方向的関わりであり、被投性に潜んでいた存在そのものの他性の保護、そうした企投の反対方向の被投性の威力における企投自体の「破り開き」（脱-底）の保護としての被投的企投の変様であることが明らかにされた。ここで企投が現存在による存在の企投から存在による「企-投」、「投げ」へと変様していることと呼応して、「存在は何に基づいて了解されるか」という問いの様式自体の是非が問い直され、この問いは「この問いにおいて前提されている「何＝本質」はわれわれの時代においていかなる真理解釈において捉えられているか」という問いによって補われねばならない。この「転回《ケーレ》の思索」によってハイデガーとわれわれは、第三章にて議論された「過剰な歩みⅠ」から、第四章の「退歩Ⅰ」を「存在の歴史」と企投の変様という別の観点から展開することにより、「存在の問い」の生起により近づいた。他方で「転回《ケーレ》の思索」はまた「最初の原初」から「別の原初」への移行、そのようにして新たな歴史の開始を目指して準備することでもあり、この点に再び「過剰な歩みⅡ」が見出される。

第六章においてハイデガーのニーチェ解釈の展開の分析を通して、「過剰な歩みⅡ」からの「退歩Ⅲ」としての形而上学の多義性の洞察について議論した。ハイデガーによれば、「存在の意味への問い」＝「真理の本質への問い」の「問いの本質的な突破口」は、「力への意志」の根源である「同じものの永遠回帰の思想」に存する。だがニーチェはプラトニズムと同様の仕方で問いながら新たな答えを出すという仕方でプラトニズムを「克服」する方へ歩みを進め、そうした観点において問いの様式の現行の企投と異なる別様の問いの生起の可能性を隠蔽してしまった（「過剰な歩み」）。それはニーチェの「存在の歴史」の内への被投性の見誤りであると言い換えられる。しかしこうしたニーチェの思索を形而上学の完成とみなし、自らの思索を全く別の思索とする限りで、ハイデガー自身も形而上学の本質を測りきったとするニーチェと同様の「過剰な歩みⅡ」を行なった。他方でプラトニズム＝形而上学の本質を問い直す必要性を認め、ニーチェの思索の内にプラトニズム＝形而上学の本質への軌道を見出す限りで、形而上学の本質の射程の測り抜きに留まる必要性という観点においてハイデガーは、ハイデガーの思索の内の「最初の原初から別の原初への唯一的転回《ケーレ》」という構図から「諸原初からの諸転回《ケーレ》」への退歩、「過剰な歩みⅡ」からの「退歩Ⅲ」に至ったと言える。

第七章において前期から後期への思索の歩みが「存在の問い」の「基礎づけならぬ基礎づけ」という観点から捉え直された。そこで焦点となったのは「根拠／根底」、「脱-底」、「根拠づけ」の捉え方の変遷である。後期における脱-底的根底としての存在は、前期における企投優位の根拠づけも、中期において述べられた被投性をそれとして企投することでありながら「自らによる企投」によって「存在による企-投／投げ」の原初的な変動（「最初の原初」から「別の原初」への唯一的な「転回《ケーレ》」）を実現しようとする根拠づけも「恣意」として放棄させ、「投げ」としての頽落的・形而上学的被投性と根源的被投性、その間に存する窮迫に従った企投、「存在による企-投／投げ」への適合としての根拠づけを要請する。それは歴史的に為されてきた存在企投のさまざまな段階や支配的な様式の差異が現れる場、存在の「投げ」の現場であり続けることの強調である。後期における「存在は戯れるから戯れる」という「脱-底」の根拠づけは、このような仕方で、前期・中期における根拠づけの批判として成立していた。そうした根拠づけは自己原因としての神の放棄と、それによる神の根源的被投性、神聖さの保護を含みつつ成立する双方向的ないし多方向的根拠づけ合いである。では、被投的企投という「謎めいたもの」、その内的連関は結局のところいかなるものとして描けるだろうか。存在を問うためには、被投性と企投はいかなる関係になければならないのだろうか。

a.前期に代表される「企投優位」の過剰の思索

すなわち超越論的企投という窮迫無き、根源的被投性の軽減としての企投は、それ自体決断的・選択的企投、すなわち試みとしての企投であるにもかかわらず、学的企投として揺るぎないものであるかのような隠蔽が為されていた。加えて、それはあくまで存在を問う準備において為されていたため、危機の段階の②と③の反転、窮迫の無さという窮迫という側面を持ってしまっていた。

b.中期に代表される「被投性優位」の開始と「企投優位」の過剰の名残の思索

そうした超越論的企投の威力の過剰さ（頽落的被投性）と、超越論的企投があくまで自らの決断的・選択的企投でしかないという有限性、存在企投自体の非性（根源的被投性）の間に窮迫が生じ、存在企投自体の非性、すなわち投げ放ち／投げという「脱-底」、根源的被投性に基づいた企投（企-投）が為されるようになる。しかしそうした企投も言葉にする際、学的／実存的企投としてあくまで決断的・選択的企投に為されるということ、それゆえに何らかの恣意性、過剰を含むということ（頽落的被投性）が同時に自覚されねばならない。しかし中期においてもやはり非本来生から本来性へ、最初の原初から別の原初へという図式において全き本来性、全き別の原初の想定と、非本来性および形而上学からの完全な乖離が想定されていた。そこでも頽落的被投性から完全に逃れられると想定するという意味での被投性の軽減が行われており、それと連関して、存在の歴史の変動もわれわれの最終的な決断的企投によるとされていた。ここでは「被投性優位」と、「企投優位」の名残の両面が見られた。

c.後期に代表される「被投性優位」の過剰の思索

そうした中期における「企投優位」の過剰の名残が払拭され、「被投性優位」において投げの現場であることとしての企投がなされる。その際企投はもはや被投性／投げの内に解消されるかのようである。しかしそうした「企投優位」の放棄もあくまで試みとして企投されるのであり、問いを投げかけることによってのみ成立する。そこには確かに企投が存するのであり、またそれゆえに何らかの過剰、恣意性、そしてわれわれの自由を含むであろう。そのことが十分に捉えられねば、完全なニヒリズムに陥ってしまう。

こうしたハイデガーにおける被投的企投の深化から何が見て取れるだろうか。「企投優位」にせよ「被投性優位」にせよ、いずれかに偏れば、超越論的主観作用、あるいは受動的ニヒリズムに陥る。存在を問うために重要であるのは、被投性と企投が互角の威力を持ち、互いに対する他性／非性を保ちながら、すなわちどちらか一方に回収されてしまわずにそのつど優位を争いながらも、あくまで被投的企投であること、企投だけでも被投性だけでもなく、いわば両契機の「協働」として被投的企投であることである。そうして初めて固定化でも堂々巡りでもない深化としての存在論的循環、生成運動が生じる。

そして被投性と企投が互いに他性を保ちうるのは、被投性と企投の内的連関の内に「脱-底」という現事実性、その内への「跳躍」の可能性が潜在的に含まれているからである。被投的企投という「謎めいたもの」、被投性と企投の結節点は「脱-底」の内にある。現行の存在者／存在企投とどれほど異なる方向／様式への変様可能性の余地が確保されるかは、企投と反対方向を本来もつ被投性の呼び声がいかなる深度で捉えられ、いかにそのつどの企投の破り抜き（「脱-底」）として本来的に保護されるか、しかも学的に企投されるかにかかっている。「脱-底」は、「脱-底」として、「［存在そのもの、性起に属すような］根源的な「非」」（BP 388）を孕んでおり、もはやそれ自体根拠／根底ではなくまた根拠／根底を持たないが、同時に「脱-底」として、やはり何らか根拠／根底である。「脱-底はあらゆる根拠に対する否ではなく、覆蔵された広さと遠さにおける根拠への然りである」（BP 387）。そうした「脱-底」という根拠／根底から根拠／根底への運動契機を孕む徹底的に被投的な企投は、それ自体もはや根拠づけではないにもかかわらず、それ自体揺らぎながら、ずれながら、その揺らぎ、そのずれゆくことをそのつど獲得することを許容するような根拠づけ、双方向的ないし多方向的な根拠づけ合いである。「存在の思索は（中略）［存在者の内にのみ存するところの］形態根拠の脱底の内で、自らの被投性の投げの振動を受け止め、企投の開けの内へ耐えねばならない」（BP 422）。

頽落的被投性と根源的被投性の両方の呼び声のはざまでそれらが双方とも深まりつつ広がりつつずれゆき、存在の思索の岐路を形成するか、それとも同じところを回り続けるかは、われわれの姿勢、すなわち準備と試みとしての被投的企投がどれほどの射程と深度において自覚的になされているかに呼応する。

それは企投の孕む自らへの他性が、どれほど被投性において現れ、見て取られるか、両契機の正反対の転回《ケーレ》的な双方向性ないし多方向性において、相互的な他性が保たれながらも、あくまで被投的企投として連関しうるかである。

「企投はつねに被投的企投である」。これはいかなる音調にて読まれるべきだろうか。「企投はつねに被投的企投である」。あるいは「企投はつねに被投的企投である」。すなわち被投的企投は、被投的企投でもあり被投的企投でもある。この音調の変化を繰り返す中で、試みとしての過剰な歩みから、被投性の狭間の窮迫に応じて歴史の最内奥へ戻り行き、そこに多くの新たな展開／転回可能性を見出し、そうしてまたその思索の諸可能性の一つを、応答的にではあれ、やはり決断的に企投し、またその自らの歩みの過剰を批判的視座のもとで吟味し見定める。そうして循環しつつ、我々の実存と思索は深まりゆくのだろう。

われわれの思索の歩みは、いかなる歩みであれ、つねに何らかの仕方で「過剰な歩み」でありうる。というのも、われわれが自らの頽落、そして形而上学の本質を測り抜くことなど不可能であり、可能であるのは、先人から伝承された、あるいは自ら置いた「道標」に従って先人や以前の自分と完全に同じ轍を踏まないことだけだからである。では、われわれは歩みを止めるべきなのだろうか。歩みを止めることは、形而上学の土地の広大さも知らぬままに、われわれの存在を問うという自由も諦めたまま、ただ漫然とそこに留まることであろう。それがいくら自らの意図と正反対の方向に我知らず進むかもしれないという「危機／戯れ」を孕んだ「冒険」であろうとも、そのつど別様に問うという仕方で歩みを進めるからこそ、他者や自らのために道標を遺しつつ退歩することもでき、また退歩するからこそ再度道を切り拓き、歩みを進めるという諸可能性も広がる。さまざまな弊害を孕む形而上学の「諸々の道」を我知らず進み続けるという危険を冒しながらわれわれは思索し、新しく問いを立てること、自らの思索の道を切り拓くことを試み続けなければならない。その上で、自らの思索が絶えず何らか過剰を含むという展望のもと、自己批判を続ける。われわれはそうした歩み行きが実は或る未だ獲得されていない観点からすれば全体として過剰な歩みであるという危険、すなわち深化だと思っていたものが浅薄化でしかないという危険を排除できない。しかしその危険は将来的自己と将来的他者による批判を待望しつつ受け入れるしかないだろう。そうした行きつ戻りつの歩み行き、脱-底を根底とすること、危険を冒す「冒険／賭け（Wagnis）」（BP 460）のみが、ハイデガーが終生試み続けたところの「問うこと」＝「思索すること（Denken）」なのではないだろうか。

そして、この思索の諸々の道と歩みの比喩は、①「過剰な歩み」としての「根源的被投性を軽減する企投」、②頽落的被投性と根源的被投性の追い立て回しによる「退歩」としての「頽落的被投性と根源的被投性／投げの窮迫の引き受け」としての非決断的・非選択的企投、そして③「再度別の道を切り拓こうとすること」としての「頽落的被投性と根源的被投性の窮迫を耐え抜く企投に基づいた決断的・選択的企投」から構成されていると考えられる。そして③は①に他ならないのである。詰まるところ、思索の諸々の道を行きつ戻りつ歩むことそれ自体が、そのつどの「徹底的に被投的な企投」であったと言える。そして企投が徹底的に被投的であると言えるか否かはたえず相対的なものに留まる。先人の思索や自らの以前の思索と比較して、自らの現在の思索が「より徹底的に」頽落的被投性と根源的被投性を、形而上学の本質を耐え抜こうと試みているどうか、そのようにして存在を「問われるべきもの」として「尊ぶこと」ができているかどうか。ハイデガーに倣い、このように他者との対話、自己との対話を繰り返すことにより、思索の「諸々の道」は開けてくるのではないだろうか。

参考文献

①ハイデガー全集

Heidegger, Martin,

Gesamtausgabe, Vittorio Klostermann, Frankfurt am Main.

Band 1: *Frühe Schriften* (1912-17), hrsg. von Friedrich-Wilhelm von Herrmann, 1978

Band 2: *Sein und Zeit* (1927), hrsg. von Friedrich-Wilhelm von Herrmann, 1978

Band 3: *Kant und das Problem der Metaphysik* (1929), hrsg. von Friedrich-Wilhelm von Herrmann, 1991

Band 5: *Holzwege* (1935), hrsg. von Friedrich-Wilhelm von Herrmann, 1997

Band 6: *Nietzsche I, II* (1936-46), hrsg. von Brigitte Schillbach, 1996, 1997

Band 7: *Vorträge und Aufsätze*, hrsg. von Friedrich - Wilhelm von Herrmann, 2000: „Aletheia (Heraklit, Fragment 16)“ (1954)

Band 8: *Was heißt Denken?* (1951/52), hrsg. von Paola-Ludovika Coriando, 2002

Band 9: *Wegmarken,* hrsg. von Friedrich-Wilhelm von Herrmann, 1976:

„Vom Wesen des Grundes“ (1929)

„Was ist Metaphysik?“ (1929)

„Vom Wesen der Wahrheit“ (1930/43)

„Platons Lehre von der Wahrheit“ (1931/32, 1940)

„Nachwort zu „Was ist Metaphysik?““ (1943)

„Brief über den „Humanismus““ (1946)

„Einleitung zu „Was ist Metaphysik?““ (1949)

„Zur Seinsfrage“ (1955)

Band 10: *Der Satz vom Grund* (1955/56), hrsg. von Petra Jaeger, 1997

Band 11: *Identität und Differenz* (1955-63), hrsg. von Friedrich-Wilhelm von Herrmann, 2006

Band 12: *Unterwegs zur Sprache* (1950-59), hrsg. von Friedrich-Wilhelm von Herrmann, 1985

Band 13: *Aus der Erfahrung des Denkens* (1910-76), hrsg. von Hermann Heidegger, 1983

Band 14: *Zur Sache des Denkens* (1927-68) , hrsg. von Friedrich-Wilhelm von Herrmann, 2007

Band 15: *Seminare* (1966-77), hrsg. von Curt Ochwadt, 1986

Band 17: *Einfürung in die phänomenologische Forschung* (1923/24), hrsg. von Friedrich-Wilhelm von Herrmann, 1994

Band 18: *Grundbegriffe der aristotelischen Philosophie* (1924), hrsg. von Mark Michalski, 2002

Band 20: *Prolegomena zur Geschichte des Zeitbegriffs* (1925), hrsg. von Petra Jaeger, 1994

Band 22: *Die Grundbegriffe der antiken Philosophie* (1926), hrsg. von Franz-Karl Blust

Band 24: *Die Grundprobleme der Phänomenologie* (1927), hrsg. von Friedrich-Wilhelm von Herrmann, 1989

Band 25 : *Phänomenologische Interpretation von Kants Kritik der reinen Vernunft* (1928), hrsg. von Ingtraud Görland, 1977

Band 26: *Metaphysische Anfangsgründe der Logik im Ausgang von Leibniz* (1928), hrsg. von Klaus Held, 1978

Band 27: *Einführung in die Philosophie* (1928/29), hrsg. von Otto Saame und Ina Saame-Speidel, 1996

Band 29/30: *Die Grundbegriffe der Metaphysik. Welt – Endlichkeit – Einsamkeit* (1929/30), hrsg. von Friedrich-Wilhelm von Herrmann, 1992

Band 34: *Vom Wesen der Wahrheit* (1931/32), hrsg. von Hermann Mörchen 1988

Band 38: *Logik als die Frage nach dem Wesen der Sprache* (1935), hrsg. von Günter Seubold, 1998

Band 40: *Einführung in die Metaphysik* (1935), hrsg. Von Petra Jaeger, 1983

Band 43: *Nietzsche: Der Wille zur Macht als Kunst* (1936/37), hrsg. von Bernd Heimbüchel, 1985

Band 48: *Nietzsche: Der Europäische Nihilismus* (1940), hrsg. von Petra Jaeger, 1986

Band 50: *1.Nietzsches Metaphysik 2.Einleitung in die Philosophie*, hrsg. von Petra Jaeger, 1990

Band 63: *Ontologie* (*Hermeneutik der Faktizität*) (1923) , hrsg. von Käre Bröcker-Oltmanns, 1988

Band 65: *Beiträge zur Philosophie* (Vom Ereignis) (1936-38), hrsg. von Friedrich-Wilhelm von Herrmann, 2003

Band 66: *Besinnung*, hrsg. von Friedrich-Wilhelm von Herrmann, 1997
Band 67: *Metaphysik und Nihilismus*, hrsg. von Hans-Joachim Friedrich, 1999
Band 69: *Die Geschichte des Seyns*, hrsg. von Peter Trawny, 1998
Band 70: *Über den Anfang*, hrsg. von Paola-Lutovika Coriando, 2005
Band 71: *Das Ereignis*, hrsg. von Friedrich-Wilhelm von Herrmann, 2009
Band 77: *Feldweg-Gespräche*（1944/45）, hrsg. von Ingrid Schüßler, 1995
Band 79: *Bremer und Freiburger Vorträge*, hrsg. von Petra Jaeger, 1994. „Das Ge-stell"（1949）
Band 94: *Überlegungen II-IV : Schwarze Hefte 1931-1938*, hrsg. von Peter Trawny, 2014
Band 95: *Überlegungen VII-XI: Schwarze Hefte 1938/39*, hrsg. von Peter Trawny, 2014
Band 96: *Überlegungen XII-XV: Schwarze Hefte 1939-1941*, hrsg. von Peter Trawny, 2014
Band 97: *Anmerkungen I-V: Schwarze Hefte 1942-1948*, hrsg. von Peter Trawny, 2015

②全集版以外のハイデガーの著作
Sein und Zeit（1927）, 19.Aufl., Max Niemeyer, Tübingen, 2006
Gelassenheit（1944/45-55）, 15.Aufl., Klett-Cotta, 2012
„Das Wesen der Wahrheit : zu „Beiträge zur Philosophie"" in *Heidegger Studies* Volume 18, Duncker & Humblot, Berlin, 2002

③ハイデガーの著作・論文の邦訳
『存在と時間』（渡邊二郎・原佑訳）、中央公論新社、二〇〇三
『ニーチェⅠ』・『ニーチェⅡ』（細谷貞雄監訳）、平凡社、二〇〇八
『「ヒューマニズム」について』（渡邊二郎訳）、筑摩書房、二〇〇八
『ハイデッガー全集』、創文社

④欧文文献

Angelus Silesius, *Cherubinischer Wandersmann*, Kritische Ausgabe, 1984

Arendt, Hannah, *The Human Condition* （1958） , University of Chicago Press, 1998

Brasser, Martin, *Wahrheit und Verborgenheit-Interpretationen zu Heideggers Wahrheitsverständnis von SZ bis WW*, Königshausen u. Neumann, 1997

Buchheim, Thomas, „Heidegger und Greichen“ Martin-Heidegger-Gesellshaft, Schriftenreihe Bd. 8, Vittorio Klosterman

David, Pascal, „Der Hirt des Seins“ in *Heidegger Studies* Volume 9, Duncker & Humblot, Berlin, 1993

Derrida, Jacques, AporieS. Mourier-s'attendre aux limites de la verite, Paris, Edititon Galilee, 1996

Dreyfus, Hunbert L., Being-in-the-World—A Commentary on Heidegger's Being and Time, DivisionI, the MIT Press, 1991

Emad, Parvis, „On the Inception of Being-Historical Thinking and its Unfolding as Mindfulness“, in *Heidegger Studies* Volume 16, Duncker & Humblot, Berlin, 2000

Figal, Günter, *Martin Heidegger: Phänomenologie der Freiheit*, Atheaum, 1988

Fränzki, Ekkehard, *Die Kehre : Heideggers Schrift „Vom Wesen der Wahrheit“ : Urfassung und Druckfassung*, Centaurus-Verlagsgesellschaft, 1987

Fritsch, Mattias, „Turing About in the Earth （Sophocles Antigone）“, conferance „Derrida Today“, 2016

Gadamer, Hans-Georg, *Wahrheit und Methode*, 1960

Gander, Hans-Helmuth, „Grund- und Leitstimmungen in Heideggers „Beiträge zur Philosophie““ in *Heidegger Studies* Volume 10, Duncker & Humblot, Berlin, 1994

Greisch, Jean, *ontologie et temporalite, Esquisse d'une interpretation integrale de Sein und Zeit*, Paris, PUF, coll. Epimethee, 1994

Hübner, Hans, Seynsgeschichtliches und theologisches Denken : Kritische und unkritische Anmerkungen zu „Die Ueberwindung der Metaphysik“, in *Heidegger Studies* Volume 18, Duncker & Humblot, Berlin, 2002

Jonas, Hans, *Das Prinzip Verantwortung* （1979） , suhrkamp, 2003

Kant, Immanuel, *Kritik der reinen Vernunft*, Felix Meiner Verlag, 1998

Kovacs, George, „An Invitation to Think through and with Heidegger's *Beiträge zur Philosophie*", in Heidegger Studies Volume 12, Duncker & Humblot, Berlin, 1996

——— „The Impact of Heidegger's *Beiträge zur Philosophie* on Understanding his Lifework", in Heidegger Studies Volume 27, Duncker & Humblot, Berlin, 2011

Levinas, Emmanuel, *Totalite et Infini, : Essai sur l'extériorité*, Springer, 1984

Löwith, Karl, *Das Individuum in der Rolle des Mitmenschen*, 1928

Nietzsche, Friedrich, *Sämtliche Werke. Kritische Studienausgabe*, hrsg. von Giorgio Colli und Mazzino Montinari, 1988

Opilik, Klaus, *Transzndenz und Vereinzelung*, Karl Alber, 1993

Pöggeler, Otto, *Der Denkweg Martin Heideggers*, Pfullingen, 1963

——— *Neue Wege mit Heidegger*, Alber, 1992

Richardson, William J., „Dasein und the Ground of Negativity : A Note on the Fourth Movement in the Beiträge-Symphony" in *Heidegger Studies* Volume 9, Duncker & Humblot, Berlin, 1993

Ricoeur, Paul, *Soi-meme comme un autre*, L'Ordre philosophique, Seuil, 1990

Rosales, Alberto, *Transzndenz und Differenz——ein Beitrag zum Problem der Ontologischen Differenz beim frühen Heidegger*, Martinus Nijhoff / Den Haag, 1970

——— „Heideggers Kehre im Lichte ihrer Interpretationen", *Zur philosophischen Aktualität Heideggers*, Bd. 1. Philosophie und Politik, Klostermann, 1991

Rösner, Martina, *Metaphysica ludens : das Spiel als phänomenologische Grundfigur im Denken Martin Heideggers*, Phänomenologica Bd. 167, Springer, 2003

Sartre, Jean-Paul, *L'Etre et le neant. Essai d'ontologie phénoménologique*, Gallimard, 1976

Schelling, F.W.J., *Philosophische Untersuchungen über das Wesen der menschlichen Freiheit und die damit zusammenhängenden Gegenstände*, Felix Meiner Verlag, 2011

Suehisa, Asuka, *Die Grundstimmung Japans* (New Studies In Phenomenology), Peter Lang Pub. Inc., 2010

Vedder, Ben, „Die Faktizität der Hermeneutik : Ein Vorschlag", in *Heidegger Studies Volume 12*, Duncker & Humblot, Berlin, 1996

von Herrmann, Friedrich-Wilhelm, *Selbstinterpretation Martin Heideggers*, Vlg. Anton Hain, Meisenheim am Glan, 1964

——*Subjekt und Dasein: Interpretationen zu „Sein und Zeit"*, 2., stark erw. Aufl., Vittorio Klostermann, Frankfurt am Main, 1985

——*Wege ins Ereignis: Zu Heideggers „Beiträge zur Philosophie"*, Klostermann, 1994

——„Besinnung als seinsgeschichtliches Denken" in *Heidegger Studies Volume 16*, Duncker & Humblot, Berlin, 2000

——*Wahrheit, Freiheit, Geschichte: Eine systematische Untersuchung zu Heideggers Schrift „Vom Wesen der Wahrheit"*, Klostermann, 2002

von Reijen, W., „Heideggers ontologische Differenz——Der fremde Unterschied in uns und die Inständigkeit im Nichts" in *Deutsche Zeitschrift für Philosophie*, Akademie Vlg., 4/2004

⑤邦訳文献

ガダマー、ハンス＝ゲオルク（轡田収、巻田悦郎訳）、『真理と方法』、法政大学出版局、二〇〇八

グレーシュ、ジャン（杉村靖彦訳）、「一体なぜ〈なぜ〉なのか——ハイデガーとキリスト教神秘主義」、京都大学文学部宗教学研究室紀要、二〇〇八

グレース、ジャン（杉村靖彦他訳）『『存在と時間』講義』、法政大学出版、一九九四

シレジウス、アンゲルス（植田重雄、加藤智見訳）、『シレジウス瞑想詩集上・下』、岩波文庫、一九九二

ドレイファス、ヒューバート（門脇俊介監訳）、『世界内存在——『存在と時間』における日常性の解釈学』、産業図書、二〇〇〇

ニーチェ、フリードリヒ、『ニーチェ全集』、理想社、一九八〇

——（森一郎訳）、『愉しい学問』、講談社学術文庫、二〇一七

ピンダロス（内田次信訳）、『祝勝歌集：断片選』、京都大学学術出版会、二〇〇一

フィガール、ギュンター（齋藤元紀、陶久明日香他訳）、『問いと答え』、法政大学出版局、二〇一七

リクール、ポール（久米博訳）、『他者のような自己自身』、法政大学出版局、二〇一〇
M・リーデル、W・ミュラー・ラウター他（川原栄峰監訳）、『ハイデッガーとニーチェ』、南窓社、一九九八
ローティ、リチャード（冨田恭彦訳）、「科学としての哲学・メタファーとしての哲学・政治としての哲学」、『思想』二〇一六年六月号

⑥邦語文献

秋富克哉、『芸術と技術』、創文社、二〇〇五
秋富克哉、安部浩、古荘真敬、森一郎編、『ハイデガー読本』、法政大学出版局、二〇一四
――――、『続ハイデガー読本』、法政大学出版局、二〇一六
阿部公彦、『詩的思考のめざめ』、東京大学出版会、二〇一四
安部浩、『「現」／そのロゴスとエートス――ハイデガーへの応答――』、晃洋書房、二〇〇二
阿部将信、『存在とロゴス』、月曜社、二〇一五
上田閑照、『私とは何か』、岩波書店、二〇〇六
大橋良介、『放下・瞬間・場所』、創文社、一九八〇
岡田紀子、『ハイデガー研究』、知泉書館、二〇一〇
小野真、『ハイデッガー研究――死と言葉の思索』、京都大学学術出版会、二〇〇二
景山洋平、『出来事と自己変容』、創文社、二〇一五
鹿島徹、相楽勉、佐藤優子、関口浩、山本英輔、H・P・リーダーバッハ、『ハイデガー『哲学への寄与』解読』、平凡社、二〇〇六
門脇俊介、『破壊と構築――ハイデガー哲学の二つの位相』、東京大学出版会、二〇一〇
川原栄峰、『ハイデッガー賛述』、南窓社、一九九二
木田元、『ハイデガー『存在と時間』の構築』、岩波書店、二〇〇九
九鬼周造、『人間と実存』、岩波書店、一九六九
後藤嘉也、『ハイデガーにおける循環と転回――他なるものの声――』、東北大学出版会、二〇〇八

小柳美代子、『自己という謎』、法政大学出版局、二〇一二
齋藤元紀、『存在の解釈学――ハイデガー『存在と時間』の構造・転回・反復』、法政大学出版局、二〇一二
佐藤義之、『レヴィナスの倫理』、勁草書房、二〇〇〇
茂牧人、『ハイデガーと神学』、知泉書館、二〇一一
田鍋良臣、『始原の思索』、京都大学学術出版会、二〇一三
辻村公一、『ハイデッガーの思索』、創文社、一九九一
――、『ハイデッガー論攷』、創文社、一九七一
轟孝夫、『存在と共同』、法政大学出版局、二〇〇七
――、『ハイデガー『存在と時間』入門』、講談社現代新書、二〇一七
仲原孝、『ハイデガーの根本洞察――「時間と存在」の挫折と超克』、昭和堂、二〇〇八
西田幾多郎、『善の研究』、岩波文庫、一九七九
西谷啓治、『ニヒリズム』、創文社、一九七二
――、『宗教とは何か』、創文社、一九六一
――、『西谷啓治著作集』、創文社、一九八六
根無一信、『ライプニッツの創世記』、慶應義塾大学出版会、二〇一七
ペーター・トラヴニー、中田光雄、齋藤元紀、『ハイデガー哲学は反ユダヤ主義か』、水声社、二〇一五
細川亮一、『意味・真理・場所』、創文社、一九九二
――、『ハイデガー哲学の射程』、創文社、二〇〇〇
細川亮一・齋藤元紀・池田喬編著、『始まりのハイデガー』、晃洋書房、二〇一五
松本啓二郎、「思索と詩作――哲学は文学に解消されてしまうのか」(関西ハイデガー研究会二〇一六年九月発表原稿)
三木清、『パスカルにおける人間の研究』、岩波書店、一九八〇
嶺秀樹、『存在と無のはざまで』、ミネルヴァ書房、一九九一
――、『ハイデッガーと日本の哲学』、ミネルヴァ書房、二〇〇二

三宅剛一、『ハイデッガーの哲学』、弘文堂、一九七五
宮原勇、『ハイデガー『存在と時間』を学ぶ人のために』、世界思想社、二〇一二
森一郎、『死と誕生』、東京大学出版会、二〇〇八
――、『死を超えるもの』、東京大学出版会、二〇一三
森哲郎、「西谷啓治の「宗教／哲学」における「世界」理解の問題」、京都産業大学、二〇一七
和辻哲郎、『風土――人間学的考察』、岩波書店、一九七〇
――、『倫理学』、岩波文庫、二〇〇七
渡邊二郎、『ハイデッガーの実存思想』、勁草書房、一九八五
――、『渡邊二郎著作集第二巻ハイデッガーⅡ』、筑摩書房、二〇一一
――、『渡邊二郎著作集第四巻ハイデッガーⅣ』、筑摩書房、二〇一一

謝辞

本書は、全く拙いものながら、自らの今持てる力の全てを捧げてハイデガーと対話したことにより生まれた議論であり、また多くの方々との出会いやご助言、激励がなければ一応の完成を見ることさえ叶わなかった試論です。とりわけ、卒業論文から博士論文に至るまで一貫してご指導頂いた京都大学大学院人間・環境学研究科の安部浩先生との出会いは、ハイデガーとの出会いと同様に、私の生涯の宝です。「自分で考えること（selbst-denken）」を唯一の夢とした浅学非才な私が、曲がりなりにも研究を続けることができたのは、安部先生をはじめとした多くの方々のご示唆により哲学への情熱を鼓舞され続けたからです。そして、安部先生の他に博士論文の査読の労をお取りくださった同研究科人間存在論分野（二〇一六年度）の冨田恭彦先生、佐藤義之先生、戸田剛文先生、折に触れて研究の相談にのってくださった関西ハイデガー研究会の松本啓二朗先生、秋富克哉先生、森哲郎先生、日下部吉信先生、二〇一三年に京大人環の客員教授でいらしたミュンヘン大学の Thomas Buchheim 先生、Humbolt- Kolleg Proposal 会議等においてご助言いただいたコンコルディア大学の Mattias Fritsch 先生、そして出版に当たり多くの無理を聞き入れてくださりご尽力くださった昭和堂の鈴木了市氏にもこの場を借りて深くお礼申し上げます。また、安部研究室及び関西ハイデガー研究会、ハイデガー・フォーラムの諸学兄・学姉にもさまざまなご助言をいただきました。

本書の出版は、「平成二九年度京都大学総長裁量経費人文・社会系若手研究者出版助成」を受けており、この出版助成なくしては決して実現しませんでした。多謝申し上げます。

自由自在に思索する一人前の哲学研究者且つ哲学者に成るまで、まだまだ道のりは遠く険しく果てしないですが、これからは広い視野を得ることを通して精進を重ねていく所存です。知の場をそのつど自ら開くことができるようになることが今の私の夢です。

そして、人生に迷うことの多い私を、底抜けの明るさと常識に囚われない開かれた精神をもって肯定し続け、精神的及び経済的に支えてくれた父母にも心からの感謝を伝えたく思います。感謝の印として本書を両親に捧げます。何事も真正面から受け止め、議論することを好むような自由な空気の家庭で育ったことは、私にとり大変幸せなことでした。

最後に、私がこれまでに出会った全ての人々、とりわけ人生について腹を割って話したかけがえのない友人たち、胸を打った諸々の出来事、また私の魂の故郷であり、冬には雪により全ての境界を失うかのごとき秋田県の阿仁合町、留学先であったドイツのボン、エジプト・モロッコ・アイスランド・ネパール・ギリシャ・インドなどの旅した土地の風景、そして研究に行き詰まると散歩していた鴨川、それらのうちのどれ一つ欠けても私の行く道は違っていただろうと思います。私にとり、世界は、人間は、どこまでも謎に満ちており、だからこそなんとも眩しいものです。

二〇一七年一二月二六日　京都にて

中川　萌子

索 引

あ 行

間(Zwischen) 44, 97
空け透き(Lichtung) 171, 176-177, 182, 185, 226, 232-233, 247
ア-プリオリ(a priori) 108, 118-119, 170
争い/闘争(Streit) 125, 173, 178-179, 182, 193, 234, 238, 245
　世界と大地の―― 125, 178, 182, 189
　脱蔵と覆蔵の―― 193, 234, 238, 245
　存在者と存在の―― 173
　存在と非存在の―― 179
アーレーテイア(aletheia) 8, 138, 153, 159, 170-171, 185, 207

意志(Wille/Wollen) 5, 8, 21, 52-53, 55, 92-93, 95, 140, 145, 169, 198-199, 201-207, 209-212, 214, 216-219, 221-223, 240, 248, 255
　力への――(Wille zur Macht) 21, 198-199, 201-207, 209-212, 214, 216, 221-223, 248, 255
　非意志の――(放下) 217-219
イデア(idea) 123, 130, 133, 170, 204, 207-208, 210-211, 221-222, 229, 253
訝しさ(Befremdlichkeit) 119, 177, 247
意味(Sinn) 24, 46, 61-62
隠蔽(verdecken/verstellen) 26, 30, 34, 48, 50, 62, 79, 96, 98, 138, 155, 169, 171, 201, 210-212, 219, 233-234, 238-239, 255-256

運命(Schicksal) 109

驚き(Erschrecken/Erstaunen) 105, 172, 193
同じものの永遠回帰(die ewige Wiederkehr des Gleichen) /回帰思想 (ニーチェ) 205-206, 211, 221-222, 255
終わり(Ende) 85, 89, 97, 103, 106, 114, 184-185, 213, 247

か 行

会域(Gegnet) 217-218, 223
開示性(Erschlossenheit) 25, 33, 44, 52, 54, 56, 58, 72, 77, 83, 96, 138, 145, 149, 151-152, 155, 158, 160, 178, 208, 234
解釈(Auslegung, Interpretation) 11, 18, 21-22, 26, 36, 38, 43-49, 51, 57, 59-64, 73-74, 76, 85-86, 101, 103, 112-113, 121-122, 129, 134, 136, 143, 145, 156, 158, 166, 192, 207, 214, 216, 220, 223, 236-237, 250
解釈学(Hermeneutik)/解釈学的(hermeneutisch) 45, 76
　――的循環→循環
　――的状況→状況
解体(Destruktion) 13-14, 16, 18, 31, 42-43, 45, 71, 75, 101, 113, 128, 171, 200, 220, 242
隠れ→覆蔵性
価値(Wert) 199, 201-202, 206, 210-211, 213-215, 219
可能性(Möglichkeit) 4-7, 13-14, 18-19, 25, 27, 29-31, 34, 36, 39, 42, 44-49, 51, 54-65, 67-68, 70, 74-75, 77-80, 82, 84-85, 87-94, 96-100, 103, 105-108, 112-115, 117-124, 126-129, 131-133, 139-148, 154-155, 157-158, 160, 162, 166, 177, 179, 185, 189, 194, 198, 201, 204, 206-207, 209-219, 222, 227-231, 233-235, 238-239, 243-244, 246-247, 250-252, 255, 258-259
可能性の条件(Bedingung der Möglichkeit) 19,112-113, 118-121, 123, 126-127, 131-132, 162, 166, 179, 229
可能存在(Möglichsein) 34, 45, 56-58, 65, 78, 83, 85, 89, 93-94, 96, 106
神(Gott)/神々 (Götter) 24, 53, 94, 123, 182, 194, 208, 210, 221-222, 226, 230, 242-245, 256
眼前性(Vorhandenheit)/眼前存在(Vorhandensein) 29, 31, 39, 54, 78, 108, 114, 117-118, 123, 126, 132, 137
眼前なるもの(Vorhandenes) 31, 63, 108, 115, 126, 132-133, 137

危機/危険(Gefahr/Krisis)、危険な/危機的な (gefährlich/kritisch) 16, 18, 21, 26, 30, 36, 43, 60-62, 71, 74, 86-87, 97, 104, 118,

133-134, 147, 158, 167, 183, 197-199, 204, 206, 210, 212-213, 221, 227, 238-239, 250, 252, 256, 259
既在(性)(Gewesenheit) ／既在的 (gewesen) 46-48, 50, 61, 73-74, 76, 85, 98-101, 109, 114-115, 117, 119, 123, 125, 132, 140-141, 145, 151, 157, 166, 184, 223, 230, 250, 252
企投 (Entwurf) ／企 - 投 (Ent-wurf) 2-12, 14, 16-22, 27, 32-38, 41-46, 50, 51, 54-80, 82-91, 93-108, 112-113, 115-128, 130-134, 136-138, 140-143, 147-151, 153, 155-158, 160-166, 169-172, 174-176, 178, 180-182, 184, 186-194, 198-199, 205, 213, 218-219, 222, 227-235, 238-241, 243-247, 250-260
企投領域(Entwurfsbereich) 10, 38, 160, 180-182, 186-187, 193, 198, 218, 228
技術(Technik) 190, 221, 244
基盤(das Woraufhin) 2, 6, 38, 48, 52, 55, 57, 60-61, 63, 74, 88, 97, 101-102, 120, 122-123, 126, 142, 181, 183, 186, 229, 250, 253
気分(Stimmung) 49, 51-55, 65, 77, 97, 193
窮迫(Not) 9, 19, 21, 27, 70, 81, 86, 97, 104-105, 154, 169, 171-174, 176, 182-184, 186-188, 191, 193-194, 198-201, 212-214, 250-252, 254, 256-258, 260
共現存在(Mitdasein) 29, 52, 54, 59, 63, 83, 98-101, 118
共世界(Mitwelt) 29, 99
共存在(Mitsein) 29, 90, 98-101, 109, 129-130
拒否(Verweigerung) 20-21, 138, 144, 147-149, 151-152, 158, 161, 163-164, 173, 176-180, 182-183, 185, 188, 190, 203, 233, 254
拒絶／語り拒み(Versagung) 138, 159, 172-173, 176, 178, 190, 217, 233, 247
キリスト教(Christentum) 202, 245, 266
近代(Neuzeit) 163, 170, 183, 211, 236, 238

空間(Raum)／空間性 (Räumlichkeit) 29, 57, 76, 77, 106, 129, 166, 181-183, 194
活動――／余地(Spielraum) 57, 63, 70, 82, 90, 94, 169, 173, 186, 238, 258
時間-活動(遊戯)- ―― (Zeit-Spiel-Raum) 194
時(-)――(Zeit(-)Raum) ／時−空間的 (zeit-räumlich) 181-182
区別(Unterschied) ／区 - 別 (Unter-schied) 24, 37, 39, 122, 126, 146, 148-150, 155, 166, 243

形而上学(Metaphysik) ／形而上学的 (metaphysisch) 4, 10, 12-16, 18-22, 24, 26, 29-31, 33-34, 36, 38, 42, 55, 68-69, 71-72, 75, 101-102, 105, 107, 112-113, 119-121, 123-124, 126, 128-131, 133, 136-139, 143-144, 146-147, 149, 153-155, 158, 160, 162-166, 170-171, 173-176, 178, 180, 183-184, 187, 190-193, 197-201, 212-217, 220, 223, 226-229, 232-233, 239, 241-244, 246-247, 253-257, 259-260
――の言葉(Sprache der Metaphysik) 15, 20, 112, 119, 126, 155, 160, 162, 176, 192, 254
芸術(Kunst) 35, 55, 190, 203-204, 206-207, 247, 266
形相／エイドス／外観 (Aussehen/eidos) 47, 48, 207-208, 218
ゲ-シュテル／総−駆り立て体制 (Ge-stell) 212, 236, 244, 247
決意(Entschluss) ／決意性 (Entschlossenheit) 96-98, 103, 108-109, 115, 128, 205, 214-218, 221, 252
決断(Entscheidung) ／決断性 (Entschiedenheit) 29, 34, 39, 66, 73, 78-79, 86, 92-94, 96, 99, 142, 174, 177, 180-184, 186-187, 190, 194, 200, 204-206, 209, 214, 219, 222, 228, 234-235, 238-241, 244, 256-258, 260
決断的／決定的(entscheidend) 12, 21, 34, 45, 65-66, 73, 86, 91, 93-96, 105, 127, 138, 142, 149, 160, 174, 180, 183, 192, 199-200, 206-207, 212, 214-215, 219, 235, 241, 244, 256-260
現(das Da) 9, 25, 44, 76
現在(Gegenwart) ／現在化 (Gegenwärtigen) 31, 47, 58, 76, 114-115, 142, 157, 166, 179, 189, 223
現事実性(Faktizität) 4-6, 18-19, 43-47, 49-50, 52-53, 57, 60-61, 63-65, 67-68, 74, 76-78, 82, 84-85, 88-93, 96-97, 103, 105-106, 114-115, 117, 119-120, 126, 129, 140-141, 157, 177, 218, 233, 250-251, 258
原初(Anfang) 15, 21-22, 72, 129, 163-164, 170-171, 173-174, 177, 180, 182-185, 188-193, 198, 201-202, 207, 210, 212-213, 215, 217-218, 220, 223, 232-235, 239-240, 245, 247, 255-257

最初の——(der erste Anfang)　21-22, 72, 163, 170-171, 173-174, 180, 182-184, 190-193, 201, 207, 210, 212-213, 217, 220, 223, 232-235, 239-240, 247, 255-257
別の——(der andere Anfang)　21-22, 72, 163-164, 174, 183-185, 188, 190-193, 198, 201, 212-213, 220, 232-235, 239-240, 247, 255-257
現象(Phänomen)　26, 121
現存在(das Dasein)／現-存在(das Da-sein)　2-8, 10-11, 13, 18-19, 21, 25-31, 33-35, 37-39, 42-49, 52-54, 56-59, 61-66, 68-70, 72-79, 82-86, 89-109, 112-119, 121-134, 136, 139-145, 149-151, 154, 156, 158, 160, 162, 178, 187, 192, 194, 202, 204, 226-227, 229-231, 245-246, 250-252, 254
現前(anwesen)／現前性(Anwesenheit)／存続的現前性(beständige Anwesenheit)　20, 31, 115, 137-158, 160, 162-163, 166-167, 169-171, 173, 180, 183, 185, 190, 193, 207, 226, 232-233, 238, 248, 254
現前するもの(Anwesenes)　115, 137, 139-141, 146-150, 152, 154-156, 183, 238, 254

公共性(Öffentlichkeit)／公共的(öffentlich)　29, 69, 103, 167-169, 176-178, 236
工作機構(Machenschaft)　167, 169, 190, 193, 212, 232
言葉(Sprache)　15, 20, 36, 38, 112, 119, 126, 155, 160, 162, 174, 176, 192, 254
固有な(eigen)　5, 30, 59, 65, 89-90, 94-96, 99, 159, 185
顧慮(Fürsorge)　39, 96
根拠／根底(Grund)　14, 19-20, 22, 29, 32, 37-38, 42, 52, 54-55, 78-79, 82, 93-95, 98, 100, 104, 107-108, 125, 131, 136-137, 139, 141, 143, 153, 155-160, 163, 166, 173, 175, 180, 182-186, 188, 194, 198, 202, 204, 223, 226-243, 245-248, 252-253, 256
根拠の無さ(das Grund-lose)　32, 42, 82, 104, 252
根拠律(Satz von Grund)　22, 227-228, 236, 245, 247
根拠づけ／基づけ／基礎づけ(Gründen/Gründung)　22, 29, 37-38, 43, 64, 83, 119-120, 123, 125, 127-130, 137, 139, 143-144, 153, 155, 157, 175, 179, 181-183, 185, 188, 190-191, 194, 198-199, 202, 226, 223, 225-238, 240, 242-243, 245-247, 251, 256
根源(Ursprung)／根源的(ursprünglich)　18-19, 21, 31, 38, 42-45, 48-49, 53-55, 59, 64, 67-68, 70-77, 79, 82-86, 89, 91, 93-96, 101-104, 108, 115, 118, 120, 125-127, 129-130, 133, 137, 139, 141-142, 145, 149-156, 162-163, 169, 173-177, 183-188, 192, 198-199, 202-209, 211, 216, 231, 233-234, 240, 244, 246, 251-260
等根源的(gleichursprünglich)　44, 54, 59, 108
根源化(Radikalisierung)　26-27, 58, 79, 85, 123
混沌／渾沌(Chaos)　204-209, 216, 218-219, 222-223
建立(stiften)　140, 230, 246

さ　行

差異(Differenz)　22, 36, 105, 122, 126, 138, 162, 165-166, 193, 243, 248
存在論的——(ontologische Differenz)　36, 105, 122, 126, 138, 162, 165-166, 193
算定／算段(rechnen)　87, 150, 167-168, 172, 237
散乱(Streuung)　129-130

視(Sicht)　45-48, 58, 62, 71, 78, 86, 171
死(Tod)　8, 10, 19, 29, 52-53, 59, 62, 79, 82-83, 85-94, 97-100, 103-108, 114-115, 127, 140, 156-157, 160, 177, 185, 220, 222-233, 238, 240, 247, 252, 254, 267-268
指示(Verweisung)　28, 60, 84, 139, 144, 148, 158, 230
死への存在(Sein zum Tode)　85-86, 90, 92, 105-106, 185
死への先駆(Vorlaufen in den Tod)　62, 82, 85, 87-91, 98-99, 104, 107-108, 247, 252
死への被投性／死の内への被投性(Geworfenheit in den Tod)　10, 79, 83, 85, 87, 91, 103, 233, 240, 252
時間(Zeit)　2, 4-8, 11-16, 18-20, 22-23, 25, 27, 29, 31-39, 42-51, 54, 61-62, 65-68, 73-80, 82-83, 86-87, 98, 101-109, 112-134, 136, 138, 145, 156-158, 162, 164-167, 169, 171, 175, 179-182, 184, 187, 192, 194, 206-207, 229, 247, 250-254, 263, 266-268
時間性(Zeitlichkeit)　38-39, 98, 101, 103,

105, 108-109, 112-113, 115-117, 119-120, 123, 127, 132, 134, 181-182
時熟(Zeitigung) 39, 115-116, 120, 157, 179
自己(Selbst) 2-4, 6-7, 10-21, 23, 25, 28-29, 31-38, 42, 45, 51-56, 58-60, 62, 66-68, 70-73, 75, 79, 82, 84, 86, 88-90, 93-96, 98-99, 101, 105, 107-109, 112, 114-115, 118, 121-122, 130-133, 136, 138, 143, 145, 158, 165, 167, 171, 176, 178, 180, 182, 184-186, 191-192, 199-201, 203-204, 206, 211-212, 214, 217, 221, 232-233, 243-245, 250-251, 256, 259-260, 267
自己原因(causa sui) 94, 243, 245, 256
思索(Denken) 3-4, 7-18, 20-22, 32-37, 42-43, 45, 68, 70-72, 79, 82, 86, 97, 101, 104, 112-113, 120-122, 131, 134, 138, 149, 154, 157, 160, 162-164, 166, 170-171, 173, 175-178, 184-187, 190-193, 198-202, 204-205, 207-208, 210-223, 226-228, 242, 244, 250-252, 255-260, 267-268, 271
自性-化(er-eignen) 175-176, 187, 193, 223, 240
自然(Natur) 63, 78-79, 123-125, 130, 169, 190, 203-205, 207, 211, 218, 221, 237-239
実存(Existenz) 3-5, 7, 9, 11, 24-25, 27-30, 32-34, 36, 44, 52, 54, 58-59, 64-67, 75-76, 78, 82-83, 85, 88-89, 91-92, 94-95, 97-98, 100, 102-103, 105, 107-108, 118-124, 126-127, 129, 134, 139-141, 154, 162, 177, 187, 194, 229-230, 232, 259
実存的(existenziell)／実存論的 (existenzial) 5, 29, 33, 54-55, 57, 64-65, 73, 78, 85, 89, 93-95, 103, 107-108, 118, 122-125, 127, 139-141, 143, 153, 229, 231, 257
実存範疇(Existenzial) 56, 57, 65
自同性／同一性(Identität) 3, 32, 55, 67, 95, 108, 116-117, 143, 167, 170, 176, 188, 190, 229, 241, 254
四方域(Geviert) 223, 244
自由(Freiheit) 33-34, 39, 57, 84, 104, 106, 109, 160, 178, 190, 205-206, 228-239, 257, 259, 271
主観(Subjekt) ／主観性 (Subjektivität) 7, 10, 15, 24, 29, 44, 54, 59, 77, 90, 96-97, 108, 118, 130, 133, 139, 143, 166, 183, 204, 211, 221, 223, 226, 230-231, 236, 253, 257
瞬間(Augenblick) 91, 97, 107, 123, 183, 206, 222, 252, 267
循環(Zirkel) 11, 12, 21, 22, 35, 64, 70, 86, 129, 163, 174, 220, 250, 258-259
解釈学的——(hermeneutische Zirkel) 11, 21-22, 35, 64, 86, 101, 129, 220
存在論的——(ontologische Zirkel) 12, 64, 163, 250, 258
準備(Vorbereitung) 9, 12, 19, 26-27, 34, 38, 42-43, 46, 49-50, 58, 66, 68, 71, 74-75, 82-83, 85-87, 96, 101-102, 104, 113, 132, 138, 148, 162, 164, 170, 183-185, 188, 190-191, 194, 229, 234-235, 240-241, 247, 250-252, 255-256, 258
性起(Ereignis) 10, 12, 20, 34-35, 138, 156, 159, 163-164, 177-178, 186, 188, 190, 192-193, 223, 246, 248, 254
状況(Situation) 47, 60, 62, 96-98, 101
解釈学的——(hermeneutische Situation) 47, 60, 62, 101
将来(Zukunft) 34, 38, 83, 99-101, 109, 114-115, 117, 132, 157, 194, 223, 230, 252, 259
情状性(Befindlichkeit) 5, 33, 44-52, 54-56, 59, 68-69, 74, 77, 83-84, 105, 144, 203-204, 250
神聖な(göttlich) 243
身体(Leib) 129, 178, 190, 211, 222-223
振動(Schwung) 180, 186
親密さ／内性(Innigkeit) 173-174, 233
真理(Wahrheit) 8, 10, 20, 34, 36-38, 77-78, 80, 96, 108, 131, 133, 138, 149, 153-160, 166, 170-171, 180-183, 185, 189, 192-195, 198-199, 202, 205, 207-217, 219-220, 226, 232, 245, 247, 254-255, 266, 268

住む(wohnen) 238, 247

生起(geschehen) 12, 21, 30, 34-35, 42, 50, 68-69, 71, 75, 86, 97-98, 104, 106, 108-109, 112-113, 119-120, 125, 129, 156, 171, 191, 198-199, 206, 216, 219, 238, 252-255
生成(Werden) 58, 115-116, 154, 186, 204, 205-209, 216, 219, 222
世界(Welt)／世界性 (Weltlichkeit) 5, 27, 28-30, 44-47, 49-52, 54-56, 58-59, 64-65, 67, 70, 77, 80, 83-86, 88-90, 92, 94, 96-100, 102-103, 106, 108, 114-115, 118, 120, 124-127, 130, 133, 139, 141, 144-145, 167, 169, 178,

182, 189-190, 202, 211, 222-223, 244, 251-252, 266, 268
世界内存在(In-der-Welt-sein)　29, 45-46, 51-52, 54-56, 58-59, 64-65, 70, 83, 85, 88, 90, 92, 96, 99-100, 102-103, 120, 126, 133, 139, 145, 266
世人(das Man)　29, 68-69, 79, 84, 87, 90, 99, 108
接合(fügen)　33, 241
責め(Schuld)／責めある存在 (Schuldigsein)　93, 95, 107-108, 173
先駆(Vorlaufen)　16, 62, 83, 85, 87-91, 98-99, 103-104, 107-109, 128, 247, 252
先駆的決意性(vorläufige Entschlossenheit)　103, 128, 252
先-構造(Vor-struktur)　60-61, 74, 78, 86, 119
先(-)握(Vor(-) griff)　47-48, 60-62, 70, 76
先(-)視(Vor(-) sicht)　47-48, 60-63, 70-71, 74, 76, 85-86, 90, 101, 104
先(-)持(Vor(-) habe)　47-48, 60-63, 70, 74, 76, 85-86, 90, 101, 104
前存在論的(vorontologisch)　26, 27, 64, 79
選択(Wahl)　5, 16, 30, 34, 39, 61, 66, 73, 75, 82, 86, 89, 91-99, 101, 104-105, 108, 123, 140-143, 184, 231, 246, 251, 256-257, 260
　選択の——(Wahl der Wahl)　95-96, 98, 184

蔵する(Bergung/bergen)　159, 189-190, 247
それ(es)　95
存在(Sein/Seyn)　2-16, 18,-39, 42-59, 61-109, 112-134, 136-160, 162-195, 198-208, 211-223, 226-248, 250-260, 263, 266-268, 270
　——可能(Seinkönnen)　5, 25, 57-59, 65, 67, 77, 87-91, 93, 95-97, 108, 119, 122, 132, 147
　——に去られていること(Seinsverlassenheit)　165, 168, 170-172, 184
　——の意味(Sinn des Seins)　23-24, 26, 34, 38, 62, 79, 105, 123, 133, 193, 198, 255
　——の真理(Wahrheit des Seins)　34, 38, 133, 156, 160, 192-194, 214, 226, 232, 245, 247
　——の問い(Seinsfrage)　3-12, 18-22, 24, 26-27, 30-31, 34-35, 37, 39, 42-43, 46, 50, 58, 62, 65, 68-72, 74-75, 77, 80, 82-83, 85-86, 90, 97, 101-105, 112-113, 118-120, 122, 125-128, 132-133, 148, 153, 156, 162, 173, 181, 191-192, 200-201, 212, 226, 229, 240, 246, 250-256
　——の歴史(Seinsgeschichte) ／存在史的 (seinsgeschichtlich)　4, 14, 21, 72, 83, 98, 102, 108, 113, 125-126, 128-129, 134, 138, 148-149, 152, 181-182, 184, 186-187, 191, 199-201, 213, 215, 220, 228, 235-236, 253, 255
　——の歴運(Seinsgeschick)　239, 247
　——忘却(Seinsvergessenheit)　24, 26, 114, 165, 172
　——了解(Seinverständnis)　2-5, 8, 20-21, 23-27, 29-31, 37-39, 42-44, 55, 64-67, 75, 79, 82-83, 85, 87, 98, 100, 102-103, 118-123, 126-132, 136-143, 145, 147-149, 151-157, 163-171, 177, 180-181, 187, 189, 192, 194, 208, 213, 216-217, 226, 229-230, 232, 233, 235-236, 250, 253-254
存在者(Seiendes)　3, 8, 15, 22-26, 28-29, 37-39, 46-47, 49, 52, 55-56, 59, 61, 63, 67, 72, 77-79, 83-85, 90, 92-94, 97, 100, 103, 114-115, 118, 121-127, 130-134, 136-152, 156-160, 162, 165-170, 172-173, 175-178, 180, 182-183, 185-186, 189-195, 198, 202-206, 208, 211-212, 216, 221-223, 226-227, 229-233, 237, 238, 241-243, 246-248, 251-252, 254, 258
　——全体／全体における存在者 (Seiendes im Ganzen)　3, 8, 24-25, 84, 118, 123-124, 134, 139, 144-145, 150-151, 159, 169, 173, 189, 198, 202-204, 206, 211-212, 221-223, 241
　——の世界への進入 (Welteingang)　124-125, 133, 169
存在者性(Seiendheit)　37, 133, 165-166, 170, 172-173, 175, 183, 192, 194, 226
存在的(ontisch)／ 存在論的 (ontologisch)　12, 26-27, 31, 36, 38, 64, 75, 78-79, 100, 105, 107-108, 118, 122-126, 128, 138, 144, 156, 162, 163, 165-166, 193, 250, 258
存在論(Ontologie)　12, 20, 26-27, 31, 36, 38, 64, 75, 78-79, 100, 105, 107, 108, 118, 122-129, 137-138, 156, 162-163, 165-166, 169, 185, 193, 195, 241-242, 250, 253, 258, 270
　基礎——／基礎的——
　(Funadmentalontologie)
存在-神-論(Onto-Theo-Logik)　226, 228, 242

た　行

対象(Gegenstand)／対象性(Gegenständlichkeit)　8, 10-11, 13-14, 20, 52, 56, 60, 83, 87, 105, 118, 131-132, 156, 163-164, 166-168, 170, 172-173, 176-177, 179-180, 183, 192, 206, 212, 218, 236, 238
対象化(Vergegenständlichung)　118, 132, 156, 163, 176-177, 179-180, 183
大地(Erde)　125, 178, 182, 189-190, 212
退歩(der Schritt zurück)　16, 20-22, 135, 161, 165, 191, 199-201, 214-220, 242-244, 250, 255, 259
頽落(Verfallen)　13-14, 16, 27-28, 30, 43, 47-49, 51, 53, 56, 58, 66-73, 75-76, 79, 83-84, 88-91, 93, 98-99, 103, 107, 120, 137, 154, 164, 166, 171-174, 183, 187, 190, 195, 213, 232, 233, 251-252, 254, 256-260
他者(Andere)　5, 23, 29, 39, 53-55, 67, 77, 84, 86-88, 90-91, 96, 99-101, 108-109, 115, 130, 133, 177, 259, 260
他性(Andersheit)　3, 43, 54, 56, 59, 63, 72-74, 83, 86, 90, 96, 99, 102, 108, 116, 118, 130, 134, 169, 179, 182, 238-239, 251, 257-258
脱自態(Ekstase)　115-117
脱自的(ekstatisch)　3, 32-33, 105, 115-117
脱蔵(Entbergung)／脱蔵性(Entborgenheit)　133, 137-138, 149-151, 153, 155, 159-160, 162, 171, 176-177, 181-182, 185, 189, 205, 207-208, 216, 232, 234, 238-239, 242, 254
脱-存(Ek-sistenz)　160
脱底(Abgrund)／脱-底(Ab-grund)／脱底的(abgründig)　3-4, 19-20, 22, 32, 42, 53, 82, 90, 94, 96, 102, 107, 128, 131, 137, 139-140, 143, 155-156, 181-182, 186-187, 190, 207, 223, 226-228, 230-235, 237-240, 243-246, 249-250, 252-254, 256, 258-259
脱人間化(Entmenschung/Entmenschlichung)(ニーチェ)　198-199, 202-207, 211
戯れ／遊戯(Spiel)　107, 182, 206, 211, 228, 235, 237, 239-241, 243, 245, 248, 256, 259
誕生(Geburt)　19, 52-53, 82, 85, 89, 92-94, 97, 99, 103, 106, 114-115, 140, 177-178, 268

地平(Horizont)　19, 24-27, 31, 38, 78, 83, 104, 112-113, 116-124, 126-127, 129, 132-134, 136, 138, 156, 162, 181, 198, 208, 211, 217-218, 222-223, 229, 253
超越(Transzendenz)　19, 21, 24, 74, 77-78, 86, 104-105, 111-113, 119, 122-134, 136-140, 142-144, 149-151, 153, 155, 157, 159, 162, 166, 168-170, 181, 186-187, 194, 217-218, 229-230, 242, 246, 250, 252-254, 256-257
超越論的(transzendental)　19, 21, 27, 37, 43, 47, 51, 61, 69, 83, 86, 90, 104, 119, 122-123, 125, 128-130, 132-134, 136-139, 153, 157, 159, 162, 166, 169-170, 181, 186-187, 194, 217-218, 229, 252-253, 256, 257
聴従(gehören/Zugehörigkeit)　163, 171, 173, 175, 246
跳躍(Sprung)　12, 20, 35, 39, 138, 156, 159, 162-164, 166, 168, 175, 177, 185-186, 227, 254, 258
中立性(Neutralität)　129-130, 253
沈黙(schweigen)　176

慎ましさ／控えめさ(Verhaltenheit)　105, 193
追想(Andenken)　218

哲学(Philosophie)　2, 8, 10-15, 17-18, 36, 43, 46, 54, 73, 78, 105-107, 123, 128, 132-134, 201, 209, 213, 220, 242-243, 245, 250, 266,-268, 270-271
手元存在(Zuhandensein)／手元性(Zuhandenheit)　28, 118
手元なるもの(Zuhandenes)　52, 55, 59-60
転回(ケーレ)(Kehre)　7, 9, 12, 15, 20-22, 34-35, 42, 68, 70, 89, 91, 93, 103-104, 124, 138, 154, 156, 159, 162-164, 172, 174, 175, 182, 184, 187-191, 193, 198-199, 213-215, 217, 220, 223, 228, 232, 234-246, 251-256, 258, 267
転換(Umschlag)　35, 83, 88-89, 91, 93, 104, 124-125, 154, 157, 160, 180, 199, 211, 252
伝承(überliefern)　2-3, 30, 32, 48, 51, 97-102, 128, 153, 200, 219, 259
伝統(Tradition)／伝統的(traditional)　6, 12-15, 20-21, 24, 26-31, 48, 51, 53, 55, 69, 75, 78, 82, 100, 112, 119, 121-122, 128, 130, 139, 153-154, 163-164, 170-171, 174-175, 189-190, 200, 209, 217, 220, 226, 233, 253
テンポラリテート(Temporalität)　38, 101,

118, 120-121, 127, 132-133, 143, 181, 229

道具(Zeug)　178, 190
洞窟の比喩(プラトン)(Hölengleichnis)　192
透視性(Durchsichtigkeit)／透視的(durchsichtig)　45, 47, 58
闘争(Kampf)　98, 109
問うに(-)値する(frag(-)würdig)　3, 8, 24, 27, 130, 148, 153, 173, 216, 253

な　行

内存在(Insein)　29, 44-46, 51-52, 54-56, 58-59, 64-65, 70, 83, 85, 88-90, 92, 96, 99-100, 102-103, 120, 126, 133, 139, 145, 251, 266
内的切迫性(Inständigkeit)　105, 177
投げ(Wurf)　2-5, 7-8, 21-22, 33, 36, 52-53, 57, 64, 66, 68-69, 84, 92, 94, 97, 99-100, 115, 138, 140, 148-149, 164, 169, 172, 178, 185--188, 192, 199, 215, 218, 227, 228, 234-235, 239-241, 244-245, 247, 250, 255-257, 259
投げ放ち(Loswurf)　2, 185, 250, 257
投げ送り(Zuspiel)　164, 239

日常性(Alläglichkeit)　29, 48, 60, 79, 84, 87, 266
担い分け(Austrag)　242-243
ニヒリズム(Nihilismus)　198, 202, 206, 211-212, 215, 220, 241, 257, 268
人間化(Vermenschung)(ニーチェ)　198-199, 202-207, 211, 221

は　行

把握性／概念性(Begrifflichkeit)　18, 43-44, 46-49, 62, 74, 250
配慮(Besorgen)　37, 87
範疇(Kategorie)　56-57, 65
反復(Wiederholung)　3, 38, 46, 73, 98, 101, 103, 109, 122, 199, 252, 267

非(-)／～ない(Nicht (-) /Un-)　89, 91
非意志(Nicht-wollen)　5, 52
被解釈性(Ausgelegtheit)　18, 30, 44, 47--49, 69, 72, 76, 86, 98, 103, 108-109, 127
非性(Nichtigkeit)／非的(nichtig/nichthaft)　8, 20, 89, 93-95, 103, 107, 137-139, 143, 145, 148, 151, 155, 231, 252-254, 257
非-性格(Nicht-Charakter)　91, 93, 107
非存在(Nichtsein)　55, 91, 93, 143, 146, 157-158, 160, 167-168, 179-180, 189, 190, 192
非存在者(Unseiendes)　167-168, 189, 190, 192
非-存在者(Nicht-Seiendes)　146-148, 180, 192, 193
非真理(Unwahrheit)　108, 153, 159
必要性／必然性(Notwendigkeit)　7-8, 17, 22-24, 32, 35-37, 56, 113, 121, 123, 160, 163, 171-172, 182, 184, 186-187, 193-194, 198, 200, 206, 220, 223, 255
被投性(Geworfenheit)／被投的(geworfen)　3-11, 18-22, 32-34, 36, 42-45, 47, 49-59, 62-63, 65-77, 79-80, 82-98, 100-108, 112-113, 115, 120-127, 129-133, 136-144, 147-150, 153-158, 164, 166, 169-178, 181-183, 185-193, 199, 202, 204, 213, 215, 218, 227-234, 238-241, 244-247, 250-260
被投的企投(der geworfene Entwurf)　2-12, 14, 16-20, 33, 35-36, 41-46, 50, 58, 64-71, 73-76, 78-80, 82-84, 86, 89, 93-94, 96-97, 100-104, 107-108, 112-113, 116-117, 120, 124-126, 130-131, 136-138, 143, 147, 149, 155, 163--164, 174-176, 187-191, 194, 218, 227-228, 250-4, 256-258
響き(Anklang)　164, 169, 171, 178, 190, 236, 247
　反対の――(Wiederhklang)　169
非(-)本質(Un(-)wesen)　153-154
非本来性(Uneigentlichkeit)　49, 56, 69, 71-72, 76, 79, 84, 107, 177, 184, 212-213, 240, 257
非覆蔵性(Unverborgenheit)　216, 242
ピュシス(physis)　198, 237-238, 248
表象(vorstellen)　24, 37, 108, 133, 166, 177, 183, 194, 217, 218, 221, 226, 236-238

不安(Angst)　19, 63, 74, 82-85, 88-89, 95-98, 102-105, 116, 120, 144-145, 167, 250, 252
不可能性(Unmöglichkeit)　5, 54, 57-58, 67, 74, 82, 88-89, 91-94, 103, 128, 140, 142-143, 147, 155, 157, 177, 194, 227-228, 231, 234, 238, 246, 251
覆蔵(Verbergung)／覆蔵性(Verborgenheit)　8, 20, 39, 57, 102, 105, 127, 133-135, 137-138, 147-156, 158-160, 162-163, 165, 170-

171, 176-177, 180-182, 184-185, 189, 192-193, 203, 205, 207-208, 216, 226, 232-234, 238-239, 242, 245, 247, 254
不断性(Ständigkeit)　3, 46, 96, 109, 199, 213, 216, 220, 249
プラトニズム(Platonismus)　21, 32, 63, 130, 198-199, 201-202, 207, 209-210, 213-216, 219, 220, 253, 255
分散(Zerstreuung)　59, 129, 130

放下(Gelassenheit)　22, 200, 201, 205, 217, 218, 267
本質(Wesen)　3, 7-8, 12-14, 20-22, 24, 26-27, 29-31, 36-38, 44, 51, 52, 60, 79, 80, 83, 89, 94, 107, 118-119, 124-125, 128-130, 136-139, 143, 147, 149, 153-160, 163, 166-167, 170-172, 175, 179-189, 192-195, 198-222, 226-230, 232, 239-246, 248, 253-255, 259-260
本質現成(Wesung)　20, 138, 154, 156, 159, 163, 167, 175, 179, 180, 181, 182, 184, 185, 188, 189, 192-195, 205, 207, 214, 226, 232, 248, 254
本質現前(Anwesung)　170, 180
本来性(Eigentlichkeit)　31, 49, 56, 69, 71-72, 74, 76, 79, 84, 100, 107, 131, 153, 177, 184, 212-213, 240, 250, 257

ま　行

迷い(Irre)　7, 64, 106, 136, 154, 160
迷い道(Holzweg)　16, 36, 51, 121, 200

道(Weg)　120-121, 154, 171, 177, 184-185, 191, 193-194, 199, 208, 210, 212, 214-217, 220-221, 226, 239, 244, 250, 255, 259-260

無(Nichts)　8, 137, 144
無底(Ungrund)　32
無規定性(Unbestimmtheit)　84, 91, 108, 150-155, 160, 211, 216
無意義性(Unbedeutsamkeit)　84, 139, 144-145, 148-152

メタ存在論(Metontologie)　20, 123-129, 137, 169, 185, 195, 253

目的／〜のために(das Worum-willen)　16, 28, 32, 55, 58-59, 61, 67, 72, 74, 87-88, 144, 178, 203, 223, 230, 250

や　行

唯一性(Einzigkeit)　168, 177-179, 189
有意義性(Bedeutsamkeit)／有意義(-)化(be(-)deuten)　28, 55-56, 58-61, 87-88, 139, 149, 167-169, 178
有限性(Unendlichkeit)／有限的(unendlich)　57, 77, 80, 92, 98, 105, 112-115, 120, 121, 126-127, 143, 149, 153, 231, 257

用意(Bereitschaft)　15, 38
用立て(bestellen)　236
呼びかけ(Zuruf)　70, 95, 163, 171, 174, 222, 246
呼び声(Ruf)　58, 72, 95, 96, 101, 107, 173, 187, 258

ら　行

離-存在(Weg-sein)　184-185
了解(Verstehen)　2-8, 20-31, 33, 37-39, 42-51, 55-57, 59-61, 63-65, 67-68, 74-79, 82-83, 85, 87, 91, 98-100, 102-103, 105, 107-109, 114-115, 118-123, 125-133, 136-143, 145-149, 151-157, 163-171, 176-177, 180-181, 187, 189, 191-192, 194, 208, 213, 216-217, 226, 229-233, 235-236, 246-247, 250-251, 253-255
良心(Gewissen)　31, 58, 95, 96, 101, 107-108

歴史(Geschichte)／原歴史(Urgeschichte)　4, 11, 13-14, 18-19, 21-22, 27, 30-31, 39, 43, 46-47, 49-51, 53, 61, 71-72, 76, 78, 80, 82-83, 86, 90, 92-94, 97-98, 100-104, 108, 111- 113, 119-121, 124-130, 134, 138, 148-149, 151-154, 156, 162, 164-165, 168, 170-174, 177, 181-182, 184, 186-191, 194, 198-202, 206, 213, 215-216, 220--223, 228, 232-236, 238-239, 242, 244, 251-256, 258
歴史性(Geschichtlichkeit)　19, 27, 30-31, 39, 46, 76, 78, 82-83, 86, 90, 92, 97-98, 101-103, 108, 112-113, 126-130, 149, 151, 156, 182, 186, 252-254
歴運(Geschick)　109, 129, 239, 247-248

論理学(Logik)　14, 19, 22, 113, 129, 158, 194, 227

■著者紹介

中川萌子（なかがわ ほうこ）

1987年仙台市生まれ。東京学芸大学附属高校卒（2005）。

京都大学総合人間学部卒（2009）、同大学大学院人間・環境学研究科修士課程終了（2011）、同大学院博士後期課程修了（2017）。博士（人間・環境学）（2017）。

現在、佛教大学及び大阪工業大学非常勤講師（哲学、倫理学、ドイツ語）。

主要論文として、「「転回」における存在の拒否」（『アルケー』第21号（2013））、「「形而上学」に対峙するハイデガー」（『人間・環境学』第23巻（2014））、「ハイデガーにおける脱-底的根拠としての存在」（『人間存在論』第22巻（2016））、「「汝がそれであるところのものに成れ！」」（『実存思想論集』第32巻（2017））がある。

共訳論文としてP.トラヴニー「普遍的なものと殲滅」（阿部将信・中川萌子共訳）（『ハイデガー哲学は反ユダヤ主義か』）（2015）がある。

脱-底　ハイデガーにおける被投的企投

2018年3月30日　初版第1刷発行

著者　中川萌子

発行者　杉田啓三

〒607-8494　京都市山科区日ノ岡堤谷町3-1

発行所　株式会社　昭和堂

振替口座　01060-5-9347

TEL（075）502-7500/ FAX（075）502-7501

印刷　亜細亜印刷

ISBN978-4-8122-1725-2

＊落丁本・乱丁本はお取り替えいたします

Printed in Japan